V&R

Otfried Reinke (Hg.)

Ewigkeit?

Klärungsversuche aus Natur- und Geisteswissenschaften

Vandenhoeck & Ruprecht

Umschlagabbildung:
Susanne Richter, Sinai: Gesetzestafeln, Acryl auf Leinwand, 1999

Bibliografische Information Der Deutschen Bibliothek

Die Deutsche Bibliothek verzeichnet diese Publikation in der Deutschen Nationalbibliografie; detaillierte bibliografische Daten sind im Internet über <http://dnb.ddb.de> abrufbar.

ISBN 3-525-56953-X

Printed in Germany.
Satz: Text & Form, Garbsen.
Druck: Hubert & Co., Göttingen.

Gedruckt auf alterungsbeständigem Papier.

Inhalt

Einleitung

»Ewigkeit« ist für die Religion nicht ein Thema unter anderen. Es liegt vielmehr der Religion zu Grunde und geht ihr voraus. Wie weit allerdings zum Verstehen dessen, was mit »Ewigkeit« gemeint ist, außer der Theologie auch die Religionswissenschaft, die Philosophie, die Psychologie, die Biologie, die Physik und die Mathematik eine Rolle spielen, das bedarf einer Klärung.

Mich hat dieses Thema schon in den 1960er Jahren beschäftigt, als ich Pfarrer für die Bediensteten des EURATOM-Forschungszentrums in Norditalien war. Bereits damals nahm ich deswegen Kontakt auf mit Professor W. Pannenberg.

Hier nun werden Klärungsversuche aus verschiedenen Wissenschaftsbereichen vorgelegt, die hoffentlich den Problemhorizont etwas erkennbar werden lassen und das Gespräch fördern.

I. Der erste hier veröffentlichte Aufsatz ist nicht nur ein *Auftakt* für diese Sammlung, sondern er war auch Ausgangspunkt für das Projekt überhaupt. Im November 2001 erschien er im »Deutschen Pfarrerblatt«. In sehr knapper Form werden darin die mit dem Thema »Ewigkeit« zusammenhängenden Probleme angeschnitten. Änderungen gegenüber der ersten Form erkennt man beim Lesen. Im Übrigen sind alle Beiträge original und neu für dieses Buch geschrieben. Auf Abdruckerlaubnisse von namhaften Autoren konnten wir um des Grundsatzes willen nicht eingehen. Aber für die guten Wünsche zu diesem Unternehmen sei gedankt den Professoren Umberto Eco, Onur Güntürkün, Traugott Koch, Hans Küng, Ray Kurzweil, Thomas Metzinger, Joseph Kardinal Ratzinger, Eva Ruhnau und Petra Stoerig.

II. Im zweiten Abschnitt nun geht es um *Ahnungen und Glauben über die Zeit hinaus.*

Albert Höfer zeigt, wie sehr seit der Antike die Mythen und Vorstellungen unserer Kultur von solchen Ahnungen geprägt sind und wie sehr dieses, das größer ist als die Zeit, sich in uns abbildet. *Signe Cohen* erweitert den kulturellen Horizont noch und lenkt den Blick auf die traditionellen indischen Religionen. Einen Begriff für Ewigkeit gibt es dort eigentlich nicht und auch keinen Glauben an einen ewigen Gott. Dennoch ist das Ziel im Hinduismus, im Buddhismus und Jainismus die ewige Erlösung. Die Frage ist allerdings, ob das einzelne Individuum sie erlebt oder wahrnimmt.

III. *Ewigkeit, Zeit und Unendlichkeit kritisch* zu bedenken, ist eine zentrale Aufgabenstellung dieser Sammlung. Vertreter aus fünf verschiedenen Wissenschaftsbereichen haben sich dessen angenommen, und zwar aus der Neurobiologie, Mathematik, Physik, Philosophie und Theologie. *Georg W. Kreutzberg* stellt dar, wie wir Menschen unseren Platz in der Entwicklung des Lebens auf unserem Planeten haben und wie unser Gehirn sich die Vorstellungen und Begriffe entwickelt bzw. konstruiert, die nötig sind zum Überleben. Dazu gehören auch Raum und Zeit. Für den Leser ergibt sich daraus die Erkenntnis, dass unsere Begriffe von Raum und Zeit einen biologischen Ursprung haben. *Edgar Forschbach* erzählt in seinem Beitrag die jüngste Geschichte des Unendlichkeitsbegriffs in der Mathematik; und er zeigt, dass es nicht nur einen solchen Begriff gibt. Aber »welche Unendlichkeit im Metaphysischen wirken mag, kann aus dem Formalismus der Mathematik nicht erschlossen werden.« Da ist der Leser zur Beantwortung herausgefordert. Nach Abschluss des Gesamtmanuskripts erreichte uns die Nachricht, dass Edgar Forschbach plötzlich und unerwartet am 5. September 2003 starb. Wir trauern mit vielen um einen beliebten Wissenschaftsjournalisten und sind dankbar für seinen Beitrag in diesem Buch. Die Darlegungen von *Thomas Görnitz* über Zeit und Ewigkeit aus Sicht der Physik zeigen, dass die Ausgangsbasis für unsere Vorstellungen von Zeit wohl die Erfahrung ist, aber die Theorien decken Aspekte an der Zeit auf, welche die ursprünglichen Erfahrungen übersteigen. So kann der zeitlose Zustand im ungeteilten Quantenprozess in seiner reinen Potentialität als Modell für Ewigkeit angesehen werden. Das Interview mit *Colin McGinn* hat seinen ersten Schwerpunkt in der platonischen Erkenntnis, dass Zahlen unabhängig von Raum und Zeit, dass sie ewig existieren. Und solche abstrakten, ewigen Wesenheiten verändern sich nicht. Das wirft für die Vorstellung von Gottes Ewigkeit natürlich erhebliche Probleme und Widersprüche auf. Weiter ist es eine unlösbare Frage, ein Geheimnis, wodurch bei uns Menschen Erkenntnis von Ewigem und Unwandelbarem zu Stande kommt, da doch von dem Abstrakten und Unwandelbaren keine Kausalität ausgeht. Solche Geheimnisse zeigen die

Grenzen unserer Erkenntnisfähigkeit auf. In dem sehr konzentrierten Beitrag von *Wolfhart Pannenberg,* der sich auf Kant, Samuel Clark, Plotin, Augustin und Henri Bergson bezieht, finde ich folgende wesentlichen Aussagen: In der Unermesslichkeit Gottes ist die Unermesslichkeit des Raumes und der Zeit impliziert. Und diese unermessliche, ungeteilte Zeit ist identisch mit der Ewigkeit. So ist die Ewigkeit Voraussetzung für die Vorstellung von verschiedenen Zeiten. Die Ewigkeit ist also das Apriori der Zeit, d.h. die Bedingung der Möglichkeit von Erfahrung besonderer Zeiten.

IV. Schon der Schluss der Ausführungen von Wolfhart Pannenberg leitet hinüber zu spezifisch *theologischen Aussagen*. Und die werden nun in den vier folgenden Beiträgen das zentrale Thema. *Rolf Kramer* beginnt mit einer kurzen Ortsbestimmung heutiger Menschen zwischen Säkularisierung, neuer Religiosität und Rastlosigkeit. Von daher kommend öffnet er den befreienden Blick auf die Ewigkeit. In konzentrierter Kürze stellt er hierzu wesentliche Positionen gegenwärtiger Theologie dar. Und er greift dabei zurück auf die Bibel, Plotin, Augustinus und Boethius. Zum Schluss unterstreicht er, dass Ewigkeit nicht ohne Zeit und Zeit nicht ohne Ewigkeit gesehen werden darf. Über die Ewigkeit Gottes schreibt *Hans Christian Schmidbaur.* Obgleich seine Darlegungen von der Vorgeschichte bis in die Gegenwart führen, wird dem Leser sehr deutlich, wo für uns das entscheidende Problem liegt, nämlich an der Stelle, auf die schon Colin McGinn hinwies: Wie kann es eine Verbindung geben zwischen dem ewigen und unveränderlichen Sein Gottes und dem Zeitlichen? Die wesentlichen Ansätze für eine Antwort findet er bei Augustinus und Boethius, in der christlichen Trinitätslehre und dem Personbegriff. *Joachim Ringleben* stellt sich der Frage, wie denn ein von erschaffenen Wesen erhofftes ewiges Leben als ewig bezeichnet werden kann, da es doch einen Anfang hat. Ringleben nimmt diese Frage in die noch grundsätzlichere hinein: Wie ist der Zusammenhang zwischen Gottes ewigem Einssein und seinem zeitlichen Handeln? Dazu lässt er ausführlich Luther zu Wort kommen mit seinen Gedanken über Gottes schöpferisches Reden und seinen alle Räume und alle Zeiten zusammenfassenden Blick. Und er zeigt weiter die Nähe von Luthers Denken zu Boethius und Paulus. Schließlich wird dem staunenden Leser vorgeführt, dass es auch in Hegels These, die Zeitlichkeit sei die Bewegung der Ewigkeit zu sich selber, immer noch um dieselbe Problematik geht. *Katharina Wiefel-Jenner* behandelt als praktische Theologin die Frage, wie wir von der

Ewigkeit reden können. Dass wir es nur in Bildern tun, hat nicht allein didaktische Gründe, es liegt vielmehr in der Sache selbst. Denn hinter dem Horizont der Zeit versagt alle Definitionsmacht. Aber die Bilder von der Ewigkeit geben Auskunft über das, was bleibt. Wir finden diese Bilder vor allem in den Reden Jesu, der oft davon spricht, dass wir zu einem großen Fest berufen sind. So ist die Frage vor allem eine soteriologisch-eschatologische, aber nicht nur; denn es geht neben dem Wohin auch um das Woher.

V. Aus dem eben Gesagten wird deutlich, dass wir nicht nur etwas Unbegreifliches wissen wollen, sondern dass wir es lernen wollen, zu *leben angesichts der Ewigkeit.* Unter dieser Überschrift stehen die drei letzten Beiträge. *Katrin Gelder* geht aus von einem Begriff, den Gerhard Ebeling verwendet: »Ewigkeitserfahrung«. Das klingt paradox. Der Einwand liegt auf der Hand, dass Ewigkeit der Erfahrung unzugänglich ist. Deshalb stellt Katrin Gelder auch fest, dass der Glaube sich nicht auf eine Erfahrung der Ewigkeit gründet. Aber wenn ein Mensch dem Ruf zum Glauben folgt, dann erfährt er, wie es ihn stärkt, dass er auf Gottes Ewigkeit setzt, dass die Überwindung des Todes und das ewige Leben bereits in diesem vergänglichen Leben tragend wirksam werden. Ein wertvolles Vermächtnis ist für uns der Beitrag von *Dorothee Sölle* »Deine Gnade ist besser als Leben«. Am 20. März schickte sie ihn mir. Am 27. April wurde sie plötzlich aus diesem Leben abgerufen. Schon einige Monate vorher sagte sie mir, es sei nun ihre Aufgabe, das Leben angesichts des Sterben-Müssens zu lernen. Vielleicht ist dieses der Kernsatz ihres Beitrages hier: »Wir sollten lernen, Endlichkeit und Ewigkeit zusammenzudenken. Beide gehören zusammen. Die Liebe zu dem, der nicht vergeht, macht es möglich, dass wir unsere Endlichkeit sozusagen im Licht des Ewigen annehmen.«

Der Abschluss unserer gemeinsamen hier vorgelegten Bemühungen soll die so oft verwendete Formel am Schluss liturgischer Gebete sein »per omnia saecula saeculorum«. *Angelus A. Häußling OSB* weckt zunächst Verständnis für unersetzbare Ausdrücke der Kirchensprache. Sie weisen oft auf etwas hin, das es so in der Umgangssprache nicht gibt. Der alltägliche Gebrauch des Wortes »ewig« etwa bleibt weit zurück hinter dem biblischen. Aber wenn wir die Formel »per omnia saecula saeculorum« im Deutschen meist wiedergeben mit »von Ewigkeit zu Ewigkeit«, so ist das auch nur ein Schritt im Deutungs- und Wandlungsprozess. Wir wollen damit sagen, dass unser Gotteslob über unsere vergängliche Zeit und Welt hinausreichen soll und dass unsere Zeit von ihrem Schöpfer ihr Maß bekommt.

Schließlich möchte ich meinen Dank aussprechen an alle, die einen Beitrag geleistet haben zu diesem Gemeinschaftswerk. Besonders danken möchte ich Professor Pannenberg, den ich als ersten um sein Mitwirken gebeten hatte, und der mir durch seine Zusage Mut machte, das Ganze zu beginnen. Mein Dank gilt auch dem Verlag Vandenhoeck & Ruprecht, der von Anfang an für dieses Projekt aufgeschlossen war. Ferner danke ich Oberkirchenrat Dr. Klaus Grünwaldt für die Förderung durch das Lutherische Kirchenamt. Ohne diese Hilfe wären Gespräche und Kontakte in den USA, besonders das Interview mit Colin McGinn nicht möglich gewesen. Für die Hilfe dabei danke ich auch meinem Sohn Clemens Reinke.

Und ich danke Frau Mirjam Ritz und Frau Heike Ruge-Schmidt für die Hilfe am Computer.

Meiner Frau schließlich danke ich für ihre Geduld und verständnisvolle Begleitung.

Der Dank gilt aber auch jetzt schon allen, die in diesem Buch lesen und vielleicht darauf reagieren werden.

I. Auftakt

Was ist mit dem Wort »Ewigkeit« gemeint?

Otfried Reinke

Auch nach Jahrtausenden menschlichen Denkens können wir auf diese Frage weniger Antworten geben als neue Fragen stellen. Und so sehr sich diese Fragen durch Generationen hin ähnlich sind, so haben sie doch immer wieder eine neue Gestalt und neue Dynamik. Darum können sie auch heute nicht verschwiegen werden.

Manche allerdings halten solche Fragen für vermessen: Wir würden uns damit übernehmen und würden in einer anthropozentrischen Sicht stecken bleiben. Und andere wieder sagen, es sei Sünde, über die Ewigkeit etwas aussagen zu wollen, weil nur der Ewige, sich offenbarend, zu uns über Ewigkeit reden könne. Dem aber müssen wir entgegenhalten: Das Wort wird Fleisch und verwendet unsere Wörter, damit wir vernehmen können. Deshalb müssen wir doch wenigstens unsere eigenen Wörter verstehen, um vernehmen zu können.

Darum also soll es hier gehen, um die Klärung der Begriffe und Wörter. Das kann in diesem Rahmen natürlich nur sehr abgekürzt geschehen. Und wir verzichten darum auf ausdrückliche Bezugnahmen und Auseinandersetzungen.[1]

Wovon spricht also das Wort »Ewigkeit«? Jedenfalls meint es etwas, das Zeit und Raum übersteigt. Es steht dem Raum und der Zeit gegenüber und hat eine Beziehung dazu. Nur aus diesem Gegenüber erhält das Wort »Ewigkeit« seinen Sinn. Angesichts dieser Beziehung müssen wir darum zuerst nach Raum und Zeit fragen.

Physikalisch gesehen sind beides Koordinaten im Raum-Zeit-Kontinuum. Keine ist für sich etwas. Keine hat einen Vorrang. So ist im Prinzip Zeit auch reversibel. Erst der zweite Hauptsatz der Thermodynamik sagt auf dem Wege über die Entropie, den Energieverlust, etwas

1 Durch die Hinzufügung von Anmerkungen sollen die Bezugnahmen hier nun auf Bitten einiger Leser der ersten Veröffentlichung im »Deutschen Pfarrerblatt« 2001 doch teilweise namhaft gemacht werden.

aus über die Irreversibilität, die Gerichtetheit der Zeit in unserem Universum.

Die Folgerung daraus ist, dass auch für unser Reden von Ewigkeit die prinzipielle Verklammerung von Raum und Zeit (bzw. Raum- und Zeitlosigkeit) nicht außer acht gelassen werden darf.

Ganz anders ist über die Zeit zu reden im Hinblick auf unsere menschliche Wahrnehmung. Ohne Zeit ist für uns überhaupt keine Wahrnehmung möglich. Punktuelle Wahrnehmung gibt es nicht.[2] Die mit unterschiedlicher Geschwindigkeit im Gehirn eingehenden Signale der verschiedenen Sinnesorgane werden in Bruchteilen einer Sekunde (0,03 bis 0,04 sec.) zu einer Gleichzeitigkeit zusammengeordnet. Unterhalb dieser Zeitspanne gibt es keine Wahrnehmung. Und diese Gleichzeitigkeitswahrnehmungen wiederum werden über ca. drei Sekunden lang festgehalten,[3] mit vorhandenen Vorstellungen verbunden und so zu einem Gegenwartserleben. Ohne diese unsere Gleichzeitigkeits- und Gegenwartskonstruktion würden wir überhaupt nichts wahrnehmen. Ohne Zeit kein Sein.

»Ohne Zeit kein Sein«, das gilt sowohl neuropsychologisch als auch physikalisch. Und gilt es nicht auch ontologisch? Ist denn Sein ohne Zeit vorstellbar oder denkbar? Vordergründig sagen wir Ja. Denn unsere Raumvorstellungen sind so stark, dass sie alles durchdringen.[4] Alle unsere Vorstellungen sind räumlich, wie schon das Wort »Vorstellung« zeigt. Und wo die Wahrnehmung eine solche Vorstellung nicht hergibt, da konstruieren wir sie uns, wie etwa im Atommodell. Die Logik unseres Vorstellens funktioniert so, dass wir Existentes sehr wohl nur räumlich meinen sehen zu können. Und dieses Existente wird dann durch die Zeit »in Bewegung gebracht«.

Während wir also meinen, Existentes nur räumlich, ohne die zeitliche Dimension sehen zu können, sind wir aber absolut außerstande, etwas nur zeitlich zu sehen. Das ist ein bemerkenswertes Ungleichgewicht.

2 Pöppel, Ernst: Taxonomie des Subjektiven auf der Grundlage eines pragmatischen Monismus, in: F. Böcker/ W. Weig (Hg.), Aktuelle Kernfragen der Psychiatrie, 1988, 24–36, bes. 31 u. 34. Und Pöppel, Ernst: Die Grenzen des Bewußtseins, 1997.

3 Nach einer brieflichen Äußerung vom 8.1.2002 von Ernst Pöppel habe ich die Worte »mit vorhandenen Vorstellungen verbunden und so ...« in den Text eingefügt.

4 Hierzu McGinn, Colin: Bewußtsein und Raum, in: Thomas Metzinger (Hg.), Bewußtsein, [2]1996, 183ff.

Dieser unser Raumbegriff stößt jedoch an unausweichliche Grenzen. So wissen wir z.B. aus der Quantenphysik, dass in den subatomaren Strukturen der Materie eine Lokalisierung im trivialen Sinne nicht möglich ist.

Oder wenn wir das jahrhunderte-, ja jahrtausendealte Bemühen um die Lokalisierung des Bewusstseins betrachten, so müssen wir feststellen, dass wir immer noch nicht zu einem Ergebnis gekommen sind. Wohl wissen wir, dass das Bewusstsein im Laufe der Evolution aus Räumlich-Organischem entstanden ist, aber wir können es selber nicht als etwas Räumlich-Organisches erfassen. Und darüber helfen uns auch Thesen nicht hinweg wie »mind is a process not a thing«[5] oder das Ich sei ein Selbstmodell des Gehirns, bzw. des Systems »Mensch«.[6]

Nicht nur an die Grenzen des Raumbegriffs sondern auch des Zeitbegriffs stoßen wir, wenn wir nach der Seinsweise von Zahlen und komplizierteren mathematischen Strukturen, vielleicht auch von Computerprogrammen oder musikalischen Kompositionen u.ä. fragen. Wohl kann dieses alles raum-zeitlich realisiert werden, selber aber ist es ohne Raum und Zeit, – oder nicht?[7]

Wir müssen also sagen: Raum und Zeit sind neuro-psychische Konstruktionen,[8] mit denen wir versuchen, Seiendes zu erfassen. Raum

5 So William James. Von Eva Ruhnau als Motto gesetzt über ihren Aufsatz: Zeit-Gestalt und Beobachter. Betrachtungen zum tertium datur des Bewußtseins, in: T. Metzinger (Hg.), Bewußtsein, 201.

6 Metzinger, Thomas: Subjekt und Selbstmodell, in: T. Metzinger (Hg.), Bewußtsein, besonders 614ff, und ders.: Niemand sein. Kann man eine naturalistische Perspektive auf die Subjektivität des Mentalen einnehmen? In: S. Krämer (Hg.), Bewußtsein, 1996, 130ff. Dazu auch Reinke, Otfried: Das Ich als Selbstmodell, in: Die Zeichen der Zeit, 1999/8, 39ff.

7 Das vertritt z.B. Penrose, Roger: Computerdenken, 1991, z.B. 95 und öfter, in: Schatten des Geistes, 1995, 63 und 524 und in: Das Große, das Kleine und der menschliche Geist, 2002, z.B. 17ff.

8 Hier wurde – veranlasst durch ein Gespräch mit Wolfhart Pannenberg – das Wort »begriffliche« durch »neuro-psychische« ersetzt.
Vgl. dazu auch Heidegger, Martin: Kant und das Problem der Metaphysik, ^{2}1951, 159: »Das reine Einbilden ... muß ... gerade die Zeit allererst bilden«. Ausführlich behandelt Gerhard Roth die Problematik in seinem Buch: Das Gehirn und seine Wirklichkeit, ^{2}1995. Siehe auch Ruhnau, Zeit-Gestalt , 212: »Zeit wird durch das System (sc. Mensch) erzeugt.« 217: »Ich betrachte damit das uns vertraute Zeitkontinuum als ein Konstrukt«. In demselben Sammelband auch Thomas Metzinger selber z.B. 615. Ferner: Lassek, Reinhard: Nur ein niedriges Dach. Kants Apri-

und Zeit sind jedoch nicht an sich etwas, sondern es sind seinsimmanente Dimensionen. Sie zu leugnen, von ihnen abzusehen oder sie voneinander zu trennen, wäre gleichbedeutend mit der Leugnung des Seins. Und dennoch sind die Begriffe von Raum und Zeit unzulänglich, denn sie stoßen an Grenzen in der Erfassung des Seins.

Haben diese Grenzen etwas zu tun mit dem, wovon das Wort »Ewigkeit« redet, oder zeigen sie nur die Unzulänglichkeit unseres Denkens und Begreifens auf?[9]

Im Ansatz hat das Wort »Ewigkeit« wohl einerseits zu tun mit dem Leiden der Menschen an der Vergänglichkeit und andererseits mit der Frage nach dem Woher und Wohin, nach dem Grund allen Seins. Aber gerade die Unzulänglichkeit unseres Begreifens hat auch die Richtung ahnen lassen, aus der eine Antwort kommen könnte auf die Frage nach dem Woher und Wohin des Seins.

So redete schon in alten Zeiten das »Wort »Ewigkeit« von einer Übersteigerung unseres Zeitbegreifens in das »Unendliche«. Die archaische Vorstellung von Ewigkeit als endloser Zeit wurde jedoch bereits in der frühchristlichen Theologie unwiderruflich überwunden.

Statt dessen beginnt sich der Begriff »Dauer« Geltung zu verschaffen. Er widersetzt sich der Vergänglichkeit, indem die Zeit »stillsteht«, indem alles Vergangene und Gegenwärtige (und Zukünftige? Gibt es da eine Zukunft?) sozusagen »erstarrt« auf der Zeitlinie voranrückt. Alles wird »aufbewahrt«. Dieser Begriff der »Dauer«, der ja auch eine Zeitvorstellung ist, erscheint bis in die neueste Theologie hinein.[10] Für die Ewigkeit Gottes und das »ewige Leben« der Menschen ergeben sich daraus jedoch Probleme, für die es keine befriedigende Lösung gibt. Hinsichtlich des ewigen Lebens der Menschen etwa erhebt sich da der Einwand: Geschieht nichts mehr, so ist da auch kein Leben.

Darauf antwortet eine Konzeption von ewigem Leben, die man als »kumulative Zeitvorstellung« bezeichnen kann. Sie besagt, dass sich

ori in Spannung zu den modernen Naturwissenschaften, in: zeitzeichen, 2004/2, 34ff.

9 Hierzu McGinn, Colin: Die Grenzen vernünftigen Fragens, 1996 (engl. »Problems in Philosophy« 1993); besonders der Begriff des Geheimnisses 12f und 187, 222, 224 und 233.

10 Z.B. Pannenberg, Wolfhart: Systematische Theologie Bd. 1, 443 und Bd. 2, 112ff (hier stützt sich Pannenberg auf Ernst Pöppel, – ob zu Recht, scheint mir fraglich) und Bd. 3, 642f. Ferner Jüngel, Eberhard: Ewigkeit, in: RGG II (1995[4]) 1772 und 1775 und viele andere mehr.

»das Leben« wohl weiter entfaltet, dass etwas geschieht, dass aber nichts vergeht.[11] Der Einwand: Leben ist Wandel, ist »Stirb und Werde«. Wie aber kann sich etwas wandeln, wenn nichts vergeht? Und andererseits: Was für einen Sinn kann in einem Zustand der Vollkommenheit Leben und Wandel haben? Wieso, warum, wohin sollte sich »Vollkommenes« wandeln?

Alle diese Einwände führen dazu, für den Begriff der Ewigkeit die Zeit ganz fallen zu lassen: »Ewigkeit ist Zeitlosigkeit«. So erlebt es die Mystik. Und der Mystiker meint, das »nunc aeternum« bereits in unserem vergänglichen, irdischen Leben erfahren zu können. Da entschwinden Vergangenheit und Zukunft; alles ist Gegenwart; alles »Stückliche« versinkt – auch das Ich – im ungegenständlichen »punctum mathematicum«. Es ist das Nichts und das Alles. Im Vergleich mit der Kosmologie ist das der »big crunsh«. Das Omega ist verschlungen im Alpha. Ist das Ewigkeit? Liegt hier die Zukunft der Religion? Stimmt es, dass die Religion Mystik sein wird, oder sie wird nicht sein? [12]

Sprechen wir vom Raum!

Das haben wir eben gesehen: Entschwindet das »Stückliche«, das Räumliche, so nehmen wir kein Seiendes mehr wahr. Seiendes braucht ein »Da-sein«. Alles ist »da«, d.h. es ist räumlich oder es ist nicht. – In der jüdischen Kabbala ist die Rede vom »Zimzum«, von der Zusammenziehung Gottes. Gott beschränkt sich, um der Schöpfung Raum zu geben.[13] Es gibt also weder für den ewigen und »allgegenwärtigen« Gott noch für die Schöpfung Sein ohne Raum. Und alles hat seinen anderes ausschließenden Raum. Oder vielleicht doch nicht?

Die frühe christliche Theologie hat vom Geist geredet im Vergleich mit dem Feuer und der Wärme. Der Geist braucht keinen eigenen Raum und kann dort sein, wo schon anderes ist.[14] Er braucht auch kein »hier« oder »da«. Nicht anders ist es mit mathematischen Strukturen und vielleicht auch anderem mehr. Dieses alles braucht keinen

11 Vgl. Moltmann, Jürgen: Das Kommen Gottes, 1995, 42.

12 Dabei denke ich an so unterschiedliche Gestalten wie Karl Rahner (nach Wehr, Gerhard: Meister Eckhart, ^{4}1997, 17), an Dorothee Sölle, deren letztes Buch (Die Mystik des Todes, 2003) jetzt postum erschien, und Pierre Teilhard de Chardin mit seiner Idee von der geistigen Einheit der Vielen im ewig Einen im Punkt Omega.

13 Siehe Moltmann, Jürgen: Gott in der Schöpfung, 1985, 99.

14 Basilius von Cäsarea: Über den Heiligen Geist. Übersetzt von Manfred Blum. In: »Sophia«. Quellen östlicher Theologie. J. Tyciak/ W. Nyssen (Hg.), 1967, 64 (32c).

Raum. Und gilt dieses auch für das Bewusstsein? Es ist ja aus Räumlichem entstanden und doch selber nicht räumlich erfassbar. So ist der Gedanke aufgekommen, dass man hierin von einer Umkehrung des big-bang reden könne: während hier aus Räumlichem Nicht-Räumliches wurde, steht am Anfang das Werden von Räumlichem aus Nicht-Räumlichem.[15]

Bei solchen Gedankengängen spüren wir jedoch deutlich, dass wir uns an der Grenze vernünftigen Fragens und Antwortens befinden. Wir müssen erkennen, dass unser Begreifen und Denken, welches unter biologischen Bedingungen für unseren irdischen Lebensraum entstanden ist, dafür nicht ausreicht.[16] Denn jede Aussage, die wir über die Ewigkeit machen, müssen wir sofort wieder einklammern mit einem »Nein, im eigentlichen Sinne so nicht«. Die »reine Vernunft« reicht über die Wahrnehmungen nicht hinaus; nur Postulate der »praktischen Vernunft« tasten über die Grenze.[17] Oder: »Wovon man nicht sprechen kann, darüber muß man schweigen.« [18]

Aber wir kommen aus diesem Unsagbaren, wir haben dort Ursprung und Ziel, wir beziehen uns mit unserem ganzen Leben auf dieses Geheimnis, und sei es mit beredtem Schweigen. »Das Geheimnisvolle«, sagte Einstein 1932,[19] »liegt der Religion sowie allem tieferen Streben in Kunst und Wissenschaft zugrunde. Wer dies nicht erlebt hat, erscheint mir, wenn nicht wie ein Toter, so doch wie ein Blinder.«

Diese Urerfahrung drückt sich darin aus, dass wir von der »Heiligkeit« und der »Ewigkeit« Gottes reden.

Jochen Klepper hat gedichtet: [20]

Der du allein der Ewge heißt
Und Anfang, Ziel und Mitte weißt

15 So McGinn, Bewußtsein und Raum, 189f und ders.: Wie kommt der Geist in die Materie?, 2001, (engl.: The Mysterious Flame, 1999); hier stellt er als Motto, noch vor dem Inhaltsverzeichnis, das Wort von Oscar Wilde aus »Das Bildnis des Dorian Gray« voran: »Die Trennung des Geistes von der Materie war ein Geheimnis, und die Vereinigung des Geistes mit der Materie war gleichfalls ein Geheimnis«.

16 So Searle, John R.: Die Wiederentdeckung des Geistes, 1993, 40; Roth, Gerhard: Das Gehirn und seine Wirklichkeit, 1995, 312 u.ö. und McGinn, Grenzen, 209 u.ö.

17 Kant, Immanuel: Kritik der praktischen Vernunft, 1797, 3ff.

18 So Wittgenstein, Ludwig am Ende seines »Tractatus logico-philosophicus«, Abschnitt 7, 2003, 111.

19 Aus Einsteins Notizen zu einer Rundfunkrede 1932.

20 Letzte Strophe seines Gedichtes »Der du die Zeit in Händen hast …« 1938, EG 64.

Im Fluge unsrer Zeiten:
Bleib du uns gnädig zugewandt
Und führe uns an deiner Hand,
Damit wir sicher schreiten.

Der »Ewige« ist also ein »Name« bzw. es ist eine Personifizierung der Urerfahrung, die im Hebräischen mit dem Wort »olam«, im Germanischen mit »Ewigkeit« ausgedrückt wird. Sie meint: »ungreifbar fern in Vergangenheit und Zukunft«. Und im Germanischen hat es darüber hinaus einen Klang von »bewährt, zuverlässig, gültig«.[21]

Darauf bezog man sich, obgleich man es nicht begreifen konnte. »Unbegreiflich« hieß dabei nicht »unwirklich« sondern »wirklich«, »wirkend«, obgleich nicht begreifbar.

Und das ist ja überhaupt die Grundstruktur von Religion und Glauben. So ist also »Ewigkeit« ein religiöser Begriff an der Grenze. Er tastet hinüber.

Horaz schrieb nüchtern, der Tod sei die »ultima linea rerum«[22]. Und er wollte realistisch bei diesen res bleiben. Aber jeder weiß eben, dass eine Linie zwei Seiten hat, ein Hier und ein Dort. Und unser existentielles Fragen nach dem Woher und Wohin tastet über diese Linie hinaus, obgleich alle unsere Wörter und Begriffe nur aus dem Diesseits sind.

Und wie wir unsere Fragen stellen und wie wir »Antworten« vernehmen, das schwingt dann irrational in unserer Lebenseinstellung mit. Wenn das Unbegreifliche einen Namen bekommt, wenn wir ihm einen Namen geben oder es sich uns mit seinem Namen offenkundig macht, sich offenbart, dann wird es zum personalen Gegenüber, es ergreift uns und wird für uns gültig.[23] Und da wird »Ewigkeit«, dieses Wort an der Grenze, zum »Ewigen«, dem ich gehöre. Jede objektive Aussage dagegen bleibt unzulänglich, bleibt symbolisch.

21 Grimm, Jacob und Wilhelm: Deutsches Wörterbuch, DTV 1984, Bd. 3, Artikel »ewig«, Zeile 6–8: »ewa« sowohl »aevum« als auch »lex«, gleichsam »ewige Ordnung«.

22 Horaz, Epistula, 16,79. Und weil für ihn diese Aussage gilt, meint er auch, allen Beschwernissen des Lebens ein Ende setzen zu können, indem er sich selbst das Leben nähme. Dabei denke ich auch an eine Aussage von Searle, Wiederentdeckung , 40: »Um die Grenzen des Wissens zu kennen, müßten wir beide Seiten der Grenze kennen. Potentielle Allwissenheit ist mithin als heuristisches Hilfsmittel akzeptabel, es wäre jedoch Selbstbetrug, anzunehmen, sie sei ein Faktum.«

23 Diese Sicht ist von Martin Buber und auch von Friedrich Gogarten geprägt.

Gilt das für unser Reden über Gottes Ewigkeit, so sind alle unsere Aussagen über das raum-und zeitlose Sein von mathematischen Begriffen und über unser ewiges Leben oder das »Leben einer zukünftigen Welt« noch viel unzulänglicher. Dieses alles kann seine Existenz nur in Abhängigkeit vom »Ewigen« haben. So spricht man hier in der Theologie von einer »relativen« Ewigkeit oder von einer »äonischen«, was dann religionsgeschichtlich erklärt werden muss.[24] Und im Hinblick auf das ewige Leben in der neuen Schöpfung kann man in der Theologie auch den hilflosen Nicht-Begriff einer »anderen Zeitlichkeit« finden.[25]

Deutlich spüren wir, dass hier von Theologen etwas geredet wird, bei dem wir wohl verstehen, wie man dazu kommt, das aber doch eigentlich durch unser Denken und unsere Sprache nicht abgedeckt wird. Deshalb erscheint es mir angemessen, auf eine solche quasi-ontologische Redeweise zu verzichten und sich auf eine deutlich symbolische und funktional-personale zu beschränken.

Solche Art theologischen Redens finde ich z.B. in dem folgenden Satz, der hier zugleich der Schlusssatz sein soll:[26] »Die Menschen sind zur ewigen Gemeinschaft mit Gott bestimmt, und darum wird Gott sie vom Tode auferwecken und sie durch das Gericht hindurch so *verwandeln*, dass sie zur Teilhabe an seinem Lichte und an seiner Herrlichkeit fähig werden.«

24 Hierzu Moltmann, Jürgen: Der Weg Jesu Christi, 1989, 354ff und ders.: Das Kommen Gottes, 1995, 308, 310 Anm. 62, 316, 320 und 324.

25 Althaus, Paul: Ewiges Leben IV,4 in: RGG[3], Bd. 2, Studienausgabe 1986, 808.

26 Pannenberg, Wolfhart: Eine moderne Kosmologie: Gott und die Auferstehung der Toten, 1997, veröffentlicht in: ders.: Beiträge zur systematischen Theologie, Bd. 2: Natur und Mensch – und die Zukunft der Schöpfung, 2000, 96.

II. Ahnung und Glaube über die Zeit hinaus

Ist die Ewigkeit eine Ein-Bildung?

Albert Höfer

Die geliehene Ewigkeit

Jedes Leben will Leben. Es muss aber sterben und wehrt sich deswegen gegen den Tod. Die Lebewesen wehren sich durch die Arterhaltung gegen den Tod: Durch die Sexualität kämpft das Leben gegen den Tod. Deswegen dürfte sie so unbändig und unkontrollierbar sein. Nur der Art – nicht jedoch dem Individuum ist dieses biologische Überleben einigermaßen zugestanden. Erträumt sich etwa deswegen das Individuum Mensch ein unzerstörbares Leben – ein *ewiges* Leben? Schafft sich die Seele der Menschen Mythen und Bilder einer Ewigkeit, um sich dadurch über den Tod hinwegzutäuschen? Oder liegt dieser bilderschaffenden Kraft eine berechtigte Hoffnung zugrunde?

Spätestens am Grab eines geliebten Menschen fragt man sich: »War das alles? Ist mit deinem Tod wirklich alles aus, was wir gemeinsam gehabt haben?« Es ist nur allzu verständlich, dass sich Liebende weigern, den Tod der oder des Geliebten als etwas Endgültiges anzuerkennen. Der Tod ist da nicht mehr das Problem der Verstorbenen, sondern das der Hinterbliebenen. Er bricht herein mit allen Phasen der Trauer: Als Erschrecken und Entsetzen erscheint er, als »Höllenhund«, der uns versteinert. Im klapprigen Boot des Totenfährmanns Charon vermögen wir vielleicht über alle Flüsse oder Phasen des Trauerns hinüberzurudern.

Ist es möglich, dass ein geliebter Mensch endgültig entschwindet? Jede Liebe beinhaltet die Bejahung des Geliebten: »Ich will, dass du bist!«. Wenn diese Bejahung zwar kein schöpferischer Akt ist, der das Sein des anderen begründet, so vollziehen wir dennoch für uns in der Bejahung diesen schöpferischen Akt nach – mit der Hoffnung, dass er nicht vergebens gesprochen sei. Die christlich-antike Trias »Glaube, Hoffnung und Liebe« wendet sich um in: »Liebe, Hoffnung und? » Ja, vielleicht heftet sich die Hoffnung – damit sie nicht ins Leere gehe –

an das Leben oder an den Schöpfer des Lebens. Die Hoffnung verankert sich im Grund des Glaubens. Die Ewigkeit wird schon in der Lust gewollt, wie Nietzsche sagt: »Denn jede Lust will Ewigkeit; tiefe, tiefe Ewigkeit«. Die Hoffnung streckt sich aus nach der Ewigkeit und der Glaube macht sich in ihr fest, wenn er sich in Gott festmacht. Diese etwas thesenhafte Feststellung wollen wir in Mythen und Bildern entfalten.

Der Tod als die Trennung der Liebenden

Der thrakische Sänger Orpheus war der Tradition nach sowohl ein Königssohn wie auch der Sohn des Lichtgottes Apollo (dieses ist mythologisch gesehen kein Widerspruch). In seinem Singen und Spielen schwang sich seine Seele über sich selbst hinaus – sie transzendierte den Sänger: »Nur das Lied überm Land heiligt und feiert«, singt R.M. Rilke.

Die lebensbejahende Kraft des sich in seinem Lied transzendierenden Sängers bewährt sich darin, dass sie die wilden Tiere verzaubert, die harten Steine erweicht und auch den Drachen des Kriegsgottes Ares bändigt. Dieses Lied vermag das Herz der Geliebten zu verzaubern, da ja das Singen die Sache der Liebenden ist – wie Augustinus sagt.

Als aber die geliebte Frau Euridike von einer Schlange gebissen und getötet wird, da verstummt zunächst vor Entsetzen das Lied des Sängers. Doch sein Schmerz ist übergroß und muss sich in Klagen und Gesängen ergießen. Diese Gesänge in den Orpheus-Opern gehören zum Schönsten der Musikgeschichte. Der trauernd Singende vermag den Höllenhund Cerberus zu erweichen und den Fährmann der Toten zu bewegen, ihn über die Flüsse des Trauerns in die Totenwelt einzulassen. Die Trauer des Liebenden bewegt sogar den Totengott, der ihm erlaubt, seine geliebte Euridike wieder an die Oberwelt zu führen – allerdings mit der bekannten Bedingung, dass er sie hinter sich herführt und sich nicht nach ihr umschaut. Das will besagen: Nicht in der Vergewisserung, sondern nur im Vertrauen (im Glauben?) bleibt eine Verbindung der Liebenden auch über den Tod hinaus aufrecht. Die anstürmenden Schreckensgesänge der Furien versetzen den Sänger in Panik. Schon sieht er in der Ferne das Licht des Tages – da wendet er sich nach Euridike um, und sie entschwindet ihm für immer.

Was der Mythos anschaulich erzählt, was die Opern Monteverdis und Glucks herzzerreißend in Musik umsetzen, das vollzieht jeder trauernde Geliebte, der seine oder seinen Geliebten überlebt und betrauern muss. Sein Klagelied vermag den verstorbenen geliebten Menschen nicht mehr zum Leben zurückzubringen. Wird die Hoffnung der Liebe vergebens sein? »Die Liebe hofft alles, die Liebe glaubt alles«, sagt Paulus.

Wie Sterne am Himmel

Der Tod als der Abstieg ins Schattenreich und bestenfalls die untröstliche Klage – das ist das Modell, das die Antike im Mythos von Orpheus und Euridike tradiert. Sie kennt aber noch ein anderes Modell, um über Tod und Ewigkeit zu reden: Die Versetzung der Geliebten an den Himmel als Sterne.

Die alten Assyrer sahen bereits in den Sternen des überwältigenden Nachthimmels strahlende Götter und ihrer Vorstellung nach wurden nicht wenige Menschen und Heroen von den Göttern in den Himmel versetzt. Diese Teilhabe am Himmel der Götter verschaffte den Sterblichen Unsterblichkeit; es war sozusagen eine geliehene Ewigkeit.

Ein trostvoller, wunderbarer Mythos ist der vom Brüderpaar *Kastor und Polydeukes (Pollux)*, die als das Sternbild der Zwillinge bekannt sind. Die Sage erzählt von ihnen, dass sie wilde Raufbolde waren und kein Abenteuer scheuten. Kastor war der Sohn einer sterblichen Mutter, Pollux der Sohn eines Gottes. Als dieser nach seinem Tod an den Himmel versetzt wurde, behielt er die Verbindung zu seinem Zwillingsbruder aufrecht, indem der Unsterbliche täglich (oder jährlich) sein Los mit dem seines Zwillingsbruders tauschte. Sie wechselten sich gleichsam in Zeit und Ewigkeit ab.

Der Mythos strahlt die Hoffnung aus, dass jeder Mensch einen Zwillingsbruder (einen Engel sozusagen) im Himmel hat, der ihm Anteil an seiner von den Göttern gewährten Ewigkeit gibt. Dieser Mythos lebt in dem weit verbreiteten Märchen von den zwei Brüdern weiter.

Es ist wert, darüber nachzudenken, wie solche Sternbilder entstanden sind. Die mythischen Menschen und Götter wurden in bestimmten Sternfigurationen durch die schöpferische Phantasie zu Gestalten verbunden, als Gestalten geschaut, über die gewisse Geschichten zu erzählen waren. So ist der Sternenhimmel als die Bibel der Analphabeten zu verstehen; denn mit dem Blick zum Himmel traten die Sterngebilde vor das Auge der Fragenden und die Weisen wussten diesen – und vor allem den Kindern – die Geschichten ihrer Götter zu erzählen. Der Sternenhimmel wurde so zu einer Epiphanie der Ewigkeit.

*I*n diesem Zusammenhang ist die Vermutung der Religionspsychologen interessant, warum die Wallfahrt zum *Herrenbruder Jakobus* nach Santiago das ganze Mittelalter hindurch alle Völker Europas in Bewegung versetzen konnte: Der Mythos dieser Zwillinge, der Dioskuren, wäre am Werke gewesen, denn wer am Grab des irdischen Herrenbruders ist, bekommt eine Beziehung zu dessen himmlischem Bruder, dem Christus.

Die Himmelfahrt des Propheten Elia

Die Psalmen kennen das Sterben beinahe nur als einen traurigen Abstieg in das Totenreich, wo die Verstorbenen Gott nicht mehr loben.

Doch die wunderbare Erzählung von der *Himmelfahrt des Elia*, die auch an den Mythos der Zwillinge erinnert, hat sich ins alte Testament »verirrt«. Durch die Wanderung Elias an drei Orte wird sein Abstieg zum Sterben erzählt: Von der Höhe des Berges Gilgal zur Ebene nach Bethel und von dort in den tiefen Jordangraben nach Jericho. Begleitet wird er von seinem Schüler und treuen Freund Elischa. Dieser wird von den Prophetenschülern aufmerksam gemacht: »Weißt du nicht, dass der Herr deinen Meister heute über dein Haupt hinaus erheben wird?« Elischa weiß um den bevorstehenden Tod und verlangt Schweigen darüber. Da sich Elia wie ein sterbender Hirsch zurückziehen will, bekommt er ständig von Elischa zur Antwort: »So wahr der Herr lebt und so wahr du lebst, ich verlasse dich nicht!« Sie teilen mit ihrem Mantel den Fluss Jordan, um auszudrücken, dass sie sich in das andere Land, in das »Jenseits« begeben. Elischa erbittet sich bei aller Abschiedstrauer den doppelten Anteil vom Geist des Elia. »Wenn du siehst, dass ich zum Himmel erhoben werde, dann bekommst du ihn; wenn nicht, dann nicht«. Das will doch besagen: Wenn du mein Sterben als eine Entrückung zu Gott erkennen kannst, dann bekommst du von meiner Sendung und von meinem Geist. Beide gehen im Gespräch vertieft nebeneinander her, da erscheint ein feuriger Wagen mit feurigen Pferden vom Himmel, der die Liebenden trennt. Im Wirbelsturm fährt Elia auf und wirft dem Elischa als Zeichen seines Geistes und seiner Sendung den Prophetenmantel herab. Im Geist und in der Kraft seines zum Himmel aufgefahrenen Meisters geht Elischa durch den Jordan zu den Menschen zurück, um als Helfer und Prophet zu wirken.

Es gab im alten Russland kaum ein Haus, in dem nicht eine Ikone des Elia-Elischa-Paares zu finden gewesen wäre. Für die Gläubigen der Orthodoxie ist dies bis heute jene Ikone, die den Sterbenden und den Zurückbleibenden Begleitung und Trost gibt. In der Westkirche dürfte diese Aufgabe der Begleitung in die Ewigkeit die Himmelfahrt Mariens übernommen haben.

Wie sich in der Antike die Hoffnung der Sterbenden wie der Hinterbliebenen auf den Sternenhimmel und seine Sternbilder richtete, so bindet sich die Hoffnung der Christen auf die Erzählung der Elias-Himmelfahrt und deren Ikone. In beiden Fällen ist die aktive Symbolisierung am Werk: Die Ewigkeitserfahrung, die Menschen angesichts des Todes machen, wird in Erzählungen tradiert. Die schöpferische Phantasie schafft Gestalten. Was die Kreativität an Werken schafft, wird zugleich der wirkenden wie der betrachtenden Seele eingeprägt und verinnerlicht – die Ewigkeit wird »ein-gebildet«.

Christus – ein Symbol der Ewigkeit

Kein Philosoph oder Religionswissenschaftler kann im europäischen Raum über Zeit und Ewigkeit reden, ohne dabei auf *Christus* zu sprechen zu kommen. In ihm begegnen – oder überlappen sich sogar – Zeit und Ewigkeit. Er gilt nicht nur als Einfallstor der Ewigkeit in die Zeit, sondern auch als deren Epiphanie, was heißen will: In Christus tritt die Ewigkeit in Erscheinung und wird auf symbolische Weise sichtbar. Das Ewige wird im Zeitlichen, also im Anderen sichtbar. Dass dieses »Andere« zum Gefäß der Ewigkeit werden kann, liegt darin begründet, dass die Menschen ihre Vorstellungen und ihre Sehnsucht nach Ewigkeit in bestimmten Bildern ausdrücken. Jede Kultur wirft sozusagen ihre Projektionen als die ihr möglichen Ver-Sinn-Bildlichungen auf das Ewige. Man kann jedoch auch von der anderen Seite her denken und sagen: Die Ewigkeit bildet sich in die je verschiedenen Bildvorlagen ein.

Diese versinnbildlichende Epiphanie des Göttlich-Ewigen beginnt schon im biblischen Zeitraum. Wenn mit dem Kommen des Reiches und der ewigen Herrschaft Gottes die Erscheinung eines geheimnisvollen Menschen – genannt »Menschensohn« – verbunden ist, so ist dieser Mensch als Gefäß des Ewigen vorgestellt. Selbst Jesus oder die früheste aramäische Gemeinde dürfte so den »Menschensohn« als Bild des unsichtbaren Gottes verstanden haben. In der letzten Phase des Neuen Testaments wird der menschgewordene Logos als das ewige Wort Gottes zum symbolischen Ausdruck für die Ewigkeit des Ewigen, der in die Zeit hinein wirkt. Dieses Symbol ist gleichsam ein Brückenschlag zwischen spätjüdischen und neuplatonischen Vorstellungen vom »Kind Gottes« – die Verbindung und Vermittlung von Gottes Ewigkeit und des Menschen Zeitlichkeit. Die dogmatische Formulierung von der Verbindung der göttlichen und menschlichen Natur in der *einen* Person als »Sohn Gottes« wird den Jahweglauben mit der Erlösungserwartung von Heil bis auf unsere Tage lebendig halten.

Die Vorstellungsbilder entspringen menschlichen Erwartungen von Heil und Erlösung und verbinden so die menschliche Phantasie und Projektionskraft mit der Ahnung von Ewigkeit. Die Menschen gebrauchen Worte ihrer Heilserwartung, mit denen sie Christus bekennen, Projektionen gleichsam, die sie auf ihn werfen. Auch diese Verbindung der Bekennenden mit dem von ihnen Bekannten, von den symbol-schöpferischen Menschen und dem an sich unsichtbaren Mysterium macht die Bekenntnisworte zu einem die Menschen und die Ewigkeit umgreifenden Symbol. Diese Kraft des aktiven Symbolisierens wird über die Jahrhunderte hinweg wirksam bleiben.

Die frühesten Zeugnisse des christlichen Bildschaffens dürften bereits die hoffnungsstärksten sein.

Christus-Orpheus

Schon aus dem griechischen Altertum haben wir Hermesplastiken, die den Gott darstellen, wie er ein Kalb oder Schaf auf den Armen oder Schultern trägt. Viele Mosaiken aus der römischen oder hellenistischen Kunst zeigen den Sänger Orpheus mit seiner Flöte oder Laute unter Schafen auf einer blühenden Au. Die ersten Christusbilder der Kirche stehen in der unmittelbaren Tradition dieser Darstellungen. In den vatikanischen Museen finden wir die Figur des jünglinghaften guten Hirten, der sein Schaf auf den Schultern trägt. Im Grabmal der Galla Placidia zu Ravenna ist das herrliche Mosaik des Christus-Orpheus, des göttlichen Sängers und Hirten. Und vor allem die einfachen Fresken in den Katakomben wandeln immer wieder das gleiche Motiv ab. Auffällig ist nun, dass dieser erste Christustypus der Kunst fast ausschließlich bei Grabdenkmälern zu finden ist. In ihnen drückt sich die Hoffnung auf bleibendes Leben aus – und das angesichts des Todes! Die gleiche Hoffnung ist auf den Halbreliefs der Sarkophage zu sehen, die am liebsten solche Szenen aus den Evangelien bieten, in denen Christus das Leben schenkt: Der Lahme wird zum Gehen aufgerichtet, »auferweckt«; die Spenden des Brotes und des Weines erinnern an die üppige Au des Hirten – und immer wieder die Apostel, zu zwölft oder zu zweit um Christus, der Hirt unter seiner Herde. Christus selbst ist als Jüngling ohne Bart dargestellt, selbst dort, wo die (biographisch doch jüngeren) Apostel mächtige Bärte tragen. Offenbar symbolisiert der jugendliche Christus das ewige Leben. In einer Kultur, in der es Millionen von Sklaven gab, die in dieser asozialen Welt nichts zu erwarten hatten, sammelte sich alle Hoffnung in der Erwartung eines besseren Lebens. Diese Hoffnung wurde angesichts des Todes zu einer Erwartung der Ewigkeit, die gerade diesem Tod trotzt. Als Symbole und Ausdrucksgestalten dieser Hoffnung tradierte die Antike die Bilder des guten Hirten, des Orpheus, des Sonnengottes und der ewigen Jugend. Die Gestalt Jesu und die Erzählungen von ihm zogen diese Entwürfe an. Jesus fungierte als Garant dieser Hoffnungsentwürfe; und so wurde er in diesen alten, archetypischen Gestalten dargestellt und geglaubt. Das Christusbild der Epoche entwuchs sowohl der antiken Kultur und ihren Sehnsüchten, wie auch der biblischen Überlieferung.

Die Gegenwart der Ewigkeit

Ich habe von Orpheus gesprochen und dabei die Liebe vieler Hinterbliebener erwähnt, die nach Ewigkeitsbildern Ausschau halten.

Der Mythos vom *Vogel Phönix* und seiner Auferstehung aus der Asche bringt den Einzelnen ins Spiel, der sich ebenfalls Ewigkeitsdauer ersehnt. Die Erfahrung ist unvermeidbar: Jeder Mensch ist aus Staub und wird wieder zum Staub zurückkehren. Dennoch halten wir an der Hoffnung fest, dass sich (wie im Mythos vom Vogel Phönix erzählt wird) unser Erdendasein verwandelt, auch wenn es zerfällt. Offensichtlich rechnen wir mit einer Metamorphose, die gerade beim Zerfall der irdischen Existenz eine himmlische ermöglicht. Der ägyptische Mythos mit seiner Bildstärke wird von den Griechen aufgenommen und in der Lehre von der Unsterblichkeit der Seele von Plato philosophisch formuliert. Der Neuplatonismus Plotins und die antike Gnosis sehen in jeder Seele einen göttlichen Funken, der in unserer Herkunft vom Himmel begründet sei. Dieser »Himmel« mag das »Ur-Eine« oder der »Göttliche Schöpfer« sein; der Einzelmensch sieht sich in seiner Würde der Zeit enthoben und der Ewigkeit zugehörig. Heute wird diese zeitüberdauernde Zugehörigkeit oft darin gesehen, dass man sich (wie in der Esoterik) als einen Teil des Kosmos oder (nach buddhistischer Lehre) als eine Welle im Ozean des Nirwana sieht. Dass dich und mich ein allmächtiger, und uns bejahender und liebender Gott erschaffen hat, wie die jüdisch-christliche Hoffnung bekennt, wird eher schamhaft nur im privaten Bereich geäußert. Alle Vorstellungen stellen jedoch die Frage: Was bin ich wert? Diese Frage wird gewöhnlich nicht religiös gestellt, ist aber in existentiellen Lebenskrisen wie z.B. bei Scheidung oder Krebsdiagnose nicht mehr wegzuschieben. Vor allem sind dann die Therapeuten und Seelsorger aufgerufen, den Menschen vor dem Absturz in die bodenlose Wertlosigkeit zu bewahren. Wie weit können aber auf Grund ihrer ideologischen Ausrichtung oder ihrer praktischen Methoden Therapierichtungen angerufen werden und auch tatsächlich helfen?

Die Erzählung von der Himmelfahrt des Elia und von der Mantelspende an seinen Jünger Elischa wird in der Himmelfahrt Jesu, wie sie Lukas in seinem Evangelium und in der Apostelgeschichte bringt, wieder aufgenommen. Diese Jesuserzählungen greifen auch die in der Antike bekannte Darstellung von der Himmelfahrt vieler Helden auf. Sie bilden neben der Vollendung Jesu als »Erhöhung« oder Auferstehung eine eigene Tradition. Eine weitere Darstellungsweise von der Vollendung Jesu und der Welt wird im apokalyptischen Schema von der Wiederkunft des Messias vorgestellt. Der Einbruch der Ewigkeit in die Zeitlichkeit der Welt und der Menschengeschichte wird uns also in den biblischen Schriften auf verschiedene Weise nahe gebracht.

Die christliche Kunst in ihren wunderbaren bildnerischen Darstellungen greift diese Traditionen auf und führt sie auf ihre Weise fort. So wird etwa in den Apsisbildern, die den thronenden Pantokrator vor

Augen führen, das Kyriosbekenntnis des Apostels Paulus ins Bild gebracht.

Auf unüberbietbare Weise bringen die riesigen *Radfenster* romanischer und gotischer Kathedralen den Einbruch der Ewigkeit in unsere Zeit zur Darstellung. Wer vor dem Westfenster in der Kathedrale von Chartres steht und die Abendsonne durch die glühend leuchtenden Farbgläser strahlen sieht, erlebt das ganze Aufgebot der Symbolkraft: Als Naturschauspiel im Sonnenglanz, als Kunstwerk im Glasfarbenspiel, als dargestelltes Bild in den Formen und Farben, als verdichtetes Christussymbol, das sein Mysterium von Auferstehung, Himmelfahrt, herrscherlicher Gegenwart und Wiederkunft zusammenfasst. Diese Zeitabfolgen wollen auf geheimnisvolle Weise nur das Eine aussagen: Den Einbruch der Ewigkeit in unsere Geschichte und Zeit.

Den schauenden Betrachter überschüttet gleichsam das Mysterium der Ewigkeit auch durch die Wirkung, die diese Darstellungen wie eine Epiphanie des Göttlichen ausüben. Der Schauende wird in die Fülle des Dargestellten hineingeholt. Es wiederholt sich gleichsam am Betrachter das, was im Bild aufstrahlt: Das Mysterium Christi holt den Betrachter in seine Ewigkeit hinein.

Transzendieren und Transzendenz

Der bekannte Holzschnitt von Gerhard Marcks zeigt *Noe*, wie er, von Chaoswassern unten und oben umgeben, sehnsüchtig aus seinem Gehäuse herausschaut und die Taube in Empfang nimmt. Das chaotische Kreiseln der Wasser unten, die strenge Senkrechte der einfallenden Wasser von oben zeigen, wie das unentrinnbare Unheil ihn von außen umgibt und einschließt. Die starren Balken, mit denen sein Hausschiff dargestellt ist, verweisen ihn in die Grenzen seines Gehäuses und seiner Möglichkeiten. Allein die Fenstertür eröffnet einen Weg nach außen – einen Weg zurück ins Chaos oder in das Land des Heil und Friedens? Die heimkehrende Taube hat als Zeichen des belebten Landes jenseits von Chaos und Untergang den Ölzweig im Schnabel. Eine Deutung dieses Bildes erlaubt darin ein Gleichnis des Menschen überhaupt zu sehen: Ist das ihn andrängende Chaos sein Schicksal, die Begrenzung auf seine Todverfallenheit? Das Wasser ist seit alters her als andrängendes Unheil von unten und oben Bild des Verschlingens und Unterganges, das Haus ein Bild der Geborgenheit, der eigenen Möglichkeiten, die der Mensch dem Unbehausten und Unheimlichen entgegenstellt. Das Land und vor allem die sprießenden Bäume sind Bilder der Sicherheit, des festen Bodens unter den Füßen und des Lebens. Der Vogel ist, wie schon an Steinzeitzeichnungen und urtümlichen Vogelmasken zu ersehen ist, ein Hinweis auf die Seele des Menschen, die sich von der Schwere des Erdbodens erheben und zum Himmel steigen, also transzendieren kann. Das Bild der Genesis eröffnet als Botschaft des Glaubens einen Weg aus der brutalen Macht des Faktischen hinüber in das Land der Verheißungen Gottes. Die gleiche Art symbolischer Auslegung lässt sich auch auf die Erzählung in ihrer jetzigen Gestalt anwenden:

Nach ihr lässt Noe zuerst einen Vogel steigen, der hilflos wieder zu ihm zurückkehrt, weil er außerhalb des Gehäuses nichts gefunden hat als Chaoswasser. Ein Symbol jener Menschen, die aus der Brutalität des Faktischen ausbrechen wollen. Sie versuchen, ihr Leben zu erhöhen, über seine Abgründe hinwegzukommen, aber sie finden nichts außer sich, worauf ihre Seele ruhen könnte. Viele Menschen, die zu Explosionen ihrer Affekte, zu Trauergesängen oder zu Ekstasen Zuflucht suchen, gleichen diesem Bild. Sie machen zwar Anstrengungen des Transzendierens, aber sie finden keine Transzendenz, sie bleiben auf sich verwiesen. Sie versuchen, über sich hinaus zu gelangen, fallen aber verzweifelt auf sich zurück. Die Gestimmtheit ihres Misserfolges ist brutaler und trauriger als der Ausgangspunkt.

Das Bild, das wir oben schon betrachtet haben, zeigt die zweite Möglichkeit: Die Seele des Menschen ist über sich hinausgestiegen und hat bereits die Erfahrung gemacht, dass es ein Jenseits menschlicher Determiniertheit gibt. Der Ölzweig ist ein bescheidener Hinweis mitgebrachter Erfahrung echter Transzendenz. Das Transzendieren hat punktweise ein Ziel erreicht und dem Menschen davon Kunde gegeben. Der Mensch ist aber noch nicht in der Lage, seine Seele auf dem »Anderland« ruhen zu lassen; die Transzendenz ist ihm noch nicht zur Heimat geworden. Aber diese Möglichkeit mitgebrachter stückweiser Erfahrung der Ewigkeit eröffnet einen spirituellen Weg. Ehe wir hoffen können, dass Menschen sich »im Lande Gottes« niederlassen, müssen sie Möglichkeiten von religiösen Erfahrungen finden, die wie Stufen zur Transzendenz führen.

Die dritte Taube, die Noe aufsteigen ließ, kehrte nicht mehr zu ihm zurück. Und daran erkannte er, dass das Chaos vorübergegangen und das Land des Lebens ihm wiedergegeben ist. Ein Sinnbild jener

Menschen, die im Geschehen des Glaubens über sich hinaus zu Gott gelangt sind und »fest auf ihn vertrauen«, die nicht mehr auf sich, sondern auf die felsenfeste Treue Gottes bauen. Der Weg dorthin aber scheint uns gangbar zu sein, wenn man allen Transzendierungsversuchen der Menschen ein Ziel bietet. Dieses Ziel wird das religiöse Symbol sein, an dem der Mensch aktiv mitarbeitet, das er gestaltet und in das er eingeht. So kann die Zeit Stufen bilden zur Ewigkeit, und die Ewigkeit sich in alle Seelen »ein-bilden«.

Der Ewigkeitsbegriff im zyklischen Weltbild

Signe Cohen

Es ist bemerkenswert, dass die indische Philosophie nichts dem Ewigkeitsbegriff des Christentums Vergleichbares hervorgebracht hat. Obwohl die Sanskritwörter *nitya* (»ewig, dauernd, ununterbrochen«) und *sanātana* (»ewig, dauernd«) in der philosophischen Literatur Indiens häufig verwendet werden, sind diese Termini nicht mit »Ewigkeit« als einer transzendenten Dimension, sondern mit Vorstellungen von zeitlicher Dauer assoziiert. Dabei ist bemerkenswert, dass die Wörter *nitya* und *sanātana* nur adjektivisch gebraucht werden. Das mit *nitya* verwandte Nomen *nityatā* (»Dauer, Ewigkeit«) wird selten angewendet. Das Wort »ewig« wird also im indischen Zusammenhang üblicherweise nicht mit einem außerzeitlichen Zustand oder einer solchen Dimension an sich verknüpft; »ewig« ist vielmehr als eine Qualität zu verstehen, die gewissen Dingen inhärent ist.

Die genannten indischen Ausdrücke stehen in einem terminologischen Umfeld, das sich auf ein zyklisches Weltbild bezieht. Dieses zyklische Weltbild ist eine für das Verständnis des indischen Denkens durchaus wesentliche Idee, die den Ewigkeitsbegriff in charakteristischer und von seinen westlichen Formen abweichender Weise prägt.

Im christlichen Denken ist er mit den Vorstellungen von einem ewigen Gott, Himmel und Hölle eng verknüpft. Die indischen Religionen postulieren ebenso, dass Existenz in einem Götterreich, in höllischen oder in himmlischen Regionen möglich ist. Himmel und Hölle sind aber im indischen Denken nicht ewig, denn sogar das Götterreich ist letztlich unbeständig. Himmel und Hölle sind Bestandteile des *saṃsāra,* des Kreislaufs der Wiedergeburten; das Ewige ist das, was jenseits des *saṃsāra* ist. Die altindische Philosophie ist von der Vorstellung geprägt, dass das diesseitige Leben innerhalb des *saṃsāra anitya* (nicht-ewig, nicht-dauernd) ist. Die drei großen religiösen Traditionen Indiens, der Hinduismus, der Buddhismus und der Jainismus, setzen alle eine unendliche Wiederholung voraus. Der Mensch ist im *saṃsāra,* der ziellosen Seelenwanderung durch verschiedene Existenzformen, eingefangen. Innerhalb des *saṃsāra* gibt es keinen endgültigen Tod, und doch kein ewiges Leben. Das *Karma,* die kosmische Kausalität, ist das, was uns an den *saṃsāra* bindet. Karma ist im indischen Denken ein Grundgesetz von Ursache und Wirkung. Alles, was der Mensch in seinem irdischen Dasein tut, führt zu karmischer Vergeltung und Wiedergeburt. Der Zyklus des menschlichen Daseins ist wiederum eine Widerspiegelung des kosmischen Weltbilds. Die ganze Welt durchläuft vier Weltalter (*yugas*) und wird am Ende des kosmischen Zyklus zerstört und neu erschaffen.

Dennoch postuliert das indische Denken, dass eine endgültige Erlösung aus der Seelenwanderung möglich ist. Dieser Zustand der Erlösung kommt vielleicht dem Ewigkeitsbegriff des Christentums am nächsten.

Es wäre irreführend, wenn man wegen des Mangels eines expliziten Ewigkeitsbegriffs im indischen Denken davon ausgeht, dass die Ewigkeits*idee* kein wesentlicher Teil des indischen Denkens ist. In den indischen philophischen Traditionen ist die Ewigkeitsidee durchaus mit Vorstellungen von dem Ende des zyklischen Existierens verbunden. Während die Ewigkeit in der christlichen Theologie als Zentralthema hervortritt, ist die Ewigkeitsvorstellung in der indischen Philosophie dagegen auf eine ganz andere, indirekte Weise artikuliert. Ebenso wie das Christentum erkennt das indische Denken eine höhere außerzeitliche Dimension, einen transzendenten Daseinsmodus an.

Wenden wir uns nun den drei indischen religiösen Traditionen zu, so sehen wir, dass sie die Fragen, was das Ewige ist und wie der Mensch am Ewigen teilhaben kann, auf sehr verschiedene Weise beantworten.

Hinduismus

Schon die älteste hinduistische Tradition kennt die Idee der Unsterblichkeit (*amṛta*). In den vier *Veden* (ca. 1500–1000 v.Chr.), die im Wesentlichen aus Sammlungen von Götterhymnen bestehen, kann jedoch kaum von einem Ewigkeitsbegriff die Rede sein. Unsterblichkeit wird hier lediglich als ein außerordentlich langes irdisches Leben aufgefaßt. In dem Weltbild der *Veden* ist es nicht das Ziel des Menschen, an einer Ewigkeit teilzuhaben, sondern ganz einfach ein volles, reiches irdisches Leben zu vollenden.

Die philosophischen Texte, die *Upanishaden* genannt werden (ab ca. 800 v.Chr.), kennen aber schon die Idee der Seelenwanderung und auch die Idee eines »Wiedertodes« (*punarmṛtyu*). Im upanishadischen Denken tritt der Begriff des Selbst (*ātman)* als Zentralthema hervor. Das Selbst ist das ewige, unsterbliche Prinzip im Menschen und in anderen Lebewesen. Obwohl das Selbst ewig ist, ist es in dem unbeständigen Kreislauf des *saṃsāra* eingefangen. Das Selbst wird mit der Vorstellung von einer kosmischen Weltseele (*brahman*) verknüpft. Das *brahman*, das höchste kosmische Prinzip, ist das Ewige, wonach die Menschenseele sucht. *Brahman* ist kein personifizierter Gott, sondern eine unpersönliche Kraft. Die Upanishaden erkennen die Existenz der Götter an, aber sogar die Götter sind im *saṃsāra* gefesselt. Der Mensch kann Erlösung nur dadurch erlangen, dass er versteht, dass sein inneres Selbst mit *brahman* identisch ist.

Der spätere Hinduismus hat sechs orthodoxe philosophische Systeme hervorgebracht. In Bezug auf diese ist vor allem zu bemerken, dass ein Ewigkeits*begriff* als solcher nicht im Zentrum steht. Eine explizite Diskussion einer Ewigkeitsvorstellung ist hier nicht zu finden. Trotzdem kann man eine interessante Entwicklung der Ewigkeits*idee* in diesen Texten beobachten, wobei die Ewigkeitsvorstellungen aber häufig nur indirekt zum Ausdruck kommen.

1) Das System des *Vedānta* besteht aus drei Schulen: Der von Śaṇkara (8. Jh.) begründete *Advaita Vedānta* (»nicht-dualistische Vedānta«) lehrt wie die Upanishaden, dass Erlösung das Wiederfinden der Identität der ewigen Menschenseele mit dem ewigen kosmischen Prinzip *brahman* ist. In dem philosophischen Denken des *Advaita Vedānta* wird *saṃsāra* als »kosmische Verblendung« (*māyā*) bezeichnet. Der Kreislauf der Seelenwanderung ist also nicht nur unbeständig; das Wandern durch Geburten und Tode ist auch nicht eigentlich wirklich. Das Wirkliche ist das ewige *brahman,* das jenseits der Illusion liegt. Alles, was nicht ewig ist, ist Verblendung. Śaṇkara ist Monist; er behauptet, dass alle Wirklichkeit eins ist.
   Rāmānuja (11./12. Jh.) ist der Begründer des »qualifizierten nicht-dualistischen Vedānta« (*viśiṣṭādvaita*). Die Schule des »dualistischen Vedānta« (*dvaita-vedānta*) geht auf Madhva (13. Jh.) zurück. Die beiden letzteren Systeme postulieren, im Gegensatz zu Śaṇkaras atheistischer Philosophie, einen ewigen persönlichen Gott. Die Liebe (*bhakti*) zwischen Mensch und Gott ist Zentralthema bei Rāmānuja und Madhva.

2) *Vaiśeṣika* ist eine pluralistische Tradition, die eine radikale Kategorienlehre formuliert. Das Ziel dieser philosophischen Schule ist eine Systematisierung alles Seienden. Die Vaiśeṣika-Philosophie unterscheidet neun Substanzen: Erde, Wasser, Feuer, Luft, Äther, Zeit, Raum, Selbst und Vernunft. Die vier Elemente Erde, Wasser, Feuer und Luft bestehen aus ewigen Atomen. Der Äther und das Selbst werden ebenfalls als ewig angesehen. Das ganze Universum kann also in ewige und nicht-ewige Bestandteile aufgeteilt werden.
3) Die *Nyāya*-Philosophie steht dem Vaiśeṣika so nahe, dass es möglich ist, die beiden Schulen als ein einziges System zu sehen. Nyāya ist vor allem ein System der Logik und Erkenntnistheorie. Erlösung kann durch das Vermeiden von Irrtum (*mithyajñāna*) erlangt werden. Den Nyāya-Philosophen gilt die Erlösung aus dem *saṃsāra* als »ewiges Glück« (*nityasukha*).
4) *Sāṃkhya* ist ein dualistisches System, das zwei ewige Urprinzipien anerkennt: Die Urnatur (*prakṛti*) und die Seele (*puruṣa*). Puruṣa, die Seele, ist das reine Bewusstsein im Menschen. Erlösung wird in der Sāṃkhya-Philosophie als die Isolation (*kaivalya*) des Selbst (*puruṣa*) gegenüber der Natur definiert. Die Erlösung ist die Wiederentdeckung des Ewigen, das im Menschen immer gegenwärtig ist.
5) Die Metaphysik der *Yoga*-Schule ist mit der des Sāṃkhya eng verwandt. Der Hauptunterschied zwischen den beiden Systemen ist, dass der Yoga betont, dass die Erlösung aus dem *saṃsāra* nur durch Praxis möglich ist.
6) *Mīmāṃsā*. Den Mīmāṃsā-Philosophen gelten nicht nur die Götter und die Menschenseele, sondern auch die *Veden*, die ältesten hinduistischen Schriften, als ewig. Den Mīmāṃsā-Philosophen geht es vor allem darum, dass die heiligen *Veden* ewig und ungeschaffen sind. Die *Veden* werden als Manifestation der ewigen Urwirklichkeit verstanden.

In diesen sechs orthodoxen Systemen wird die Ewigkeitsidee auf verschiedene Weise artikuliert. Die Hindu-Philosophen erkennen alle an, dass die Welt des *saṃsāra* flüchtig ist und dass das Ewige also anderswo zu suchen ist. Das Ewige kann im Menschen selbst, in einem höheren Wesen, oder in sakralen Texten lokalisiert werden. Sehr häufig wird die Erlösung aus dem *saṃsāra* als Eintritt in eine ewige Dimension verstanden.

Buddhismus

Die Tradition der Buddhisten gründet auf der Lehre des Siddhārtha Gautama, der als Buddha (»der Erwachte«) gilt. Die Lebensdaten des Buddha sind umstritten. Wahrscheinlich lebte er ca. im 5. Jh.v.Chr.

Der Buddhismus hat seine Wurzeln im hinduistischen Denken. Ebenso wie der Hinduismus postuliert der Buddhismus einen zyklischen Weltablauf. Während im Hinduismus die Ideen von Seele, Karma und Wiedergeburt nicht von einander zu trennen sind, modifiziert der Buddhismus die Wiedergeburtslehre des Hinduismus. Im Gegensatz zum Hinduismus erkennt der Buddhismus nämlich kein ewiges, beständiges Selbst, das durch Geburten und Tode wandert, an. Die Existenz eines Selbst wird negiert. Nach buddhistischer Lehre bestand die Erleuchtung des Buddha gerade darin, dass er die Nichtexistenz eines fortdauernden Selbst im Menschen verstanden hat.
Die Frage, *wer* das Subjekt der Wiedergeburt ist, wenn es kein unsterbliches Selbst gibt, wird im Buddhismus folgendermaßen beantwortet: Der Mensch besteht aus Körper (*rūpa*), Empfindung (*vedanā*), Wahrnehmung (*saññā*), Willensregungen (*saṃskāra*) und Bewusstsein (*vijñāna*). Etwas Ewiges gibt es im Menschen nicht; der Mensch ist eine vergängliche Zusammenfügung von Elementen.

Die menschliche Existenz ist nach der buddhistischen Lehre voller Leiden (*duḥkha*). Die vier »edlen Wahrheiten« (*āryasatya*) sind die Grundwahrheiten des Buddhismus:

1) Alles, was es in diesem irdischen Leben gibt, ist Leiden.
2) Die Ursache des Leidens ist die Begierde.
3) Das Leiden kann aufhören, wenn die Begierde aufhört.
4) Die Begierde kann durch die Beachtung des achtfachen Weges ausgelöscht werden.

Der achtfache Weg besteht aus:

1) Rechter Ansicht
2) Rechtem Entschluss
3) Rechter Rede
4) Rechtem Verhalten
5) Rechtem Leben
6) Rechter Anstrengung
7) Rechter Bewusstheit
8) Rechter Meditation

Nach buddhistischer Auffassung ist alles Dasein *anitya,* unbeständig. Der Buddhismus kennt keinen Ewigkeitsbegriff und keine Unsterblichkeitsvorstellung. Das Ewigkeitsstreben, das dem Menschen inhärent ist, ist letztlich die Ursache des Leidens.

Der Buddhismus ist trotzdem ein soteriologisches System, durch das der Mensch die endgültige Befreiung erlangen kann. Die Erlösung ist im Buddhismus aber durchaus nicht mit einer Ewigkeitsvorstellung assoziiert, sondern eher als ein absolutes Aufhören, *nirvāṇa* (Erlöschen), zu verstehen. Erlösung ist nach Auffassung der buddhistischen Philosophie kein ewiges Dasein; Erlösung ist die Erkenntnis, dass das Streben nach dem Ewigen der Ursprung des Leidens ist.

Die Idee einer ewigen Seele, die im Hinduismus im Zentrum steht, wird im Buddhismus als eine Illusion aufgefasst, die im *nirvāṇa* endlich überwunden wird. Was nun die Frage betrifft, *wer* im Zustand der Erlösung das Erlebnis dieser Erlösung haben kann, wenn es kein Selbst gibt, so vertreten die meisten buddhistischen Denker die Ansicht, dass die Erlösung ein subjektloser Zustand ist, ein Erlebnis ohne einen Erleber.

Ebenso wie der Hinduismus spaltete sich der Buddhismus in verschiedene Schulen. Die von der gesamten buddhistischen Tradition vertretene Idee der Unbeständigkeit wird auf eine interessante Weise von dem Denker Nāgārjuna (2. Jh.) interpretiert, der als Begründer der Madhyamika-Schule gilt. Nāgārjuna unterscheidet zwei Wahrheiten: Die absolute und die relative Wahrheit. Die relative Wahrheit ist mit dem *saṃsāra* assoziiert. Diese Wahrheit gilt nur in der Welt der Verblendung, in der der Mensch immer versucht, das Unbeständige festzuhalten. Die absolute, allerhöchste Wahrheit ist dagegen eine Weltanschauung, die ganz illusionsfrei ist. Der Hauptbegriff der Madhyamika-Philosophie ist die Leere (*śūnyatā*). Leere bedeutet im System Nāgārjunas nicht, dass die Welt unwirklich ist, sondern vielmehr, dass alles, was es in der Welt gibt, aus der Perspektive der allerhöchsten Wahrheit keine unabhängige Existenz hat. Die Dinge, behauptet Nāgārjuna, haben keine ewige Eigennatur (*svabhāva*); alles, was Dasein hat, ist von irgend etwas anderem abhängig. Eine Ewigkeit ist in diesem Denksystem nicht möglich.

Trotzdem besteht das Paradox, dass die buddhistische Philosophie, die eine Ewigkeitsidee völlig ablehnt, einen Begriff besitzt, der der christlichen Ewigkeitsvorstellung nahe steht. *Nirvāṇa,* das Erlöschen aller Begierde, wird nämlich als eine unfassbare, zeitlose Wirklichkeit beschrieben.

Jainismus

Der Jainismus[1] ist eine religiöse Tradition Indiens, die ebenso alt ist wie der Buddhismus. Wahrscheinlich war der Begründer des Jainismus, der Jina (»Sieger«) Vardhamāna Mahāvīra, ein älterer Zeitgenosse des Buddha. Im Jahre 79 n.Chr. spaltete sich der Jainismus in zwei Sekten: Die Śvetāmbaras, die weiße Gewänder tragen, und die Digāmbaras, die nackt gehen.

Das zyklische Weltbild des Hinduismus und des Buddhismus ist schon erwähnt worden. Grundsätzlich ähnliche Auffassungen finden sich auch im Jainismus. Die Jaina-Lehrer werden *Tīrthaṃkāras*, Wegbereiter, genannt. In jedem kosmischen Zeitzyklus gibt es 24 Tīrthaṃkāras.

Das jainistische Denken betont das radikale Nichtverletzen (*ahiṃsā*). Unter Nichtverletzen ist auch Vegetarismus zu verstehen. *Ahiṃsā* ist nicht nur Abwesenheit von Gewalt, sondern eine universelle Liebe, die auch Tiere und Pflanzen umfasst.

Der Hinduismus und der Buddhismus lehren, dass die Welt vergänglich ist. Den Jainisten gilt dagegen die Welt als ewig, unendlich und ungeschaffen. Wie manifestiert sich also die Ewigkeitsidee im Jainismus?

Nach der jainistischen Weltanschauung ist alles, was es in der Welt gibt, entweder lebendig (*jīva*) oder leblos (*ajīva*). Die Seele (*jīva*) ist ewig, aber in der ebenfalls ewigen, dabei jedoch beschmutzten Materie gefangen. Sie besitzt aber die Anlage zur Allwissenheit und Erlösung und kann durch asketische Übungen aus der Materie befreit werden. Die Jainas erkennen ein Götterreich an, eine Hölle, ein Menschenreich und ein Tierreich. Durch Seelenwanderung kann eine Seele eine höhere oder niedrigere Lebensstufe erreichen, ja sogar ein Gott werden. Die Jainas erkennen aber keinen ewigen absoluten Gott an.

Der Jainismus lehrt, im Anschluss an den Hinduismus und den Buddhismus, dass das Ziel des Menschen die Erlösung ist. Erlösung wird durch die »drei Juwelen« erlangt: rechte Erkenntnis, rechtes Wis-

1 Die Tradition wird auch Jinismus genannt.

sen und rechte Lebensweise. Die Jainas definieren den Zustand des Erlösten (*siddha*) als eine ewige Harmonie. Sie lehren, dass auch Tiere und Pflanzen ewige Seelen haben. Bemerkenswerterweise artikuliert der Jainismus die im indischen Denken ungewöhnliche Idee, dass nicht alle Lebewesen erlösungsfähig sind. Es gibt ganz einfache Seelen, die in einer ewigen Wiederkehr gefesselt sind und nie erlöst werden können.

Epilog

Diese knappe geschichtlich-systematische Darstellung hat deutlich gemacht, dass der Ewigkeitsbegriff im indischen Denken nicht von dem der Erlösung getrennt werden kann.

Es gibt mancherlei Erscheinungsformen des Ewigkeitsbegriffes im indischen Denken. Vor allem ist hier zu bemerken, dass die Ewigkeit im zyklischen Weltbild etwas den Zyklus Transzendierendes ist. Zwei radikal verschiedene Daseinsmodi werden im altindischen Gedankengut vorgestellt: Die Seelenwanderung innerhalb der vergänglichen Welt des *saṃsāra* und das Anderssein, in einem Zustand, der vielleicht als Ewigkeit beschrieben werden kann.

III. Ewigkeit, Zeit und Unendlichkeit kritisch bedacht

Leben, Zeit und Ewigkeit

Georg W. Kreutzberg

Einleitung

Für die Biologie ist alles Leben auch Vergänglichkeit, ein ewiges Leben daher ein Oxymoron, d.h. ein Widerspruch in sich selbst. Organisches Leben entsteht durch die Verdoppelung der DNA, es hat seine Verweildauer in der Biosphäre und endet mit dem Tod. Trifft diese simple Regel auch für alle Lebewesen, die Pflanzen eingeschlossen zu, so muss man bei näherem Hinschauen erstaunliche Zeitdimensionen für das Leben als solches erkennen. Die Spanne von mehreren Milliarden Jahren, in der Leben auf unserem Planeten existiert, ist mindestens eine »kleine Ewigkeit«. Noch erstaunlicher ist die Erkenntnis, dass Leben ein Kontinuum ist, und zwar nicht nur im Sinne seines Daseins sondern auch als Programm. Die Erfindung der Desoxyribonukleinsäuren (DNA) als replizierbaren Trägern genetischer Information steht ziemlich am Anfang der Entstehung des Lebens und wurde als Erfolgsrezept bis auf den heutigen Tag beibehalten. Es ist aber nicht nur das Prinzip DNA, es sind sogar viele Kodierungen für ganz bestimmte Proteine, die vor Milliarden von Jahren erfunden wurden und noch heute in jeder Zelle vorkommen. Gleiches gilt auch von vielen Bauplänen, z.B. der durch die Wirbelsäulenachse gegliederten Bilateralität aller Wirbeltiere. Auch dieses Prinzip hat mit ca. fast 1 Milliarde Jahren ein ehrwürdiges Alter.

Die moderne Genforschung hat uns zu ganz erstaunlichen Erkenntnissen über die Erhaltung genetischer Informationen in gewaltigen Zeiträumen verholfen. So schätzt man, dass etwa die Hälfte der Gene der Hefepilze noch in unserem Genom vorhanden ist, obwohl diese Information vor mehr als einer Milliarde Jahre entstanden ist. Mit unseren nächsten Verwandten den Menschenaffen teilen wir 98–

99 % der genetischen Information, obwohl sich unsere Stammbäume schon vor ca. 5 bis 6 Millionen Jahren getrennt haben.

Sub specie aeternitatis dürfen wir uns aber vollends fühlen, wenn wir den atomaren Aufbau organischen Lebens betrachten. Auf den T-Shirts unserer Kinder können wir lesen, dass der Mensch (»human being«) zum größten Teil aus Wasser (63%) und dann noch aus den Elementen Kohlenstoff, Wasserstoff, Sauerstoff und Stickstoff besteht, dann noch den Ionen von Natrium, Kalium, Magnesium und Chlor, dazu kommen noch ein paar Spurenelemente wie Eisen, Kupfer oder Selen. Das ist der ganze Vorrat an Elementen den wir brauchen, um die mehr als 100.000 verschiedenen Moleküle aufzubauen, die in einem ungeheuer komplexen Wechselspiel das Funktionieren unseres Organismus ermöglichen.

Woher kommen die atomaren Bausteine des Lebens? Sie entstanden bei der Geburt unseres Planeten- und Sonnensystems nach der Explosion einer Supernova vor etwa 4,5 Milliarden Jahren. Bei diesem Ereignis entstanden aus Wasserstoff und Helium in einem evolutionären Prozess die schwereren Elemente, die noch heute existieren und bei der Entstehung des Lebens den Rohstoff liefern. Wenn man es poetisch mag, kann man sagen, der Mensch besteht aus Sternenstaub, und der wird erst in einen anderen Zustand überführt, wenn unsere Erde am Ende unserer Galaxie in einem Schwarzen Loch verschwindet oder wenn unsere Sonne ihren Vorrat an Wasserstoff aufgebraucht hat und als »Roter Riese« verglüht. Astronomen berechnen diesen Zeitpunkt in der kosmischen Zukunft auf 5 bis 6 Milliarden Jahre von heute.

Tabelle 1: Von Ewigkeit zu Ewigkeit

Urknall: Entstehung unseres Universums und Beginn der Zeit	13,5 Mrd. Jahre
Entstehung unserer Sonne und der Planeten	4,5 Mrd. Jahre
Entstehung des Lebens auf der Erde	3,5 Mrd. Jahre
Mehrzellige Organismen	1,2 Mrd. Jahre
Wirbeltiere	800 Mio. Jahre
Dinosaurier	60 Mio. Jahre
Trennung der Linien der nicht-humanen Primaten von den Hominiden	8–5 Mio. Jahre
Gattung Homo	2,5 Mio. Jahre

Homo sapiens	100 Tsd. Jahre
Homo sapiens sapiens im Neolithikum	20 Tsd. Jahre
Erste Stadt Jericho	10 Tsd. Jahre
Heute	0 Jahre
Ende unseres Planetensystems und der Sonne als Roter Riese	5–6 Mrd. Jahre

Selbst unter dem Eindruck dieser kaum vorstellbaren Zahlen und der sie bezeichnenden Zeiträume, die in unserem Verständnis dem Ewigkeitsbegriff nahe kommen, kann man der Dynamik des Geschehens in der Zeit nicht ausweichen. Wir erkennen, dass es hier Anfang und Ende zu geben scheint und dass sich immer alles entwickelt, will sagen einem Evolutionsprozess unterliegt. Vielleicht ist dies das bedeutendste Gesetz der Schöpfung, dass sich immer alles vom Einfachen zum Komplexeren entwickelt, dass nie etwas so ist wie es war, und alles anders sein wird als es ist. In der beschreibbaren Natur findet man keine Ausnahme von diesem Gesetz. Die Ausdehnung dieses Gesetzes der Schöpfung auf den Schöpfer kann aber kein Thema der Naturwissenschaften sein. Damit haben sich Philosophen und Theologen seit je her auseinander gesetzt. Das beginnt mit dem Vorsokratiker Heraklit, der mit seinem »panta rei« – alles fließt – die subjektive Wahrnehmung der Zeit trefflich beschrieben hat, um es gleich auf die Conditio humana anzuwenden, wenn er sagt *»es ist nicht möglich zweimal in denselben Fluss zu steigen, auch nicht ein sterbliches Wesen zweimal zu berühren und es zu fassen im gleichen Zustand«*.

Die Entstehung des Lebens und die Erfindung des Todes

Die ältesten Zeugen prokaryontischen Lebens auf dieser Erde finden sich in Gesteinen mit einem geschätzten Alter von 3,5 Milliarden Jahren. Es sind versteinerte Einzeller mit einer äußeren Zellwand aber noch ohne Kern. Diesem frühen oder ersten Leben muss eine lange Periode chemischer Prozesse in der so genannten Ursuppe vorausgegangen sein. Ein solches Gemisch von metallischen Elementen, deren Oxyden und einfachen anorganischen Verbindungen wie Zyanwasserstoff und Ammoniak, wurde 1953 von Stanley Miller konstruiert. Unter simulierten Umweltbedingungen der Frühzeit bildeten sich darin Aminosäuren, die Bausteine der Proteine. Wurden dem Urgebräu verschiedene Erden, metallische Kationen und Imidazole zugefügt, konnten auch kurze Ketten von Nukleinsäuren gefunden werden. Die Aufstellung solcher Ketten (Polymerisation) ermöglicht die autokatalytische Bildung von sich selbst replizierenden Makromolekülen, wie den Ribonukleinsäuren (RNA) und den Desoxyribonukleinsäuren (DNA).

Durch die Kettenbildung eröffneten sich Varianten für längere und neue Polymere mit den Eigenschaften der Selbstreplikation. Damit entstanden Informationsmoleküle mit den phantastischen Eigenschaften der Vermehrung, der Vererbung und der Veränderung, womit sowohl Leben als gleichzeitig auch Evolution ermöglicht wurde.

Wir stehen vor der ersten Manifestation des Emergenzprinzips, wonach Neues durch Komplexität entsteht. So wurde aus der Chemie der Ursuppe die Biochemie der Urzelle und aus den Oligonukleotidketten der »Faden des Lebens« die Informationsmoleküle. Leben, wie wir es kennen, besteht aus Biochemie und Information. Die Notwendigkeit eines ontologischen Sprungs ist in einem autokatalytischen Prozess nicht zwingend.

Es hat den Anschein, als sei das Leben zunächst auf eine Existenz ohne Ende ausgelegt gewesen. Einzellige Organismen, die 2,5 Milliarden Jahre lang das Leben auf der Erde monopolisierten, vermehren sich ungeschlechtlich durch Mitose, eine simple Zellteilung.

Dabei wird der Bestand von Chromosomen als Erbträgern auf die beiden Tochterzellen gleich und gleich verteilt. Jede neue Zelle ergänzt sich dann bis zur Vollständigkeit. Wenn die physikalischen Bedingungen und die Ernährungslage es erlauben würden, könnte sich dieser Vorgang bis in alle »Ewigkeit« fortsetzen. Die Tochterzellen sind tatsächlich wie eineiige Zwillinge und auch identisch mit der Mutterzelle. Wir sprechen von Klonen.

Im Laufe der frühen Evolution der Einzeller hat sich auch eine geschlechtliche Fortpflanzung entwickelt, bei der es zu einem Austausch von Erbmaterial kommt, der natürlich auch große Chancen für Rekombination und Variabilität der Erbanlagen bietet. Mehrzellige Organismen entwickeln mit Erfolg Zweigeschlechtlichkeit mit männlichen und weiblichen Keimzellen. Bei der Verschmelzung entsteht nun neues Leben und ein jeweils einmaliges Individuum, das allerdings den Gesetzen seiner programmierten Lebenszeit mit endlicher Dauer unterworfen ist. Spätestens von diesem Zeitpunkt an unterliegt das

Individuum einem genetisch gesteuerten Alterungsprozess, der mit dem Tode endet.

In der Humanmedizin ist es die Gerontologie, die sich in den letzten Jahrzehnten intensiv mit diesen Vorgängen von der Molekularbiologie bis zur klinischen Forschung beschäftigt hat. Das Altern als biologisches Problem zu verstehen, ist so schwierig, weil offensichtlich eine große Zahl von Genen in Wechselwirkung tritt. Neueste Forschungen haben aber einem so genannten »Stummen Informations Regulator Gen«, genannt *Sir* 2, eine zentrale Rolle zugewiesen. Dieses Enzym verbindet den Energie-Stoffwechsel mit der Ausschaltung von Genaktivität (silencing) und dem Alternsprozess.

Eine folgenreiche Beobachtung wurde 1961 von Leonard Hayflick in der Zellkultur gemacht. Sie bestand in der Feststellung, dass Körperzellen nur eine begrenzte Zahl von Teilungen und das in Abhängigkeit vom Alter vornehmen können. Die Anzahl liegt in der Größenordnung von ca. 50 Mitosen. Der Grund dafür liegt einerseits in den Kopiervorgängen der DNA, die zu Fehlern neigt, andererseits in den Telomeren, die am Ende eines jeden Chromosoms sitzen und für eine einwandfreie Reproduktion der DNA sorgen. Jede Mitose geht aber mit einer Verkürzung der Telomere einher. Der Reproduktionsvorgang kommt zum Stillstand, wenn die Telomere aufgebraucht sind. Sehr wahrscheinlich war das der Grund für das frühe Altern und den Tod des Klonschafs Dolly, weil sie aus erwachsenen Zellen und nicht aus Keimzellen erzeugt wurde. Stammzellen, Krebszellen und Keimzellen sind der Hayflick‹schen Regel nicht unterworfen. Sie besitzen nämlich das Enzym Telomerase, das die Verkürzung der Telomeren verhindert und damit beispielsweise in der Keimbahn die Weitergabe genetischer Information unlimitiert über Generationen erlaubt. Damit gibt es hier wieder einen »Ewigkeitsaspekt« mit Bezug auf die genetische Information.

Zu den wichtigen Erkenntnissen der Biologie der letzten 20 Jahre gehört die Bedeutung eines durch Gene gesteuerten Zelltods während der Entwicklung des Organismus, insbesondere des Zentralnervensystems. Es geht im Prinzip darum, dass im Embryo bedeutend mehr Nervenzellen angelegt werden als nötig sind. Nervenzellen, die in irgendeiner Art fehlerhaft oder falsch verbunden sind, werden durch einen Mechanismus, der als Apoptose bezeichnet wird, eliminiert. Apoptose heißt soviel wie dem Abfallen unterworfen, so wie ein welkes Blatt im Herbst vom Baum fällt. Der Vorgang ist in den Genen

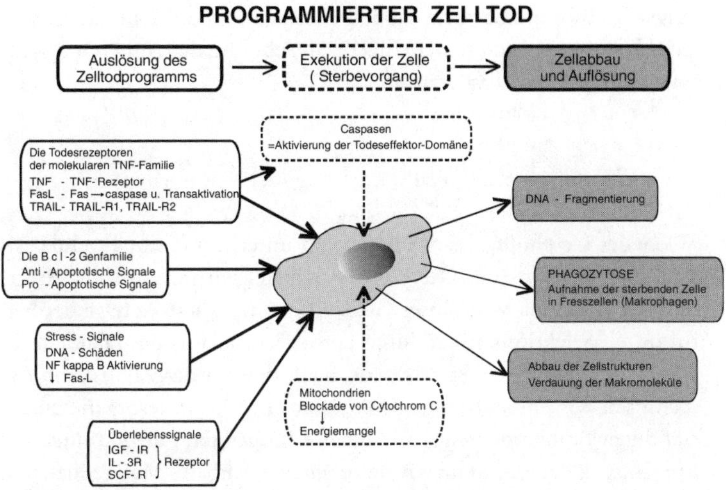

Abb. 1: Der programmierte Zelltod

verankert und von hoher Komplexität. Er stellt eine Balance dar zwischen Überlebenssignalen, Stress-Signalen und verschiedenen Todessignalen. Überwiegen die letzteren wird das Zelltodprogramm ausgelöst, das dann zur Exekution der Zelle führt (Abb. 1) Der Untergang einer Zelle ist also ein im höchsten Maße geordneter, wenn auch irreversibler Vorgang, und er dient ohne Zweifel dem Gesamtorganismus.

Leben mit der Zeit

Wir haben gesehen, dass Zeit und Leben höchst unterschiedliche Koalitionen eingehen. Zeit, der lineare Pfeil, verläuft für das Leben in irreversiblen Prozessen, aber keinesfalls im Newton'schen Sinne (»tempus quod aequaliter fluit«) als gleichförmiger Fluss. Vielmehr gewinnt der Eindruck inzwischen Gewissheit, dass nämlich das Leben seine Uhren selber stellt. Als Zeitgeber und Schrittmacher wurden die Oszillationen in zahllosen Zellen, in Zellverbänden, Systemen und in kompletten Organismen entdeckt. Sie erzeugen in jedem Lebewesen bis hinab zu den kleinsten Einheiten, den Zellen, Rhythmen, die wiederum die Teile funktionell zusammen binden. Ilya Prigogine, der belgische Biophysiker und Nobelpreisträger, meint denn auch, dass jedes Lebewesen nach seiner »Eigenzeit« lebt und dem inneren Rhythmus folgt, den es selbst erzeugt.

Subjektive Zeit des Menschen

Wie jedes Geschöpf, das der Evolution unterliegt, ja ihr Produkt ist, sind auch für uns die Gesetze der Selbsterhaltung und der Arterhaltung »suprema lex«. Unser Gehirn bewältigt diese Auflage der Natur durch Selektionierung, durch Lernen und planvolles Handeln. In jedem Augenblick unseres Lebens, auch dem in der Zivilisation der technisch-wissenschaftlichen Welt, sind unsere Sinnesorgane einem ständigen Bombardement von Signalen ausgesetzt. Diese können wir nur sinnvoll deuten, wenn wir sie auf ein verstehbares Maß reduzieren.

Diesem Beschuss unserer Sinnesorgane sind wir seit unserer Geburt zu unserem Nutzen ausgesetzt. Diese Reize spielen nämlich für die Hirnentwicklung eine entscheidende Rolle. Signale aus unserer Umgebung treffen auf die Sinnesorgane und lösen ein Wechselspiel zwischen aktivierten Nervenzellen und deren Genen aus, die als Antwort bestimmte Gene expremieren. Dieser Selbstorganisationsprozess führt in Abhängigkeit von Erfahrung zu einer Reifung von Hirnfunktionen und –strukturen. Allerdings findet dieser nur in einem zeitlich begrenzten Fenster statt. Neugeborene mit Defekten des optischen Apparates der Augen erblinden. Wenn man bei ihnen die Sehhindernisse in der Hornhaut oder der Linse frühzeitig entfernt, erlangen die Babys volle Sehtüchtigkeit. Versäumt man den frühen Zeitpunkt der Operation bleiben die Patienten blind, weil sie die visuelle Information in der Hirnrinde nicht mehr verarbeiten können. Die Prägungsphase ist unwiderruflich verstrichen: Erfahrungen in der Sehwelt wurden nicht gemacht, der Raum der uns umgibt, wurde visuell nicht begangen. Die Vorstellungen von drei Dimensionen bleiben rudimentär und sicher anders als bei den Sehenden. Das Beispiel ließe sich durch viele andere Beobachtungen an Patienten und im Experiment ergänzen.

Im Prinzip wird dadurch bestätigt, dass unser Gehirn die Raumwelt aus Erfahrung lernend konstruiert. Die Realitäten des Gehirns müssen dabei keinesfalls mit der physikalischen Wirklichkeit übereinstimmen. Der Maßstab sind die Gesetzmäßigkeiten, die uns ein Leben oder ein Überleben in der Welt ermöglichen. Erfahrungen über das

So-Sein der Welt werden gespeichert und in die Bewertung von Gesehenem eingebracht. Ein Beispiel aus der Psychophysik bietet das Kanizsa Dreieck (Abb. 2), in dem zwei Dreiecke durch Ergänzung von Konturen, die nicht vorgegeben sind, wahrgenommen werden. Auf Grund unserer Seherfahrung füllen wir fehlende Begrenzungen auf und »sehen« Dreiecke, die nicht da sind. Die Illusion von Konturen gewinnt eine der Sinneswahrnehmung vergleichbare Wertigkeit, obwohl sie ein Konstrukt unseres Gehirns ist. Hätten wir nie zuvor gleichseitige Dreiecke gesehen, wäre die Kanizsa Illusion wohl kaum zustande gekommen.

Abb. 2: Kanizsa Dreieck

Ähnliche Illusionen lassen sich auch mit perspektivischen Bildern von Räumen erzeugen. Auch hier spielt die individuelle Erfahrung mit drei Dimensionen die entscheidende Rolle. Was unser Gehirn mit einer illusionären Darstellung des Raumes macht, ist determiniert durch die Häufigkeit, mit der wir dieser oder jener Konstellation im Raum schon begegnet sind. Das Gehirn interpretiert dann als wahr oder besser richtig, was häufig ist und als fragwürdig, was subjektiv selten vorkommt.

Das gilt übrigens auch für Farben. Eine Rose ist rot, weil sie Licht in einer bestimmten Wellenlänge aussendet, das von unseren Rezeptoren in der Retina empfangen wird und von unserem visuellen System in der occipitalen Hirnrinde als »rot« identifiziert wird. Dieselbe Rose in der Dämmerung betrachtet wird immer noch als rot gesehen, obwohl sie mit ihrer schwachen Abstrahlung kaum noch retinale Farbrezeptoren aktiviert. Das bedeutet: Kein Signal »rot« erreicht den Cortex von der Retina her, aber – gelernt ist gelernt – das Wissen von roter Rose ist präsent und vermittelt eine Wirklichkeit, die von der Physik der Lichtemission nicht mehr vermittelt werden kann.

Festzuhalten ist als Resultat, dass stochastische Prozesse bestimmen, was wir als Realität erfahren. Mehrdeutige Informationen über Raum, Helligkeit, Konturen oder Farben werden vom Gehirn nach der Wahrscheinlichkeit ihres Auftretens geprüft. Dabei nutzen wir unsere Erfahrung mit Erfolg, um zu sehen, was ist, aber immer auf der Basis dessen, was war. Das bedeutet aber auch, dass trotz der phantastischen Präzision unseres optischen Apparates mit Linse, Retina, optischem Nerv und erster Relaisstation im Thalamus, das visuelle Verarbeitungssystem unserer Hirnrinde ein subjektives Konstrukt errichtet, das durch Erinnerungen, Wertungen und Emotionen mitgestaltet wird. Mit dem Erlebnis Zeit verhält es sich prinzipiell genauso.

»Wie kommt der Mensch zur Zeit?« Diese Grundfrage menschlichen Zeiterlebens stellte Ernst Pöppel, führender Zeitforscher in der deutschen Medizinischen Psychologie. Er findet elementare Erscheinungsformen unseres Zeiterlebens in den folgenden Paaren: Erlebnis der Gleichzeitigkeit gegenüber der Ungleichzeitigkeit, Erlebnis der Aufeinanderfolge also einer zeitlichen Ordnung des Geschehens, Erlebnis der Gegenwart oder des Jetzt und die Erfahrung der Dauer.

Das Erlebnis der Gleichzeitigkeit resultiert aus einer Reihe physikalischer Werte wie der Schallgeschwindigkeit, deren Unterschied zur Lichtgeschwindigkeit, der akustischen und der optischen Reaktionszeit und der Zeit, die zur Signalverarbeitung im Nervensystem benötigt wird. Daraus ergibt sich für unsere Seh- und Hörwelt ein »Gleichzeitigkeits-Horizont« von 10 bis 12 Metern. Bei größerer Nähe ist das Hörsystem schneller, bei größerer Ferne dirigiert uns das Sehsystem. Strukturiert und zerebral koordiniert wird unsere Raumvorstellung durch zeitliche Parameter. Die kleinste Einheit unserer zeitlichen Auflösung, das »atomon« der Zeitwahrnehmung, liegt bei etwa zwanzig Millisekunden. Was länger auseinander liegt kann als ungleichzeitig erlebt werden. Um korrekt sagen zu können, was vorher und nachher war, brauchen wir allerdings noch einen zusätzlichen Abstand von weiteren 10 Millisekunden.

Das Erlebnis der Aufeinanderfolge also einer zeitlichen Ordnung des Geschehens verdanken wir dem im Frontalhirn gesteuertem Kurzzeitgedächtnis. Dieses vermittelt uns das Gefühl für die Kontinuität der Zeit, weil es zwischen vorher, jetzt und nachher unterscheidet und dieses sequentiell registriert, allerdings auch nur für kurze Zeit speichert, etwa solange wie es der aktuelle Arbeitsvorgang erfordert, z.B. das Wählen einer Telefonnummer. Diesem Arbeitsgedächtnis stellen wir das episodische oder deklarative Gedächtnis gegenüber. Das ist der Langzeitspeicher des Gehirns. Er dient dazu, Erinnerungen an Ereignisse langfristig über Tage, Jahre und Jahrzehnte festzuhalten. Damit ist das Erlebnis von Dauer verbunden. Dabei ist der Kontext insbesondere die emotionale Färbung wieder wachzurufen. Gedächtnisinhalte von vergangenen Geschehnissen sind ja an ganz verschiedenen Modulen der Hirnrinde abgelegt.

Nehmen wir ein Beispiel aus der Welt der Gerüche. Da das olfaktorische System ohne viele Umschaltstationen mit dem Cortex bzw. den Ordnungsstrukturen des Gedächtnisses im Hippocampus verbunden ist, erleben wir Gerüche besonders intensiv. Steigt der Duft von Anisgebäck in unsere Nase, erinnern wir uns z.B. mit angenehmen Gefühlen an die Weihnachtsbäckerei der Großmutter, sehen sie vor uns, erinnern uns an ihr Haus, ihre Stimme also den ganzen Kontext ihrer Existenz. Wir sagen vielleicht, dass wir alles genau vor uns sehen und drücken damit auch unser Vertrauen in die Korrektheit der Engramme aus. Das ist jedoch eine Täuschung.

Schon lange weiß die Hirnforschung, dass ein funktionierendes Gedächtnis nicht nur von der Unversehrtheit neuroanatomischer Strukturen abhängt sondern auch von der Proteinsynthese in deren Nervenzellen. Wird die Eiweiß-Synthese blockiert, wird nicht nur nichts behalten, es wird auch Gelerntes gelöscht. Weiterführende Experimente haben nun gezeigt, dass auch vermeintlich stabile Erinnerungen immer dann modifiziert werden können, wenn sie in das Bewusstsein zurückgerufen werden. Es scheint, als wolle unser Gehirn die Engramme neu schreiben bzw. aktualisieren. Stabilität und Präzision unseres Gedächtnis unterliegen offenbar stärkeren Modifikationen als wir glauben. Damit wird aber auch unsere Stabilität in der Zeit objektiv infrage gestellt, dagegen subjektiv ständig so an die uns umgebende Wirklichkeit angepasst, dass wir darin erfolgreich existieren können.

Es sind aber nicht nur die Gedächtnisspeicher in unserem Gehirn, die den Rahmen für unser Erlebnis der Kohärenz und Dauer in der Zeit vermitteln, es sind auch die schon erwähnten Oszillationen z.B. von 30 Herz in den Hirnströmen und eine Reihe von Zeitgebern im Gehirn. Am wichtigsten für die Steuerung der Tagesrhythmen, die als circadian bezeichnet werden, weil sie mit 24,5 Stunden ungefähr (circa) einen Tag (dies) begleiten, ist der Suprachiasmatische Nukleus, der oberhalb der Sehnervenkreuzung im Zwischenhirn, das für die Steuerung des internen Milieus durch Hormone und Peptide zuständig ist, liegt. Das zweite wichtige Kontrollorgan unseres Verhaltens in der Zeit ist die Zirbeldrüse, die unseren Schlaf-Wachrhythmus mit Hilfe von alpha-Melatonin und DOPA reguliert. Es gibt Gene, die wie ein Uhrwerk diesen Regelmechanismen zugrunde liegen und durch Rückkopplung sich selbst regulieren, das heißt, dass sie in Abhängigkeit von der Produktion der von ihnen synthetisierten Proteine ein- oder abgeschaltet werden. Wir sehen, dass Zeitparameter, die von »objektiven« Ereignissen wie dem Tag-Nacht-Rhythmus vorgegeben sind, in unseren Hirnen strukturell ihre Präsenz gefunden haben, allerdings mit einer leichten Verlängerung um eine halbe Stunde. Die Abweichung muss jeden Tag durch einen immer aktuellen Anpassungsvorgang neu eingestellt werden. Das haben Menschenversuche von Jürgen Aschoff in von äußeren Einflüssen abgeschirmten Bunkern ergeben.

Wie sehr das Gehirn die Wahrnehmung von zeitlichen Parametern auf der Basis der Erfahrung korrigieren kann, zeigt uns ein Beispiel aus der Neuropsychologie. Stellen Sie sich vor, Sie müssen zur Blutentnahme aus der Fingerbeere zu Ihrem Hausarzt. Sie sehen wie die kleine Lanzette den Finger trifft und spüren sofort den Schmerz, obwohl das Signal noch gar nicht in Ihrem Gehirn angekommen sein kann. Was ist passiert? Aus Erfahrung antizipiert das Gehirn die Schmerzempfindung gleichzeitig mit dem optischen Eindruck des Stichs. Die Gleichzeitigkeit der Empfindung von Schmerz und dem Sehen des Einstichs ist eine sinnvolle, wenn auch illusionäre Wahrnehmung, basierend auf einem Trick des Gehirns, nämlich Eindrücke, die zusammengehören auch zeitlich zu verbinden. Dazu dient das schon erwähnte Gegenwartsfenster der 30 Millisekunden-Zeitinsel, das für uns Gleichzeitigkeit bzw. Gegenwart bedeutet.

In allerjüngster Zeit hat die Entdeckung von Hirnzentren, die bei religiösen, besonders auch tief spirituellen Übungen beteiligt sind, ein beträchtliches Aufsehen erregt, obwohl man von der Erfahrung der Hirnforschung her eigentlich hätte voraussagen können, dass es solche Zentren geben muss. In den experimentellen Studien, die man an tibetanischen und an Zen-Mönchen in der Meditation und an franziskanischen Nonnen in der tiefen Gebetsversenkung gemacht hat, zeigte sich eine Inaktivierung von frontoparietalen Großhirnrindenarealen, die das Zeit-Raum-Erlebnis vermitteln. Man kann das so interpretieren, dass es in der spirituellen Versenkung gelingt, die für das Erlebnis von Raum und Zeit notwendigen Hirnstrukturen außer Gefecht zu setzen, so dass auch das Gefühl für Raum und Zeit immer schwächer wird und schließlich schwindet, ein Erlebnis, das uns von vielen religiösen Erlebnissen berichtet wird. Diese Beobachtung belegt und bestätigt, dass unser Erleben von Raum und Zeit im Gehirn stattfindet und im höchsten Maße subjektiv ist.

Mitten in der Erforschung dessen, was Zeit dem Menschen ist, wie Zeit verarbeitet, ja von unserem Gehirn manipuliert und konstruiert wird, kann man einige Prinzipien festhalten. Die objektive Zeit, in den physikalischen Parametern uns vorgegeben, spielt für die Systeme in der lebenden Welt keine Rolle. Es ist der Schnecke egal, ob die Zeit im physikalischen Sinne reversibel oder irreversibel verläuft. Sie folgt ihrem individuellen Zeitrahmen, und in diesem Rahmen schießt der Zeitpfeil in eine Richtung und begrenzt das Leben in der Zeit.

Was dann ist die Zeit? Die Antwort der Physik findet der Leser in anderen Kapiteln; die Antwort aus der Biosphäre unterscheidet sich davon. Das ist eine subjektive Zeit, gegliedert durch die Zeitgeber und genetisch fixierten Rhythmen unseres Nervensystems, angepasst an unsere Umwelt. Mit Hilfe von Anlage und Erfahrung, »nature and nurture« gliedern Lebewesen Zeitabläufe durch jeweils unterschiedliche Intervalle, seien es Millisekunden, Sekunden, Stunden, Tage oder Jahre. Das ist eine Synchronisation unserer verschiedenen Zeitmaße als Anpassung an die uns umgebenden physikalischen Periodizitäten. Ereignisse, seien sie physikalischer, biologischer oder mentaler Natur, bestimmen, wie wir oder was wir als Zeit erleben, in letzter Konsequenz Zeit als Konstrukt unseres Gehirns.

Die Frage nach dem »danach« kann die Biologie nicht angehen. Die Frage nach dem ewigen Leben beantworten die Mythen. Eine Antwort haben die Ureinwohner Japans, die Ainus, gefunden. In ihrer Sprache nennen sie den Fuji-yama, diesen perfektesten Berg auf dem blauen Planeten, »Ewiges Leben«.

Unendlichkeit und Ewigkeit

Edgar Forschbach

»So protestire ich zuvorderst gegen den Gebrauch einer unendlichen Größe als einer Vollendeten, welcher in der Mathematik niemals erlaubt ist,« schreibt am 12. Juli 1831 Carl Friedrich Gauss an seinen Freund, den Astronomen Heinrich Christian Schumacher in Altona, und fährt fort: »Das Unendliche ist nur eine façon de parler, indem man eigentlich von Grenzen spricht, denen gewisse Verhältnisse so nahe kommen als man will, während anderen ohne Einschränkung zu wachsen verstattet ist.«

Um es vorweg zu nehmen, seine nachfolgenden Mathematikerkollegen haben diesen Protest, den Gauss ganz in der über 2000jährigen Tradition der Mathematik damals formulierte, beiseite geschoben – mit für die Mathematik ungeahnten Folgen. Das Essen der Früchte des von Gauss noch verbotenen Baumes des Vollendet-Unendlichen schien zuerst in ein Paradies zu führen, in »Cantors Paradies«, genannt nach dem Schöpfer der Mengenlehre und der Theorie der unendlichen Kardinalzahlen, dem Hallenser Mathematiker Georg Cantor (1845–1918). Bald aber regte sich Widerspruch. Während die einen forderten, geheiligte Grundsätze, wie das »Tertium non datur«[1], den Satz von ausgeschlossen Dritten, fortan nicht mehr zu benutzen, sprachen andere von »Verbotsdiktatur«. Im 20. Jahrhundert führte dies zur sogenannten Grundlagenkrise der Mathematik. Sie ist nicht behebbar, wie man inzwischen weiß. Beunruhigt sind die Mathematiker darüber heutzutage freilich nicht mehr und sie suchen inzwischen nicht mehr die Wahrheit, sondern die Schönheit. Somit ist Cantors Paradies heutzutage herrlicher denn je, in ihm blühen unendlich viele Orchideen exotischster Unendlichkeiten, jede bestaunenswerter als die andere. Gleichwohl ist dieses Paradies ebenso voll von Schlangen nicht entscheidbarer Sätze und niemand weiß, ja kein Irdischer wird es je wissen, ob es frei von inneren Widersprüchen ist.

1 »Ein Drittes gibt es nicht«, ein von Aristoteles erstmals genannter Grundsatz der Logik.

Ewigkeit, der Begriff, ist eng verknüpft mit dem der Unendlichkeit. Doch mit welcher Unendlichkeit? Die Mathematiker kennen inzwischen nicht nur eine Unendlichkeit, sondern gleich unendlich viele. Sie umfassen zum Teil einander, wovon es aber wieder keine größte gibt. Damit nicht genug. Seit 1970 beschäftigt man sich überdies mit so genannten hyperunendlichen Mengen. Das sind Mengen, die die unendlichen Mengen umfassen, sie sind nicht mehr konstruierbar, nur begrifflich erfassbar. Unserem Thema »Ewigkeit und Unendlichkeit« nähert man sich vermutlich am einfachsten, indem man die jüngste Geschichte des Unendlichkeitsbegriffes in der Mathematik erzählt. Es liegt dann beim Leser, denjenigen davon auszuwählen, den er für seine Antwort auf die Frage »Ewigkeit – was ist damit gemeint?« zu benötigen glaubt.

Ausgehend von der aristotelischen Unterscheidung zwischen Akt und Potenz, verwirft Gauss im eingangs gegebenen Zitat den Gebrauch des Begriffs der so genannten aktualen Unendlichkeit und lässt nur die potenzielle Unendlichkeit gelten. Aktuale Unendlichkeit bedeutet, dargestellt am Beispiel der natürlichen Zahlen, 1, 2, 3 usw., wenn die Menge der natürlichen Zahlen in ihrer Gesamtheit betrachtet wird und man sagt, sie sei unendlich, wohingegen der Betrachter des potenziell Unendlichen nur den Umstand benutzt, wonach zu einer beliebigen Zahl eine noch größere immer angegeben werden kann.

So wird gesagt, der Satz, dass es unendlich viele Primzahlen[2] gibt, stamme von Euklid. So aber hat Euklid seinen Satz nicht formuliert, sondern – modern ausgedrückt – in der Form: Es gibt keine größte Primzahl – was den Begriff des aktual Unendlichen nicht bemüht. Auch sein berühmtes Parallelenaxiom lautet bei ihm nicht, wie man oft hören kann, »Parallelen schneiden sich im Unendlichen« sondern – etwas verkürzt ausgedrückt – »Nicht-parallele Gerade schneiden sich im Endlichen«.

Mit Euklid vermied das gesamte Altertum das aktual Unendliche. Das christliche Mittelalter tat dies dann noch viel mehr. Es hielt das Unendliche für eine Eigenschaft, die ausschließlich Gott zukam, nur er könne das Unendliche denken. Nach Thomas von Aquin maßt sich jemand, der das aktual Unendliche zu begreifen sucht, Gottähnlichkeit an.

2 Das sind Zahlen, die keine echten Teiler besitzen, sondern nur durch sich selbst oder Eins teilbar sind, z.B. die Zahl 29.

Das heute bekannte Zeichen für Unendlich, die liegende Acht », verwendete erstmals John Wallis 1656 in dem Werk »De sectionibus conicis«[3]. Vermutlich hat er sich von dem kleinem Buchstaben »m« inspirieren lassen, das lateinisch nicht nur für »mille« gleich Tausend steht, sondern auch für »sehr groß«. Heute ist es meist ein Kürzel für das potenziell Unendliche, das Symbol ist also – im Gausschen Sinne – eine »façon de parler« und keine Rechengröße.

Zur Gaussens Zeit harrten zum Thema Unendlichkeit vier Paradoxien einer Lösung, die aus dem Altertum überliefert waren.

1. Das älteste war das der so genannten Inkommensurabilität. Die Pythagoräer glaubten, alles ließe sich in Zahlenverhältnissen ausdrücken. »Alles ist Zahl« zitierten sie ihren Meister. Umso erstaunter waren sie, als sie fanden, dass für die Länge der Diagonale eines Quadrates im Vergleich zur Seite des Quadrates ein Zahlenverhältnis, also eine Bruchzahl, nicht angegeben werden kann[4]. Diese Erkenntnis bedeutete das Ende des Pythagoräischen Geheimbundes und Plato meinte, wer über die Inkommensurabilität nicht im Innersten erschüttert sei, der hätte das Gemüt eines Schweins.

2. Das zweite Paradox stammte vom Zenon von Elea (490–430 v. Chr.) und ist unter dem Titel »Achill und die Schildkröte« bekannt: In einem Wettlauf, in der die Schildkröte einen Vorsprung hat, kann der schnellere Achill sie nie überholen. Bevor er an den Startpunkt der Schildkröte kommt, ist die Schildkröte schon ein Stückchen weiter. Läuft er bis dorthin, ist die Schildkröte wieder ein kleines Stück weiter, und so fort, in quasi »unendlicher« Folge. Achill durchläuft unendlich viele Teilstrecken, wie aber kann er unendlich viele Teilstrecken in endlicher Zeit durchlaufen?

3. Ein weiteres Paradox von Zenon ist der ruhende Pfeil. Ein Pfeil fliegt, die Pfeilspitze befindet sich zu einem bestimmten Zeitpunkt in einem Punkt d.h. sie hält sich einen Augenblick lang in diesem Punkte auf. Um eine Strecke mit unendlichen vielen Punkten zu durchfliegen, braucht der Pfeil unendlich viele Augenblicke, also unendlich lang. Wieso kommt er überhaupt vorwärts?

4. Geradezu dramatisch verlief die Geschichte des so genannten Parallelenaxioms des Euklid. Von Euklid stammt bekanntlich die heu-

3 »Über Kegelschnitte«.

4 Mit heutigen Worten müsste die Seitenlänge des Quadrates mit Wurzel aus zwei multipliziert werden, eine Zahl, für die es keine Bruchschreibweise gibt. In einem solchen Bruch müsste der Nenner nämlich zugleich gerade und ungerade sein.

te noch gültige Methodik in der Mathematik. Ausgehend von einfachen unmittelbar einsichtigen Sätzen, so genannten Axiomen,[5] werden nach anerkannten logischen Grundregeln die anderen Sätze der Mathematik abgeleitet. Diese im Gegensatz zur induktiven Empirie »deduktiv« genannte Methode hat zu jeder Zeit viele Philosophen begeistert.[6] Euklid hatte nun seinen ansonsten einfachen Axiomen das Parallelenaxiom hinzugefügt, das man als nicht einfach und deswegen als einen Makel empfand. »Euclides ab omni naevo vindicatus«[7] hieß eine 1733 erschienene, geistreiche Schrift des Jesuiten Girolamo Saccheri, der das Parallelenaxiom aus den übrigen Axiomen des Euklid zu beweisen versuchte.

Das Problem der Inkommensurabilität ging man anfangs von der praktischen Seite an. Auch wenn es eine Bruchzahl nicht gab, mit der die Länge der Diagonale des Quadrats in ein Verhältnis zur Länge der Quadratseite gesetzt werden konnte, so hatte die Diagonale ja offenbar eine gewisse Länge. Mit sich selbst multipliziert ergab sich der Wert zwei. Solche eine Zahl bezeichnete man nun einfach mit »Wurzel aus zwei« und da sich herausstellte, dass diese Art von Zahlen denselben Rechenregeln folgten wie die Bruchzahlen, rechnete man etwa ab dem 17. Jahrhundert mit ihnen munter darauf los, ohne sich über ihre genaue Begrifflichkeit allzu sehr zu kümmern.

Seltsam waren diese Wurzelzahlen allerdings schon. Die Bruchzahlen heißen rational, weil sie ein Zahlen-Verhältnis (ratio) beschreiben. Sie sind, wie man sagt, überall dicht, was bedeutet, dass man bei jeder von ihnen in beliebig kleinem Abstand immer weitere rationale Zahlen, und zwar unendlich viele, finden kann. Die nicht-rationalen oder irrationalen Zahlen, wie die anderen nun hießen, zum Beispiel die erwähnte Wurzel aus Zwei, müssen nun aber auch noch zwischen diesen rationalen Zahlen liegen, obwohl erstere bereits dicht liegen, eine der Seltsamkeiten des Unendlichen. Die Gesamtheit der rationalen und irrationalen Zahlen nennt man reelle Zahlen.

Dem Paradox des fliegenden Pfeils versuchte man im 18. Jahrhundert mit Hilfe der Infinitesimalrechung[8] beizukommen. Man machte

5 Wie zum Beispiel, dass es mindestens drei Punkte gibt, die nicht auf einer Geraden liegen.

6 Plato nahm Beispiele für seine Ideenlehre, Kant für seine Lehre von den synthetischen Sätzen a priori aus Euklids Geometrie. Baruch Spinoza entwarf sein pantheistisches System vollständig »more geometrico«, nach Art der Geometrie.

7 »Euklid von jedem Makel befreit.«

8 Auch Analysis oder Differential- und Integralrechnung genannt.

die Zeitspannen zwischen Anfangs- und Endpunkten der Pfeilstrecke immer kleiner, gleichzeitig zog man die durchflogene Strecke immer mehr auf einen Punkt zusammen, der Quotient[9] aus diesen Größen, die Geschwindigkeit, blieb dann endlich, die man dann als Geschwindigkeit in einem Punkt definierte.

Diesem praktischen Verfahren fehlte die theoretische Untermauerung. Sie lieferte unter anderen ein Zeitgenosse Gaussens, der französische Mathematiker Augustin Cauchy (1789–1857). Er definierte Zahlenfolgen, die sogenannten Cauchy-Folgen, deren unendlich viele Glieder auf einen »Grenzwert« zusteuerten. Zenons Beispiel des Achills, der auf die Schildkröte zuläuft, ist das anschauliche Beispiel einer Zahlenfolge. Der Punkt, an dem Achill die Schildkröte einholt, ist der Grenzwert der Folge. Besonders bemerkenswert war nun, dass Cauchy-Folgen, deren Glieder nur aus rationalen Zahlen bestanden, als Grenzwert dennoch eine Irrational-Zahl haben konnten, ja noch mehr, man konnte jede Irrational-Zahl, und (damit jede reelle Zahl) als Grenzwert einer Cauchy-Folge mit nur rationalen Gliedern definieren.[10]

Ein Ziel des 19. Jahrhunderts, nämlich den Irrational-Zahlen begrifflich unanfechtbar Heimatrecht in der Mathematik zu verschaffen, schien erreicht. Eine reelle Zahl war demnach »eine Äquivalenzklasse aller Cauchy-Folgen, deren Grenzwert gleich ist«. Eine derartig holprige Definition ist selbstredend von der Einfachheit des intuitiven Zahlbegriffs weit entfernt und auch für Mathematiker alles andere als trivial. Richard Courant (1888–1972) hat daher die Einführung der reellen Zahlen einmal mit der des Papiergeldes durch Mephistopheles[11] verglichen. Eine andere Definition lieferte 1872 Richard Dedekind.[12] Wie die Definition für die reellen Zahlen aber auch immer lautet, stets ist dazu im allgemeinen Fall an irgendeiner Stelle ein unendlicher Prozess erforderlich.

Auch die Frage nach dem Parallelenaxiom hatte inzwischen eine überraschende Wendung genommen. Es begann mit Gauss, der Euklid beim Wort nahm. Er sah das Parallelenaxiom nicht als einen Makel an, sondern für Euklids Geometrie als unabdingbar. Gauss fragte sich, welche Geometrie entstünde, wenn man es wegließe, und stellte

9 Er wird Differentialquotient genannt.

10 Es gibt für jede reelle Zahl sogar unendlich viele sie definierenden Cauchy-Folgen.

11 Goethe, Faust II, Szene im Lustgarten.

12 Mit dem sogenannten Dedekindschen Schnitt.

fest, dass dies auf neue, bislang unbekannte Geometrien führte, veröffentlichte darüber allerdings nichts.

Am 10. Juni 1854 machte dann der 27jährige Bernhard Riemann in seiner Habilitationsrede vor der philosophischen Fakultät in Göttingen mit dem Titel »Über die Hypothesen, welche der Geometrie zugrunde liegen«, der häufig vertretenen Auffassung, die Mathematik könne Aussagen über eine wie immer geartete Wirklichkeit machen, ein Ende. »Die Maßverhältnisse des Raumes sind wie alle Tatsachen nicht notwendig, sondern nur von empirischer Gewissheit, sie sind Hypothesen,« hieß es da.

Nach Riemann ist das System des Euklid nur eines unter vielen, andere Geometrien mit gekrümmten Räumen, die man inzwischen Riemannsche Räume nennt, sind denkbar, und die Physiker modellieren danach heutzutage ihre Raumvorstellungen. Riemann beendete folgerichtig seine Vorlesung mit dem Satz: »Es führt dies hinüber in das Gebiet einer andern Wissenschaft, in das Gebiet der Physik, welches wohl die Natur der heutigen Veranlassung nicht zu betreten erlaubt.«

Seither werden Axiomensysteme der Mathematik als rein formale Setzungen angesehen. Welches davon in einem gegebenen Fall z.B. von den Physikern angewendet wird, entscheidet nicht die Mathematik, sondern der jeweilige Fall. Die angewendete Mathematik liefert nur ein Modell, je nach Bedarf mehr oder weniger zutreffend, nie aber die modellierte Wirklichkeit im Kern treffend.

Obzwar Axiomensysteme nunmehr freie, rein formale Setzungen sind, haben sie nach David Hilbert (1862–1943) zwei Bedingungen zu erfüllen: Sie müssen widerspruchsfrei sein, das heißt, mit einem aus ihnen abgeleiteten Satz, darf nicht auch dessen Verneinung ableitbar sein, und sie müssen vollständig sein, das heißt, über jede im System bildbare Aussage kann entschieden werden, ob sie wahr ist oder falsch.

Dieses Programm erfüllte Hilbert glänzend für die Geometrie, Euklid den neuen Erfordernissen anpassend. In seinen »Grundlagen der Geometrie« (1899) stellte Hilbert ein formales[13] Axiomensystem auf, das er als widerspruchsfrei und vollständig bewies. Allerdings führte er den Beweis dadurch, dass er alle Aussagen auf die der Arithmetik, also die Axiome des gewöhnlichen Rechnens, zurückführte.

13 »Man muß jederzeit an Stelle von ›Punkten‹, ›Geraden‹, ›Ebenen‹, ›Tische‹, ›Stühle‹, ›Bierseidel‹ sagen können«, umschreibt Hilbert sein Programm.

Die Axiome der Arithmetik nun als widerspruchsfrei und vollständig zu beweisen, war mithin eines seiner Desiderate.

»Ich bin nun überzeugt,« so Hilbert in seiner epochemachenden Rede auf dem internationalen Mathematiker-Kongress zu Paris im Jahr 1900, »dass es gelingen muss, einen direkten Beweis für die Widerspruchslosigkeit der arithmetischen Axiome zu finden, wenn man die bekannten Schlussmethoden in der Theorie der Irrationalzahlen im Hinblick auf das bezeichnete Ziel genau durcharbeitet und in geeigneter Weise modifiziert. ... In dem vorliegenden Falle, wo es sich um die Axiome der reellen Zahlen in der Arithmetik handelt, ist der Nachweis für die Widerspruchslosigkeit der Axiome zugleich der Beweis für die mathematische Existenz des Inbegriffs der reellen Zahlen. ... Da ist das Problem, suche die Lösung. Du kannst sie durch reines Denken finden; denn in der Mathematik gibt es kein Ignorabimus!«

Hilbert durfte damals so optimistisch sein, hatte doch Georg Cantor 1874 mit seiner Mengenlehre die Mathematik auf völlig neuen Füße und mächtige neue Instrumente der Beweistechnik bereit gestellt. Zentrales Motiv Cantors war die endgültige Klärung des Begriffes Unendlichkeit, die allmählich dringend geworden war. Cantor legte dabei jede Zurückhaltung gegenüber dem aktual Unendlichen ab, ja er suchte es geradezu.

Dies trug ihm die Ablehnung des Inhabers des angesehen Berliner Lehrstuhls für Mathematik, Leopold Kronecker (1823–1891), ein, der sogar verhinderte, dass Cantor einen Ruf nach Berlin erhielt und somit zeitlebens auf dem unbedeutenden Lehrstuhl in Halle blieb. Kronecker sprach den Irrational-Zahlen jede Existenz ab (»Ist alles falsch, gibt es nicht«). Berühmt sind seine Worte: »Die ganzen Zahlen hat Gott geschaffen, alles andere ist Menschenwerk.«

Diese Ansicht traf die Mathematik bis ins Mark. Infinitesimalrechnung, darüber hinaus praktisch alle Disziplinen, in denen das Unendliche auch nur entfernt eine Rolle spielt, kann sinnvoll nur im Bereich der reellen Zahlen oder in äquivalent reichhaltigen Strukturen betrieben werden. Ohne reelle Zahlen hätte die Mathematik nur einen kleinen Bruchteil ihres Umfanges. Der Skepsis Kroneckers wurde schon deswegen nicht gefolgt, weil sie fast die gesamte Mathematik abgeschafft hätte.

Hilbert und die meisten Mathematiker wählten mithin die Seite Cantors. Dem Begriff der Zahl, den die Mathematiker bis dahin naiv hingenommen hatten, gab Cantor eine axiomatische Basis. Ausgangspunkt aller Mathematik waren fortan nicht mehr die Zahlen, sondern Mengen, die er als »Zusammenfassung von Objekten unserer Anschauung oder unseres Denken zu einem Ganzen« verstand. Cantors elementare Operation zwischen zwei Mengen ist deren Vergleich. Kann man jedem Element der einen Menge genau ein Element der anderen Menge zuordnen, ohne dass in einer der Mengen Elemente übrig bleiben, die keinen Partner in der anderen Menge haben, so nennt Cantor solche Mengen gleichmächtig. Mengen, die untereinander gleichmächtig sind, bilden eine Klasse; jede Menge gehört genau in eine solche Klasse. Alle Mengen einer bestimmten Klasse haben eine gleiche Eigenschaft, diese Eigenschaft nennt Cantor Zahl, genauer Kardinalzahl. Die Kardinalzahl sieben ist die gemeinsame Eigenschaft aller Mengen, die sieben Elemente enthalten. Kraftvoll wird Cantors Ansatz, wenn es um unendliche Mengen geht. Die Mächtigkeit der Menge der natürlichen Zahlen bezeichnet er mit Aleph-null, nach dem ersten Buchstaben des hebräischen Alphabets. Es ist sozusagen die Maßangabe für deren Unendlichkeit. Cantor fragt sich, ob alle unendlichen Mengen die gleiche Mächtigkeit Aleph-null haben.

Für die Menge aller geraden Zahlen trifft dies zu. Cantor ordnet jedem Element der natürlichen Zahlen die doppelte Zahl bei den geraden zu, also der Eins die Zwei, der Zwei die Vier, der Drei die Sechs usw.; man sieht sofort: genau jedem Element der einen Menge entspricht eines der anderen. Die Menge der geraden Zahlen ist also der Menge der natürlichen Zahlen gleichmächtig, ihre Kardinalzahl ist ebenfalls Aleph-null, obgleich die geraden Zahlen eine echte Teilmenge der natürlichen Zahlen sind und anschaulich ja nur »die Hälfte« davon umfassen, eine der Seltsamkeiten des Unendlichen. Auch die Mächtigkeit der Bruchzahlen, der rationalen Zahlen, ist Aleph-null, wie Cantor nach einem von ihm ersonnenen Verfahren, dem Cantorschen Diagonalverfahren, zeigt, wiewohl es unserer Anschauung nach doch viel mehr Bruchzahlen zu geben scheint als natürliche Zahlen.

Cantor fragt nach der Mächtigkeit der so genannten Potenzmenge einer Menge. Die Potenzmenge einer Menge ist die Menge alle ihrer Teilmengen.[14] Wie groß ist die Mächtigkeit der Potenzmenge der Menge der natürlichen Zahlen, fragt sich Cantor. Cantor beweist, dass eine Potenzmenge nicht 1:1 auf ihre Grundmenge abgebildet werden

14 Die Potenzmenge der Menge {1,2,3} z.B. ist die Menge { {}, {1},{2},{3},{1,2},{1,3}, {2,3},{1,2,3}}.

kann, also immer mächtiger ist als ihre Grundmenge. Er nennt die neue Mächtigkeit der Potenzmenge der Menge der natürlichen Zahlen Aleph-eins. Endliche Mengen und solche der Mächtigkeit Alephnull werden auch als abzählbar bezeichnet, man kann sie durchzählen (wenn auch u.U. unendlich lange). Dies geht mit Mengen der Mächtigkeit größer als Aleph-null nicht mehr, sie heißen deswegen auch überabzählbar.

Da eine Potenzmenge immer mächtiger ist als ihre Grundmenge, so haben die mit Aleph-Null beginnenden so genannten transfiniten Kardinalzahlen keine obere Grenze. Folge: Es gibt nicht nur eine Unendlichkeit, sondern unendlich viele. Dies führt insbesondere dazu, dass es eine Menge aller Mengen nicht geben kann, denn eine solche Menge müsste auch ihre Potenzmenge enthalten und alle Mengen, aus denen die Potenzmenge besteht. Dann wäre aber die Mächtigkeit von der Menge der Teilmengen der Menge größer als die Mächtigkeit der Menge selbst, ein Unding.[15]

Weiterhin stellten sich die reellen Zahlen als überabzählbar heraus, ihre Mächtigkeit ist Aleph-Eins. Die irrationalen Zahlen steckten also nicht nur zwischen den schon ohnehin dichten. aber abzählbaren Bruchzahlen, es waren ihrer auch noch viel mehr. Das Papiergeld des Mephistopheles ist eben verbreiteter als die Goldwährung Kroneckers.

Cantors Grundlegung des Mengenbegriffs erlaubte erstmals die vollständige Axiomatierung der Mathematik, ihre allgemeine Grundlage ist heute das nach Ernst Zermelo und Abraham Fränkel benannte Axiomensystem (ZF-System, 1922). Nicht alle seine Axiome leuchten unmittelbar ein. Besonders umstritten ist das Auswahlaxiom. Es besagt, dass man aus einer Menge von paarweise elementfremden Mengen aus jeder dieser Mengen ein Element als Repräsentant dieser Menge auswählen kann. Der »Makel« des Auswahlaxioms besteht darin, dass die Auswahl nicht in endlicher Zeit, also »konstruktiv«, getroffen werden kann, wenn die Anzahl der Mengen unendlich oder gar überabzählbar ist.

In der ersten Hälfte des 20. Jh. gab es erst einmal statt des von Hilbert erwarteten baldigen Nachweises der Widerspruchsfreiheit und der Vollständigkeit des ZF-Axiomensystems Einspruch. Angeführt

15 Dies hat übrigens Auswirkungen auf den ontologischen Gottesbeweis des Anselm von Canterbury: Er definiert Gott als etwas, das alles umfasst, also ganz ähnlich wie eine Menge aller Mengen.

von dem holländischen Mathematiker Luitzen Brouwer (1881–1966) und unterstützt von Hermann Weyl (1885–1955) kam die Forderung auf, Widerspruchsbeweise abzulehnen, wenn das Unendliche ins Spiel kam, also Sätze, die nicht konstruktiv das Behauptete aufbauten, sondern damit operierten, dass sie zeigten, dass die Verneinung der Behauptung falsch ist. Brouwer anerkannte keine Beweise, die auf dem seit Aristoteles unangefochtenen Satz vom ausgeschlossenen Dritten beruhten.

Im Grunde genommen war es der alte Streit um das potenziell und des aktual Unendliche. Der Konstruktivismus, wie er heute genannt wird und für den Brouwer ein Vorläufer war, problematisiert einen Großteil des Cantorschen Paradieses, aus dem sich Hilbert, wie er sagte, nicht vertreiben lasse.

Hilbert zürnte: »Was Weyl und Brouwer tun, kommt darauf hinaus, dass sie die einstigen Pfade Kroneckers wandeln. ... Sie suchen eine Verbotsdiktatur à la Kronecker zu errichten. Dies heißt aber, unsere Wissenschaft zerstückeln und verstümmeln, und wir laufen Gefahr, einen großen Teil unserer wertvollsten Schätze zu verlieren. Weyl und Brouwer verfemen die allgemeinen Begriffe der Irrationalzahl, der Funktion, die Cantorschen Zahlen höherer Zahlklassen und sogar das logische »Tertium non datur«. Ich glaube, so wenig es Kronecker damals gelang, die Irrationalzahl abzuschaffen, ebenso wenig werden Weyl und Brouwer heute durchdringen; nein: Brouwer ist nicht, wie Weyl meint, die Revolution, sondern nur die Wiederholung eines Putschversuches mit alten Mitteln, der seinerzeit, viel schneidiger unternommen, doch gänzlich misslang und jetzt zumal, wo die Staatsmacht durch Frege, Dedekind und Cantor so wohl gerüstet und befestigt ist, von vornherein zur Erfolglosigkeit verurteilt ist.«

Dies indessen war noch zu beweisen, die Widerspruchsfreiheit und Vollständigkeit des ZF-Systems war immer noch ungeklärt. 1931 musste sich Hilbert dann geschlagen geben. In der Mathematik gibt es doch ein Ignorabimus. In jenem Jahr bewies Kurt Gödel seinen inzwischen legendären Unvollständigkeitssatz. Danach gibt es in jedem Axiomensystem, das hinreichend komplex ist, wie es das ZF-System ist, Sätze, die eben in einem solchen System nicht entschieden werden können, d.h. von denen nicht gesagt werden kann, ob sie wahr oder falsch sind.

Der Wiener Mathematiker Rudolf Taschner schreibt dazu: »Der Unvollständigkeitssatz Gödels besagt nicht nur, dass jedes formale

Axiomensystem, dass die Arithmetik der ganzen Zahlen beschreiben kann und widerspruchsfrei ist, nie vollständig sein kann, sondern er präzisiert sogar diese Unvollständigkeit: Die Aussage, ›das formale Axiomensystem ist widerspruchsfrei‹, konnte Gödel in eine innerhalb des Systems formulierbare Aussage übersetzen und zugleich nachweisen, dass gerade für diese Aussage das Axiomensystem keinen Beweis zu liefern imstande ist. Insofern ist der Zusammenbruch von Hilberts Programm noch dramatischer: Es besteht keine Chance, zum Beispiel innerhalb der Mathematik, die auf den Axiomen Zermelos ruht, den formalen Nachweis zu führen, dass das Axiomensystem Zermelos widerspruchsfrei ist.«

Dieses dramatische Ende der so genannten Grundlagenkrise hat die meisten Mathematiker aber nicht bewogen, fortan nur noch das trockene Brot des Konstruktivismus zu essen. Noch sei ja kein Widerspruch aufgetreten, sagen sie und konstruieren nicht nur unendliche Mengen, sondern gar hyperunendliche, in denen die unendlichen nur ein Teil sind. Benutzen sie für einen Beweis das Auswahlaxiom – und das geschieht häufig – dann erwähnen sie es vorab deutlich und ihre Adepten gehen mit diesem Hinweis ähnlich um wie ein Raucher, der auch weiter raucht, selbst wenn er auf der Zigarettenpackung liest, dass Rauchen die Gesundheit gefährden kann.

Fragt gar ein Philosoph einmal nach, dann ziehen sich die Mathematiker darauf zurück, dass alles, was sie trieben, ohnehin reiner Formalismus sei, ein Glasperlenspiel, das mit irgendeiner Wirklichkeit nichts zu tun habe. Es gebe lediglich ein Angebot an Modellen. Wer eines brauche, um eine in der Wirklichkeit vorkommende Struktur damit zu beschreiben, der könne sich bedienen. Welches Modell allerdings am besten passe, das müsse der Nachfrager schon selbst herausbekommen und entscheiden.

Auch Hilbert sah es ähnlich. Zenons Paradox ist auch für ihn durch die moderne Mathematik nicht aufgelöst, weil, wie er schreibt, »ein wesentlicher Punkt der Paradoxie nicht getroffen wird, nämlich das Paradoxe, das darin liegt, dass eine unendliche Aufeinanderfolge, deren Vollendung wir in der Vorstellung nicht nur faktisch, sondern auch grundsätzlich nicht vollziehen können, in der Wirklichkeit abgeschlossen vorliegen soll.« Und er fährt fort: »Tatsächlich gibt es auch eine viel radikalere Lösung der Paradoxie. Diese besteht in der Erwägung, dass wir keineswegs genötigt sind zu glauben, dass die mathematische raum-zeitliche Darstellung der Bewegung für beliebig kleine

Raum- und Zeitgrößen noch physikalisch sinnvoll ist, vielmehr allen Grund haben zu der Annahme, dass jenes mathematische Modell die Tatsachen im Sinne einer einfachen Begriffsbildung extrapoliert.«

Hilbert spielt hier an auf die Erkenntnisse der Quantenphysik, auf Heisenbergs Unbestimmtheitsrealtion. Die Quantenwelt ist für die Physiker ja die wahre Welt, unsere makroskopische Welt ist nur ein vereinfachender Grenzfall. In der Quantenwelt aber kann Zenon für seinen Pfeil Ort und Geschwindigkeit gar nicht gleichzeitig genau bestimmen. Legt er den Ort fest, kann er keine Aussage über die Geschwindigkeit machen; betrachtet er die Geschwindigkeit, wird der Ort völlig unbestimmt. Hier wird es am deutlichsten: Die beobachtbare Natur weicht der Frage nach dem Unendlichen geradezu bockbeinig aus, lieber verstößt sie gegen althergebrachte Gesetze der Logik, das aktual Unendliche findet in ihr nicht statt.

So darf man bezweifeln, ob es richtig ist, Raum und Zeit, – oder genauer: der physikalischen Raum-Zeit – die Struktur der reellen Zahlen überzustülpen. In Cantors Welt hat die Sonne genauso viele Punkte wie ein Tennisball[16]. »Ich sehe es wohl, aber ich glaube es nicht.« schrieb Cantor an Dedekind. Auf die Zeit übertragen würde es bedeuten, dass eine Ewigkeit (hier im naiven Sinn genommen) genauso viele Zeit-Punkte, also Augenblicke, enthält wie eine Sekunde.

Selbstredend wissen auch Mathematiker, dass die Sonne größer ist als ein Tennisball. Es kommt darauf an, welches Maß man verwendet, sagen sie, und verweisen auf ihre Maßtheorie. Cantors Zählen der Elemente einer Menge nennen sie Zählmaß. Es stimmt im Endlichen mit unserem herkömmlichen Zählen überein. Unser Maß, mit dem wir Längen oder die Zeit gewöhnlich messen, wie es beispielsweise die Physiker tun, die dann zur Größenangabe reelle Zahlen benutzen – theoretisch wenigstens, in der Praxis sind es immer rationale Zahlen – nennen die Mathematiker nach Henri Lebesgue (1875–1941) Lebesguesches Maß. Das Lebesguesche Maß macht die unendlich vielen Augenblicke einer Sekunde zu einer endlichen Sekunde, die unendlichen einer Minute zu einer endlichen Minute usw.. Ein Maß gibt also für jede Teilmenge einer Grundmenge (in unserem Fall die gesamte Zeit) einen Zahlenwert an, es »misst« die Teilmenge. Es ist eine wenig

16 Man denke sich den Tennisball in den Mittelpunkt der Sonne versetzt, und jeden Radius um das Verhältnis der Durchmesser der beiden Kugeln verlängert. Dann entspricht jedem Punkt im Tennisball genau ein Punkt in der Sonne und umgekehrt.

beachtete Eigentümlichkeit, dass es ein sinnvolles Maß, das alle Teilmengen einer überabzählbaren Grundmenge, wie etwa die der reellen Zahlen, zugleich misst, nicht gibt. Die Menge der Teilmengen der reellen Zahlen, für die das Lebesguesche Maß definiert ist, ist eingeschränkt, das Maß operiert auf den in der Praxis wichtigsten Teilmengen der reellen Zahlen, aber nicht auf allen zugleich. In gewisser Hinsicht erscheint hier eine Grenze, ab der der Unendlichkeitsbegriff sich im Nebelhaften verliert. Das Lebesguesche Maß hat eine wichtige Eigenschaft, die sigma-endlich genannt wird. Dies bedeutet, dass das Maß einzelnen Mengen zwar den Wert »unendlich« (im potenziellen Sinn: größer als jede reelle Zahl) zuordnen kann, die Grundmenge jedoch kann immer so in Teilmengen zerlegt werden, dass die Maße der Teilmengen dieser Zerlegung endlich bleiben.[17] Die Eigenschaft sigma-endlich zeigt mithin deutliche Anklänge an das alte potenziell Unendliche.

Was ergibt sich für unsere Fragestellung? Die Mathematik kennt viele Modelle der Unendlichkeit. In der Praxis sind aber höchstens die von Bedeutung, für die ein sigma-endliches Maß angegeben werden kann. Die Natur als die Wirklichkeit der Physik weicht sogar der einfachen aktualen Unendlichkeit aus, wie Heisenbergs Unbestimmtheitsrelation eindrucksvoll belegt. Bestenfalls kennt sie das potenziell Unendliche. Welche Unendlichkeit im Metaphysischen wirken mag, kann aus dem Formalismus der Mathematik nicht erschlossen werden, sondern nur aus den Quellen, aus denen sich die Metaphysik selbst speist. Für Christen gehört dazu auch die Offenbarung. Euklid und Gauss, für die der »Gebrauch einer unendlichen Größe als einer vollendeten« unzulässig waren, finden Bestätigung im 90. Psalm, wo es heißt: »Ehe die Berge geboren wurden, die Erde und das Weltall, bist du, o Gott, von Ewigkeit zu Ewigkeit.« Mit anderen Worten: Für jeden Zeitpunkt, so früh er auch liegen mag, sei es den der Geburt der Berge, der Erde oder des Weltalls, wird Gott immer schon angetroffen, der früher war. Genau so aber ist das potenziell Unendliche definiert. Der Psalmist verwendet dann dafür das Wort »Ewigkeit«, vielleicht, mit den Worten von Gauss, »nur eine façon de parler«.

17 Am Beispiel der reellen Zahlen: Das Maß für die unendlichen vielen Augenblicke innerhalb einer Minute ist endlich, nämlich gerade der Wert einer Minute. Alle Minuten zusammen aber ergeben die Ewigkeit (naiv gesprochen), deren Maß alle endlichen Zahlenwerte übersteigt.

Zeit und Ewigkeit aus Sicht der Physik

Thomas Görnitz

1. Unsere Wahrnehmung von Zeit

Die Menschen haben den Ablauf der Zeit seit alters her verschieden wahrgenommen und haben unterschiedliche Aspekte des Zeitablaufs verschieden stark betont.

Die Einteilung der Zeit geschah schon immer über die natürlichen rhythmischen Vorgänge; sie wurde festgemacht am Tag, dem Monat und dem Jahr. Diese wiederholen sich unablässig: Solange die Erde steht, soll nicht aufhören Saat und Ernte, Frost und Hitze, Sommer und Winter, Tag und Nacht (Gen 8,21).

Diese »ewige Wiederkehr des Gleichen« hat auch in die philosophischen und religiösen Bilder von der Welt Eingang gefunden. Nach einem »Platonischen Jahr« – etwa 25.780 Jahre – sollte der Weltlauf wieder von vorn beginnen, nach den Vorstellungen mancher östlicher Religion wird mit der Wiedergeburt immer wieder ein neuer Lebenslauf eröffnet. Diese Bilder, die vor allem vom wiederkehrenden Jahreslauf inspiriert sind, haben bis in die Neuzeit die Menschen beeinflusst; z.B. ist Nietzsches Philosophie davon stark geprägt.

Der zyklischen Zeiterfahrung steht eine andere – eine lineare – gegenüber: Was geht am Morgen auf vier, am Mittag auf zwei und am Abend auf drei Beinen? Oedipus konnte das Rätsel der Sphinx lösen: Es ist der Mensch.

Jeder erlebt an sich selbst, dass es zwar immer wieder Frühling wird, man sich selbst aber unwiderruflich verändert. Jedes Leben hat einen Anfang, einen einmaligen Ablauf und endet einmal. Die Einmaligkeit und unwiederbringliche Gerichtetheit des Zeitablaufes unseres Lebens kehrt auch in religiösen Weltbildern wieder. Im jüdisch-christlichen Kulturkreis läuft die Zeit von einem Anfang, der Schöpfung der Welt, zu ihrem Ende, dem »Jüngsten Tag«.

Die Wahrnehmung der Einmaligkeit des Lebens und das Wissen um sein Ende lassen im Menschen den Wunsch wachsen, der Unerbittlichkeit des Zeitablaufes entkommen zu können und aus der Fessel der Zeit auszusteigen. Eine Möglichkeit, sich dem Diktat der Zeit entgegen zu stellen, ist es, die Zeit »in den Griff« zu bekommen. Diesen Weg hat in der Neuzeit in besonderer Weise und sehr erfolgreich die Naturwissenschaft beschritten.

Eine andere Weise, der Zeit zu entgehen, bieten die Vorstellungen an, die mit dem Begriff der »Ewigkeit« verbunden werden können. Im Märchen wird die Ewigkeit dadurch erläutert, dass von einem Diamantberg gesprochen wird, an dem sich alle hundert Jahre ein Vögelchen den Schnabel wetzt. Wenn der Berg verschwunden ist, dann – so das Märchen – ist die erste Sekunde der Ewigkeit vorbei.[1] Hier wird Ewigkeit als eine ins Unermessliche ausgedehnte Zeit verstanden, die aber durchaus die von der Zeit bekannten Strukturen mit Ereignissen beibehält. Eine andere Möglichkeit für Ewigkeit wäre der Versuch, ein Sein ohne Zeit zu denken. So hat Luther auf die Frage, was Gott vor der Erschaffung der Welt – und damit, was er vor der Erschaffung der Zeit – getan habe, geantwortet, dass er in einem Birkenwäldchen gesessen und dort Ruten für vorlaute Fragesteller geschnitten habe. Die Frage nach dem »vor einem Ereignis« hat ja nur einen Sinn innerhalb der Zeit, und ohne Zeitstruktur ist sie sinnlos. Die moderne Naturwissenschaft formuliert mathematische Modelle, die wesentliche Aspekte von beiden skizzierten Auffassungen von »Ewigkeit« widerspiegeln.

2. Die Modi der Zeit

Das Eigentliche der Zeit, ihr Wesen, ist ihre Unterteilung in die Modi, in Vergangenheit, Gegenwart und Zukunft. Der Zeitablauf selbst ist uns von Natur aus nicht sehr objektiv gegeben, wir alle wissen, dass Zeit in unserer Wahrnehmung ganz unterschiedlich ablaufen kann, auch wenn in unserer Kultur, die weitgehend durch das Diktat der Uhr bestimmt wird, eine objektive Zeit stets gegenwärtig ist.

1 Aus: Das Hirtenbüblein, Kinder- und Hausmärchen, gesammelt durch die Brüder Grimm, Jubiläumsausgabe, [2]1907

Die Vergangenheit ist vorbei, sie kommt niemals wieder, kann aber in der Erinnerung gegenwärtig bleiben. Das Vergangene sehen wir als faktisch an. Ein Faktum ist etwas, das einmal gewesen ist und nie mehr geändert werden kann. Man kann vielleicht die Folgen von Fakten ändern, mildern oder ganz beseitigen, das Faktum als ein gewesenes Ereignis wird dadurch nicht ungeschehen gemacht.

Die Gegenwart zu fassen ist etwas besonders Schwieriges. Sobald sie bedacht wird, ist sie nicht mehr Gegenwart, sondern bereits ein Faktum, über das reflektiert wird. Allerdings ist wohl dem einen oder anderen manchmal ein unreflektiertes Glückserleben geschenkt worden, in dem die Gegenwart länger als nur einen »Augenblick« andauerte – allerdings weiß jeder, dass ein solches Erleben nicht zu fassen ist.

Die Zukunft ist das, was noch unbekannt ist, und ein wesentlicher Teil der menschlichen Aktivität in unserer Kultur besteht in dem Bestreben, das Unbekannte vorweg zu ahnen, zu wissen oder zu planen. Das Hineinnehmen der Zukunft in die Gegenwart, das Vorwegwissen, ist ein großer Antrieb für eine naturwissenschaftliche Erfassung der Welt. Wie dies vor allem die Physik getan hat, soll uns im Folgenden beschäftigen.

3. Naturwissenschaft als Beherrschung der Zeit

Die Naturwissenschaften sind in ihrer Selbstwahrnehmung dazu angetreten, »Beherrscher der Natur« zu werden. Diese Herrschaft erstreckt sich im Wesentlichen auf die Zeit. Man will jetzt, in diesem Augenblick, bereits festlegen, wie die Zukunft zu sein hat. Die Idee des Naturgesetzes besteht darin, dass durch die Festlegung einer Bedingung hier und jetzt ein künftiges Verhalten des betreffenden Systems für die Zukunft festgelegt ist. Damit hat derjenige, der jetzt die richtigen Weichen stellt, die Zukunft bereits fest im Griff und die Unwägbarkeit des noch nicht eingetroffenen Bereiches der Zeit ist entfallen. Eine solche Vorstellung ist geeignet, ein Gefühl von Sicherheit zu vermitteln und den Menschen von der Angst zu entlasten, dass er nicht der Herr des ihm bevorstehenden Geschehens sei. Dies ist besonders dann von existentieller Bedeutung, wenn andere Rückbindungen des Menschen – wie z.B. auf die Religion – verloren gegangen sind. Umgekehrt ist auch die Vorstellung einer Herrschaft über die Zukunft geeignet, Religion als überflüssig erscheinen zu lassen.

Das Wechselspiel von sich entfaltender Naturwissenschaft und Befreiung von religiöser Bevormundung ist für die Neuzeit der abendländischen Kultur charakteristisch. Sie mündete allerdings zum Teil in eine neue Abhängigkeit von Ideologien, deren wesentliche Aussagen eine Herrschaft über die Zeit vorspiegeln sollten. Die Idee einer von »der Wissenschaft« gefundenen »Gesetzmäßigkeit der historischen Entwicklung« und die mit ihr verbundene Planwirtschaft des Sozialismus stellte wohl die prägnanteste Ausformung einer solchen »Beherrschung der Zukunft« dar. Aber auch die technische Beherrschung von komplexen Systemen bedeutet eine Festschreibung der Zukunft und eine Hinwegnahme des über ihr liegenden Schleiers. In unseren Tagen haben wir uns daran gewöhnt, dass es möglich ist, Raumsonden über viele Milliarden von Kilometern hinweg genau an ihr vorhergeplantes Ziel gelangen zu lassen. An solchen Tatsachen zeigt sich, dass mit Hilfe der modernen Naturwissenschaften tatsächlich ein Teil der Zukunft entschleiert werden kann, dass tatsächlich in der Gegenwart ein Stück der Zukunft gewusst werden kann. Man kann jetzt die Abflugbedingungen so festlegen, dass in ein paar Monaten oder Jahren das angepeilte Ziel erreicht wird.

Die hinter diesem Wissen stehende Weltsicht wird – wegen ihrer zumeist verborgenen und unbewussten religiösen Aspekte – dann besonders betroffen, wenn die Beherrschung der Zukunft sich als nicht so vollkommen erweist, wie man gehofft hatte. Katastrophen wie die Explosion der Challenger sind daher nicht nur wegen ihrer menschlichen Tragik so bewegend, sondern auch wegen des mit ihr verbundenen Aufweisens, dass wir Menschen die Zukunft nicht vollkommen »im Griff« haben. Nach einem solchen Unglück werden dann die Gründe ermittelt, weshalb es passieren musste, um dann – so die Annahme – eine Wiederholung mit Sicherheit ausschließen zu können. Natürlich kann man versuchen, die Ursachen zu vermeiden, die man erkennen kann. Wie die Entdeckung der Quantentheorie aber gezeigt hat, ist die Struktur der Wirklichkeit im tiefsten Grunde nicht so, dass dies mit beliebiger Gewissheit geschehen kann.

Welche mathematische Struktur steht hinter der Vorstellung, dass die Zukunft bereits heute festgelegt werden kann? Wie haben die Naturwissenschaften im 20. Jh. begonnen, sich über diese zu naive Vorstellung hinaus zu entwickeln?

4. Die mathematische Behandlung der Zeit in der klassischen Physik

Die moderne Naturwissenschaft beginnt mit Newtons Entdeckung, dass ein gesetzmäßiger Zusammenhang zwischen dem zeitlichen Ablauf des Geschehens und den Kräften besteht, die auf ein System einwirken. »Kraft ist Masse mal Beschleunigung« lernt man am Beginn der Mechanik. Beschleunigung ist die Änderung der Geschwindigkeit in der Zeit, d.h. die Veränderung der Ortsveränderung. Newton und Leibniz entdeckten unabhängig voneinander, dass damit die Naturgesetze in Form von Differentialgleichungen geschrieben werden können. Durch eine Differentialgleichung ist der Bewegungsablauf eines Systems für alle Zeiten unabänderlich festgelegt, sobald für einen einzigen Zeitpunkt die Orte und Geschwindigkeiten feststehen. Die beste Vorstellung davon ist ein Schienenstrang ohne jede Weiche. Damit ist bei der Abfahrt des Zuges bereits festgelegt, wo er ankommen muss. Diese mathematische Struktur steckt hinter den Theorien, die heute als die »klassische Physik« bezeichnet werden und zu denen neben der Mechanik die Elektrodynamik, die klassische Thermodynamik und die beiden Relativitätstheorien gehören. An der damit unverrückbar festgelegten Determiniertheit ändert sich auch im Bereiche der Chaostheorie nicht das Geringste.

Wenn eine solche Weltbeschreibung in Strenge zutreffend wäre, dann würde die Zeit ihre Unfassbarkeit verlieren. Das gesamte Weltgeschehen würde dann veranschaulicht werden können wie ein fertig abgedrehter Film, bei dem bereits alles scheinbare Geschehen auf die Filmrolle gebannt wäre. Nichts Neues oder Unvorhergesehenes könnte passieren, aller Zeitablauf wäre dann eine bloße Illusion. Von Einstein ist ein Brief an die Hinterbliebenen seines gerade verstorbenen Freundes Besso erhalten, in dem er die Zeit in diesem Sinne als »eine, wenn auch hartnäckige Illusion« bezeichnet hat.

Wird die Zeit so verstanden, dann liegt die Zukunft bereits objektiv fest. Falls man nicht auf die – naturwissenschaftlich absurde – Idee verfällt, dass das menschliche Tun und Wollen aus dem Rahmen der Naturgesetze heraus fällt, so ist damit auch der eigene Wille festgelegt und die Verantwortung dafür trägt damit so etwas wie ein objektives Schicksal. Ein solches Weltbild hat den großen Vorteil, dass derjenige, der es ernst nimmt, sich nicht mehr für sein Tun und Handeln verantwortlich fühlen muss. Laplace, der große französische Mathematiker und Physiker, soll auf Napoleons Frage, wo denn in diesem mechanischen Weltbilde der Platz für Gott bleibe, geantwortet haben: »Sire, diese Hypothese benötige ich nicht.«

Die klassische Physik liefert auch mathematische Modelle für einen Aspekt von dem, was bei dem Begriff »Ewigkeit« oft mitgedacht wird, die Unbegrenztheit von Zeit. Für viele ihrer Modelle ist es möglich, die Erstreckung des Zeitparameters in Vergangenheit und Zukunft über jeden endlichen Wert hinaus auszudehnen. In vielen Fällen ist ein solcher Grenzwert mit seinem bis ins Unendliche laufenden Parameter mathematisch wohl definiert und im Sinne der Theorie auch vernünftig. Bereits Newton hatte seine physikalische Zeit wie eine mathematische Gerade modelliert, die weder einen Anfang noch ein Ende besitzt.

Einstein erkannte, dass aus der Allgemeinen Relativitätstheorie Weltmodelle folgten, die eine zeitliche Beschränkung zur Folge hatten. Er änderte daraufhin seine Theorie »per Hand« ab, damit auch in ihr eine kosmische Zeit ohne Anfang und ohne Ende möglich wurde. Es war für Einstein eine große Überraschung, dass bald darauf die astronomischen Beobachtungen einen sich in endlicher Zeit entwickelnden Kosmos nahe legten. Einstein war ein so großer Wissenschaftler, dass er die – von seiner eigenen Philosophie bewirkte – Abänderung seiner Theorie später als »Eselei« bezeichnen konnte.

Bis heute wird in der Physik die Zeit als eine Größe behandelt, die wie eine mathematische Gerade verstanden wird. Dieses Kontinuum-Modell wird auf die reellen Zahlen abgebildet und damit als eine Menge von Punkten interpretiert. Jeder hat den Umgang mit Dezimalzahlen in der Schule gelernt. Wenn man unendlich viele Stellen hinter dem Komma erlaubt, dann hat man damit eine Darstellung der reellen Zahlen. Dieses Modell hat es ermöglicht, die Mathematik der Differentialgleichungen verwenden zu können. Dennoch haben sicherlich viele Menschen – und auch einige Physiker – Probleme mit der Vorstellung, dass dieses Bild in aller Konsequenz ein sinnvolles Modell für »Zeit« sein sollte.

5. Die Überwindung der Zeitvorstellungen der klassischen Physik

Die Vorstellungen eines gleichmäßigen und universellen Zeitablaufes sind im 20. Jh. durch zwei wichtige physikalische Entdeckungen relativiert worden. Die Spezielle Relativitätstheorie zeigt auf, dass die Zeit in Systemen, die sich gegeneinander bewegen, unterschiedlich abläuft. Als Faustregel kann man sich merken, dass in einem System die Zeit langsamer abläuft, wenn es gegenüber dem eigenen bewegt ist. Damit wird die Vorstellung einer universellen und unter allen Umständen gleichförmig ablaufenden Zeit als unhaltbar erwiesen.

Berühmt geworden ist das Modell des so genannten Zwillingsparadoxons. Während der eine Zwilling auf der Erde verbleibt, fliegt der andere mit einer superschnellen Rakete zu einem fernen Stern und kehrt von dort zur Erde zurück. Diese fliegend Rakete stellt mit allem, was in ihr ist, ein Bezugssystem dar, in dem ein anderes Zeitmaß gilt als auf der Erde. Natürlich kann man jeweils nur die Zeit wahrnehmen und mit den mitgeführten Uhren messen, die im betreffenden System gültig ist. Gemäß dieser Zeit in der Rakete wird der Raumfahrer auch altern. Der raumfliegende Zwilling wird also bei seinem hypothetischen Flug, der zwar technisch völlig utopisch ist aber physikalisch keinerlei Problem darstellt, vielleicht 10 Jahre fliegen. Diese 10 Jahre erlebt er, um diese 10 Jahre altert auch sein Körper. Wenn die Geschwindigkeit der Rakete sehr dicht an der Lichtgeschwindigkeit ist, dann können auf der Erde zwischen Abflug und Wiederankunft gemäß der auf der Erde ablaufenden Zeit vielleicht 1000 Jahre vergangen sein. Der Raumfahrer wird in eine vollkommen andere Kultur geraten und gewiss die größten Probleme haben, sich dann in dieser Zeit zurechtzufinden.

Diese Relativität der Zeit hat seit Einstein immer wieder die Gemüter erregt und wegen ihrer Unglaubwürdigkeit die größten Zweifel geweckt, aber kein Physiker zweifelt heute daran, dass diese Effekte tatsächlich so eintreten, wie sie hier geschildert werden. Genaue Experimente mit kurzlebigen Elementarteilchen haben gezeigt, dass deren Zerfall sich tatsächlich nach der Uhr richtet, die zum System der betreffenden ultraschnellen Teilchen gehört – die Physiker sprechen von der Eigenzeit – und nicht nach der Zeit, die wir im Labor messen.

Für die späteren Überlegungen wird es wichtig sein, sich dieser Relativität der Zeit zu erinnern. Sie hat zur Folge, dass bereits im Begriffsrahmen der klassischen Physik, gemäß der Speziellen Relativitätstheorie, das subjektive und auch das reale Zeitgeschehen bei einem Beobachter unabhängig von dem bei anderen ablaufen kann.

Noch wichtiger für ein Verstehen der Zeitproblematik sind die Erkenntnisse, die aus der Quantentheorie folgen.

Entdeckt worden ist die Quantentheorie, als man das Wesen von Wärme und Temperatur verstehen wollte. Mit einem Modell von starren Atomen wurde es möglich, Temperatur als ein Maß für die innere Bewegung der Atome im Stoff zu verstehen und damit Wärme als eine Form von Energie. Das dafür notwendige Modell eines Atoms wurde durch die damals allein bekannte klassische Physik schlechtweg verboten. Aber die neuen Überlegungen waren so erfolgreich, dass man sie nicht ignorieren konnte. Die Quantentheorie war die Lösung. Da sie zuerst im Kleinen, der so genannten Mikrophysik entdeckt worden war, hält sich teilweise noch das Vorurteil, sie sei auch lediglich für den atomaren und subatomaren Bereich zuständig. Richtig ist vielmehr, dass die Quantentheorie immer dann unverzichtbar wird, wenn man – entgegen einem weiteren Missverständnis – sehr genau arbeiten muss oder will. Dieser Irrtum kommt vom Terminus »Unschärfe«, der oft im Zusammenhang mit der Quantenmechanik verwendet wird und der natürlich mit »ungenau« assoziiert wird, aber am wesentlichen Kern der Quantenphänomene vorbei führt.[2] Richtig ist allerdings, dass die Quantentheorie einen Zug von »Unbestimmtheit« und damit von Inderterminiertheit in die Naturwissenschaften eingebracht hat.

Da man bei den Atomen ohne sehr genaues Arbeiten überhaupt nichts ausrichten kann, ist dort ohne Quantentheorie auch nichts zu verstehen. Im makroskopischen Bereich hängt es – wie gesagt – von der Genauigkeit ab, ob man auf Quantenphänomene verzichten kann oder nicht. Oft reicht die beschränkte Genauigkeit der klassischen Physik vollkommen aus, um die Natur erfolgreich zu beschreiben. Dennoch wird die Quantentheorie heute als universell gültig angesehen und bisher sind keine Gültigkeitsgrenzen für sie bekannt geworden.

In unserem Zusammenhang ist es wichtig, dass sich aus der Quantentheorie ein neues Modell für Zeit ergibt. Es kann charakterisiert werden als das »Ernstnehmen der Möglichkeiten«. Während bis dahin die Nichtdeterminiertheit – bzw. der Zufall – lediglich als eine Auswirkung einer unzureichenden Kenntnis des Naturforschers angesehen werden konnte und damit als ein rein subjektiver Zug seiner jeweiligen Weltbeschreibung, wird der Indeterminismus mit der

2 Görnitz, Thomas: Die Quanten sind anders, 1999.

Quantentheorie zu einer Eigenschaft der beschriebenen Wirklichkeit und ist nicht mehr die Folge einer unzureichenden aber im Prinzip immer weiter verbesserbaren Weltkenntnis.

Damit wird sofort einsehbar, dass das Modell eines objektiv bereits festliegenden Weltgeschehens und einer im Grunde unbedeutenden Zeitkoordinate nicht mehr als zweckmäßig verstanden werden kann. Zur Quantentheorie gehört eine Zeitbeschreibung, die auf den Möglichkeitscharakter der Quantenprozesse verweist, die Bohr als »individuelle Prozesse« bezeichnet hat. »Divide« meint »teile!«, und »individuell« ist unteilbar. So lange nichts geteilt wird, ist alles noch möglich und noch nichts ist tatsächlich passiert. Ein solcher ungeteilter Quantenprozess kennt daher keine »innere Uhr«, er findet in einem gleichsam »zeitlosen Zustand« statt, da kein Ereignis geschieht. Die Quantentheorie begründet damit eine Naturbeschreibung ohne einen eigentlichen Zeitablauf, denn es entstehen keine Fakten. Dies kann verstanden werden als Modell einer fortwährenden Gegenwart, die in keiner Weise so in »Punkte« zerlegt erscheint, wie es die klassische Physik denkt. Zugleich bietet diese Zeitlosigkeit auch ein Modell für Ewigkeit als »Austritt aus der Zeit«, denn Strukturen von »vorher und nachher« greifen hier nicht. So lange alles lediglich »möglich ist« macht es kein Problem, dass z.B. ein Teilchen im Doppelspalt-Experiment möglicherweise durch die beiden nebeneinander liegenden Spalte geht. Ein wenig mag dies an das Kamel erinnern, das durchs Nadelöhr geht (Mk 10,25ff), was nach dem Alltagsverstande auch nicht möglich ist.

Ein Ereignis besteht darin, dass alle anderen Möglichkeiten bedeutungslos werden. Und umgekehrt kann man sagen, dass wenn alle Möglichkeiten bis auf eine unerreichbar werden, die verbleibende dann zu einem Faktum wird. Im Rahmen einer reinen Quantentheorie entstehen die Fakten lediglich durch mathematische Grenzprozesse. Bei der einen Methode, die in der Physik ganz harmlos als »Stoßprozess« bezeichnet wird, läuft die Parameterzeit gegen unendlich. Damit hat mathematisch das System dann alle seine Möglichkeiten ausgeschöpft und somit ein Faktum entstehen lassen. Der Physiker, der sein theoretisches Modell experimentell überprüft, wartet aber nicht viele Milliarden von Jahren, sondern nimmt ganz pragmatisch an, dass – je nach Experiment – nach wenigen Sekunden, Minuten oder Stunden der Möglichkeitsvorrat des Systems bereits erschöpft ist und er das Faktum dann bereits als ereignet annehmen darf.

Die andere mathematische Prozedur betrachtet nicht primär die Zeit als unendlich lang, sondern die Systeme als unendlich groß mit unendlich vielen Freiheitsgraden. Dann würde ein Ereignis mathematisch dadurch unwiderruflich werden, dass sich die Information über die nicht realisierten Möglichkeiten auf diese unendlich vielen Freiheitsgrade verteilt. Ein »Wiedereinsammeln« und damit ein »Nichtgeschehen-Machen« würde eine unendlich lange Zeit erfordern, d.h. nie eintreten. Somit würde das Auseinanderlaufen der Möglichkeiten in die unendlich vielen Freiheitsgrade ebenfalls ein Faktum begründen können.

Beide Vorstellungen, diese Unendlichkeiten als real zu denken, bedeuten gewiss philosophisch eine zu weit gehende Idealisierung. Für die Physiker ist – wie erwähnt – eine Zeitspanne von wenigen Minuten oder ein System von etwa einem Mol, z.B. 18g Wasser, das mit seinen rund 10^{23} Atomen »in die Hand genommen werden kann«, oftmals ausreichend lang oder hinreichend groß. Wie die Erfahrung zeigt, darf er dies auch mit gutem Erfolg so betrachten. Eine so pragmatische Umgangsform kann sich die Physik erlauben, da ihr mit den mathematischen Strukturen ein hinreichend stabiles Korsett eingezogen worden ist.

Solche als »unendlich« angenommenen Quantensysteme genügen dann in den entscheidenden Punkten der klassischen Physik. Daher kann man sagen, dass im Rahmen der Physik die von uns Menschen als real wahrgenommene Zeit mit ihren Modi durch das Ineinanderwirken von klassischer Physik und Quantenphysik beschrieben werden kann. Diese »Schichtenstruktur«[3] ist von großer philosophischer Bedeutung, da jeder dieser beiden Teilbereiche der Physik für sich allein die Zeit in ihrer Realität nicht erfassen kann, und da andererseits die mathematischen Strukturen dieser Theoriegebilde unvereinbar sind. Erst mathematische Grenzprozesse, bei denen diese charakteristischen Strukturen verändert werden, ermöglichen einen theoretischen Übergang von einem Bereich in den anderen.

Ein Quantensystem offenbart seine Quanteneigenschaften erst, wenn es sehr gut von seiner Umgebung isoliert ist. Da ja die Messgeräte der Physiker »im Grunde« alle der Quantenphysik genügen, kann man fragen, woher man die »klassische Umgebung« nehmen soll, die für das Entstehen von Fakten und damit für die uns bekannte reale Zeitstruktur notwendig ist. Ein mögliches Modell dafür liefert die

3 Görnitz, Quanten, 181ff.

Einbettung des Quantensystems in seine kosmische Umgebung. Der Himmel ist nachts im Wesentlichen schwarz, d.h. das Licht, das jetzt von hier hinausgeht in den Weltraum, scheint niemals zurückzukehren. Da uns unsere Erfahrung sagt, dass es im Weltraum keine Spiegel gibt, die eine auslaufende Information wieder zurückstrahlen könnten, würde mit dem Entschwinden von Information in den schwarzen Nachthimmel tatsächlich ein Faktum geschaffen werden. Für dieses Modell ist es nicht notwendig, dass der Weltraum real unendlich weit ausgedehnt ist, sondern es genügt, dass er sich mindestens so schnell ausdehnt wie die Information in ihn hinein entweichen kann, d.h. mit Lichtgeschwindigkeit. Wir wissen heute, dass sich der Weltraum mit großer Geschwindigkeit ausdehnt und wir sehen keine Möglichkeit, Information, die z.B. in Form von Radio-, Wärme- oder Lichtwellen von uns entflieht, jemals wieder einholen zu können. Daher ist es praktisch und vernünftig, anzunehmen, dass ein Lichtteilchen, das nach wenigen Sekunden – wenn es schon weit hinter dem Mond sein kann – nicht zu uns zurückgekehrt ist, dies auch für alle späteren Zeiten nicht tun wird. Deshalb ist es dem Physiker erlaubt, in seiner mathematischen Beschreibung eines lokalen Experimentes zu einer fiktiven unendlich langen Zeit überzugehen und damit ein Faktum zu konstatieren. Dann ergibt sich notwendig in der Beschreibung durch die Physik für uns endliche Wesen der unabänderliche Zeitablauf, den wir kennen, und die Zeit wird sinnvollerweise mit dem expandierenden Kosmos verbunden.

6. Kann »Ewigkeit« ignoriert werden?

Die Moderne hat sich daran gewöhnt, die Frage der »Ewigkeit« als irrelevant zu verdrängen. Lässt sich diese Haltung durchhalten?

Wenn wir nur rational gesteuert würden, wenn wir Menschen tatsächlich so wären, wie einige Vertreter der Künstlichen Intelligenz angenommen hatten, nämlich extrem gute Computer, dann dürfte man dies annehmen. Derjenige Teil der Psychologie aber, der sein Augenmerk nicht nur auf scheinbar determinierte Abläufe im Nervengewebe und deren Modellierung durch technische Systeme richtet, sondern der versucht, den Menschen als Ganzes zu sehen und der auch die unbewussten Triebkräfte in seine Überlegungen einbezieht, weiß, dass dort, im Unbewussten, die Zeit eine andere Rolle spielt als im rationalen Verstande. Bereits Sigmund Freud schreibt in »Jenseits des Lustprinzips«[4]: »Ich gestatte mir an dieser Stelle, ein Thema flüchtig zu berühren, welches die gründlichste Behandlung verdienen würde. Der Kantsche Satz, dass Zeit und Raum notwendige Formen unseres Denkens sind, kann heute infolge gewisser psychoanalytischer Erkenntnisse einer Diskussion unterzogen werden. Wir haben erfahren, dass die unbewussten Seelenvorgänge an sich ›zeitlos‹ sind, dass die Zeit nichts an ihnen verändert, dass man die Zeitvorstellung nicht an sie heranbringen kann. ... Unsere abstrakte Zeitvorstellung scheint vielmehr durchaus von der Arbeitsweise des W-Bw (des Wachbewusstseins) hergeholt zu sein und einer Selbstwahrnehmung desselben zu entsprechen. ... Ich weiß, dass diese Behauptungen sehr dunkel klingen, muss mich aber auf solche Andeutungen beschränken.«

Die experimentelle Hirnforschung bestätigt jetzt die Bedeutung des Unbewussten und jeder Mensch, der sich ein wenig selber kennt, weiß, wie stark die Kräfte sein können, die aus unserem Unbewussten wirken. Es ist eine scientistische Illusion, zu meinen, das Unbewusste immer beherrschen zu können. Wenn dem so ist, dann hat die »Unzeitlichkeit« des Unbewussten selbstverständlich Einfluss auf unser Denken und Verhalten und kann die Frage nach Zeitlosigkeit und Ewigkeit wach halten.

7. Die großen offenen Fragen

Das Bild des expandierenden Kosmos ist eine vernünftige Beschreibung aus der Sicht des 20. Jh. Wir gehen davon aus, dass beispielsweise das Meter eine sinnvoll definierte Größe ist, die durch die Zeitläufe als konstant angesehen werden kann. In Metern gemessen wird der Kosmos seit dem »Urknall« immer größer.

Wenn der Kosmos zwar wächst, zu jedem Zeitpunkt aber nur endlich groß ist, kann dieses Bild des expandierenden Kosmos sehr einfach durch ein anderes ersetzt werden: In dem alternativen Bild hat der Kosmos eine feste Größe, aber die mögliche Unterteilung in seinem Inneren kann immer differenzierter werden. Von der kosmischen Ausdehnung her gesehen wird in dieser Beschreibung das Meter immer kleiner. Mathematisch und physikalisch sind beide Bilder durch

4 Freud, Siegmund: Gesammelte Werke XIII, 1999, 27f.

nichts zu unterscheiden, 20/1 ist identisch mit 1/(1/20), für unsere Vorstellung unterscheiden sie sich aber durchaus und gewaltig.

Wenn für uns die Zeit dadurch ihre Struktur erhält, dass etwas in der Tiefe des Weltraumes entschwindet, so ist in dem anderen Bild der Weltraum ein Gebilde fester Größe, aus dem nichts entkommen kann. Für alle Physiker ist es heute selbstverständlich, den Kosmos in seiner Frühphase als Ganzen quantenphysikalisch zu beschreiben. Im Bilde des festen endlichen Kosmos kann diese Beschreibung immer beibehalten werden. Dann hätten wir für den Kosmos einen einzigen individuellen Prozess im Bohrschen Sinne vor uns, in dem alles möglich bliebe und in und für den es keine reale Zeit gäbe. Dieses Modell – in dem die Physik sich gleichsam »auf Gottes Thron« gesetzt hat – erlaubt nur eine fortwährend andauernde Gegenwart.

Eine solche Vorstellung haben wir als den zweiten wichtigen und möglichen Aspekt von Ewigkeit bezeichnet. Hier liegt ein Modell der Weltbeschreibung vor, in dem »*alle Dinge möglich sind*« und auch kein Unheil unabänderlich. Voraussetzung dafür ist allerdings die – sich für Menschen als unmöglich erweisende – Sicht auf die Welt als Ganzes von außerhalb des Kosmos, d.h. von außerhalb alles dessen, was überhaupt »ist«.[5]

Für uns als endliche Wesen ist die Zeit als Grunderfahrung, als Rahmen des Seins, unhintergehbar. Wir sind eingebunden die Struktur von Vergangenheit, Gegenwart und Zukunft. Und Erfahrung meint die Möglichkeit des Lebendigen, mit Hilfe von Kenntnis des Vergangenen mögliche Optionen für die Zukunft erhalten zu können.

Unsere naturwissenschaftlichen Modelle, die auf der Erfahrung beruhen, auf der Empirie, haben uns zu sehr erfolgreichen Beschreibungen der Welt geführt, in denen von dieser Grundstruktur der Zeit schließlich nichts mehr zu verspüren ist. Damit negieren sowohl die klassische Physik als auch die Quantentheorie ihre Ausgangsbasis, die Empirie, denn ohne Zeitstruktur wird der Begriff der Erfahrung sinnlos. Wir müssen uns also fragen, ob dieses Verschwinden der realen Zeit in der Naturwissenschaft anzeigt, dass sie ihre Ausgangsbasis verloren hat, oder ob mit diesen Theorien Aspekte an der Zeit aufgedeckt werden, die unsere schlichten Alltagsvorstellungen und die Ausgangspositionen der naturwissenschaftlichen Erkenntnisgewinnung übersteigen.

5 Görnitz,Thomas/ Görnitz, Brigitte: Der kreative Kosmos, 2002.

Ich möchte für die zweite Möglichkeit plädieren, weil sie eine Nähe zu dem eröffnet, was in anderen Formen der Welterfahrung geahnt wird. Wenn der Tod der Ausstieg aus der Zeit ist und wenn der Ausstieg aus der Zeit der Übergang in die Ewigkeit ist, dann können wir darüber spekulieren, was damit gemeint sein könnte. Berichte von Menschen, die von der Schwelle des Todes zurückgeholt worden sind, berichten davon, ihr ganzes Leben in einer Zeitspanne vor sich gesehen zu haben, die für den Arzt daneben nur einen Augenblick gedauert hat. Wenn das Bewusstsein eines Betroffenen sich tatsächlich in einem anderen Zustand befinden würde als sein Körper, dann wäre eine solche verschiedene Zeiterfahrung nichts, was der Physik gänzlich unbekannt wäre. Andererseits könnte, wie erwähnt, die kosmische Entwicklung von bisher etwa 15 Milliarden Jahren »von Außen« wiederum »als ein Augenblick« gesehen werden. In diesem Lichte könnten manche religiöse Erlebnisse eine Aureole erhalten, deren Beziehung zu den Naturwissenschaften man bislang nicht vermuten konnte.

8. Der Mensch zwischen Zeit und Ewigkeit

Der Mensch wird manchmal charakterisiert als das Wesen, das weiß, dass es sterben muss. Es mag sein, dass auch manche Tiere es spüren, wenn ihre letzte Stunde naht, aber bei Lebzeiten darüber nachdenken und philosophieren können sie gewiss nicht.

Die dem Menschen nahe liegende Hoffnung auf eine Überwindung der Zeit, auf einen Ausstieg aus ihren Fesseln, wird oft am Bild der Ewigkeit verdeutlicht. Ich hoffe dem Leser veranschaulicht zu haben, auf welche spannenden mathematischen Modelle von Ewigkeit die physikalische Forschung geführt hat. Ewigkeit kann sich ergeben als unbeschränkte Zeitlichkeit aber auch als eine Zeitlosigkeit ohne Fakten, die logisch vom Augenblick nicht unterschieden werden kann. Die physikalischen Modelle erlauben es obendrein, sogar darüber nachzudenken, dass diese beiden unvereinbaren Aussagen möglicherweise nicht etwas Verschiedenes bedeuten müssen. Dass dies die Logik übersteigt und damit in keiner Weise diskursiv verteidigt werden kann, ist trivial – und trifft andererseits für die meisten existenziell wichtigen Aussagen auch zu.

Wir haben gesehen, welche unterschiedlichen Aspekte für Antworten darauf, was Zeit und Ewigkeit bedeuten, auch aus dem Felde der Naturwissenschaften aufleuchten. Da es bisher unmöglich war, eine einzige, in sich konsistente und umfassende naturwissenschaftliche Theorie zu entwickeln, die dieses Gebiet vollkommen abdeckt – und da es gute Argumente gibt, dass dies aus prinzipiellen Gründen unmöglich ist – werden wir ausgezeichnete Chancen haben, auch weiterhin kreativ über diese spannende Frage nachdenken zu können, ohne dass wir befürchten müssen, durch eine eindeutige Antwort das Interesse daran zu verlieren.

Über die Ewigkeit der Zahlen und natürliche Geheimnisse

Ein Interview mit Colin McGinn

Das Thema »Geheimnis« interessiert Theologen

OR: Professor McGinn, kennen Sie andere Theologen, die sich für Ihre Philosophie interessieren?

CMG: Ich hatte einige e-mails von anderen Theologen. Nicht sehr viele. Aber es gibt einige Leute, die mir darüber geschrieben haben. In der Regel stellen sie mir Fragen in Bezug auf das, womit sie zu tun haben. Ja, ich sehe, warum sie an mir interessiert sind. Es ist keine Überraschung für mich, woran Theologen interessiert sein könnten: Ich verwende den Begriff »Geheimnis«, den Theologen seit langer Zeit gebrauchen. Gottes Entscheidungen und dergleichen sind geheimnisvoll – und der Gedanke, dass Gott ein Wesen hat, das zu begreifen unsere Fähigkeiten übersteigt. Dieser Gedanke war schon immer weit verbreitet. Aber ich verwende den Begriff in einer anderen Weise. Deswegen bin ich nicht überrascht, dass Theologen versuchen zu verstehen, was ich sage.

OR: Also der Terminus »Geheimnis« ist es, auf den sich das Interesse von Theologen richtet.

CMG: »Geheimnis«, ja. Natürlich vom theologischen Standpunkt aus – . Sowie man von Geheimnis spricht, stürzen sich die Theologen darauf und sagen »ah!« Und ich sage, ja ich denke, da sind Geheimnisse, aber ich entfalte diese Geheimnisse nicht so, wie die Theologen es gern möchten. Ein Theologe würde sagen: Warum ist es so geheimnisvoll mit Gehirn und Geist? Deswegen, weil die Seele ein geheimnisvolles Ding ist mit einem übernatürlichen Wesen, das von Gott kommt. Und ich sage, nun ja, diesen Schluss müssen wir nicht ziehen. Man könnte den Schluss ziehen, dass da so etwas ist, aber man muss es nicht. Man könnte auch sagen: Das Geheimnis ist ein natürliches Geheimnis. Es ist ein Geheimnis, das sich auf unsere geistigen Abbildungen bezieht. Natürlich, das ist mein Standpunkt. Aber Sie sehen, warum Theologen den Kontakt suchen. Sie sehen, wie sie da nahe beieinander sind.

OR: Ja, ich stelle mir vor, dass es da viele Missverständnisse gibt. Ich weiß wohl, was Sie mit Ihrer zusammenfassenden Form DUME meinen[1], und dass Sie gleich neben dem Geheimnis auch von »Illusion« sprechen. Und für mich ist es wichtig, ob mit dem Wort »Ewigkeit« eher der Begriff »Illusion« oder »Geheimnis« verbunden ist. Aber davon können wir etwas später sprechen.

CMG: Ja, die Leute missverstehen mich, als ginge es um eine mystische Sicht. Ich sage »mystery«. Und »mystical«, das ist genau das Gegenteil. Aber es ist den Leuten so vertraut. Sie denken, wenn wir über »mysteries« reden, es müsste »mystical« sein. Und ich versuche, klar zu machen, dass das nicht die Vorstellung ist. So werde ich oft missverstanden.

Die Ewigkeit der Zahlen

OR: Aber nun etwas anderes: Ich war überrascht; in Ihrem Buch »Wie kommt der Geist in die Materie«[2] am Ende von Kapitel 4, in dem Abschnitt »Der Ursprung des Raumes« schreiben Sie: »Die Bausteine des Geistes mögen nicht so alt sein wie Zahlen, die seit aller Ewigkeit existieren, aber sie lassen Raum und Materie im Vergleich recht jung aussehen.« Ich war wirklich überrascht, in Ihrem Buch den Terminus »Ewigkeit« zu finden. Ich glaube, nur einmal, nur dieses eine Mal hier gebrauchen Sie dieses Wort. Sie verwenden den Gedanken, dass die Zahlen ewig sind zwar nicht als Erster, aber Sie stimmen dem zu. Meinen Sie damit, dass die Zahlen nicht-räumlich sind? Sind »ewig« und »nicht-räumlich« identisch?

CMG: Nun, was ich hier gesagt habe, das ist sehr wesentlich. Es kommt von Plato. Der sagt, dass Zahlen verstandesunabhän-

1 In seinem Buch »Die Grenzen vernünftigen Fragens« (deutsch, 1996) bezeichnet McGinn mit den vier Großbuchstaben DUME vier verschiedene, philosophisch unzulängliche Denkweisen.

2 2001 (englisch 1999).

gig sind, immaterielle Objekte, die schon immer existiert haben und immer existieren werden. Da ist kein Punkt, an dem sie in die Existenz hineingekommen sind und auch kein Punkt, an dem sie die Existenz verlassen könnten. Was würde es für die Zahl »zwei« bedeuten, die Existenz zu verlassen? Sie kann die Existenz nicht verlassen. Sie ist nicht etwas, das man auslöschen könnte. Sie hat auch Fortbestand in der physischen Welt. Nun, der große deutsche Mathematiker Dr. Gottlob Frege .

Die Leute beziehen sich oft auf ihn in der englisch sprechenden Welt als den Begründer einer mathematischen Philosophie. Der wichtigste Philosoph im 20. Jahrhundert war Ludwig Wittgenstein.

OR: Ja, Wittgenstein kenne ich, aber über Frege habe ich nur eine Bemerkung gelesen in Ihrem Buch »Die Grenzen vernünftigen Fragens«.[3]

CMG: Gut, gegen Frege gibt es Vorurteile. Frege hält Zahlen und andere mathematische Wesenheiten für abstrakte Wesenheiten; sie sind nicht mental, sie sind nicht physisch, sie existieren außerhalb von Raum oder Zeit. Die Aussage, dass sie ewig sind, ist nicht die, dass sie Dinge sind, die in der Zeit existieren und sich in der Zeit wandeln, sondern dass sie weiter für immer da sein werden. So existieren sie außerhalb von Raum und Zeit. Sie sind nicht zeitlich, nicht aktuell, sie sind überhaupt nicht mit zeitlichen Merkmalen versehen. So muss man die Zahlen annehmen als etwas, das ein bisschen so ist wie Gott, außerhalb der raum-zeitlichen Begrenzung. Das ist die Art und Weise, wie ein Platoniker hierüber denkt. So gilt es auch für mich bei dem, was ich gedacht und geschrieben habe.

OR: Spricht so auch Roger Penrose?

CMG: Roger Penrose ist auch ein Platoniker. Und er argumentiert in Sachen, die er geschrieben hat, dass der Platonismus die richtige Sicht sei – entgegen der Sicht vieler Mathematiker. Mathematiker neigen dazu, keine Platoniker zu sein. Sie tendieren dazu, Mathematisches nur für Vorstellungen zu halten. Diese Sicht nennt man üblicherweise Nominalismus. Sie denken, dass Zahlen die Zeichen sind, die man auf's Papier schreibt:

3 S.124.

Bezeichnungen. Demgegenüber denkt der Platoniker, dass die Zahl, die man als »zwei« niederschreibt, sich auf eine Wesenheit, die Zahl »zwei« bezieht. Die Wesenheit ist nicht dasselbe wie das Zeichen oder das »Symbol« dafür. Die Wesenheit existiert außerhalb von Raum und Zeit. Sie ist nicht räumlich. Und wenn ich sage, dass sie ewig ist, so drücke ich damit den Gedanken aus, dass Zahlen und dergleichen zu keiner Zeit in die Existenz eintreten und dass sie niemals die Existenz verlassen. Sie verändern sich nicht. So kann man zu jeder Zeit wirklich sagen, die Zahl »zwei« existiert, – in jedem Moment der Zeit. Das ist wesentlich. Niemals wird die Zeit kommen, in der jemand sagen könnte: »Die Zahl ›zwei‹ existiert nicht mehr.« Dagegen wird die Zeit kommen, zu der man sagen kann: »Amerika existiert nicht mehr.« »Die Erde existiert nicht mehr, wenn sie explodiert ist.« Verstehen Sie, wenn die Sonne nicht mehr existiert, – und dergleichen. Die Zeit wird kommen. Und die Zeit wird kommen, dass das Universum nicht mehr existiert. Wenn das Material, das wir jetzt kennen, zurückgeht in den »big crunsh«, hinausgeht aus der Existenz, dann wird die Zahl »zwei« noch da sein. Man kann wirklich sagen, die Zahl »zwei« existiert noch, und die Zahl »vier« und die Zahl »fünf« und die ganze Unendlichkeit dieser Zahlen. So ist das alles, was vom Platonismus ausgeht, und wovon ich spreche.

OR: Also, weil die Zahlen ohne Raum und ohne Zeit sind, darum nennen wir sie »ewig«, – weil es kein besseres Wort dafür gibt?

CMG: Nun gut, wie ich gewöhnlich sage, sie sind abstrakt. Die übliche metaphysische Sicht ist, dass es drei Arten von Dasein gibt in der Welt: materielles Dasein, psychologisches Dasein und abstraktes Dasein. Und die sind alle verschieden. Ja, so werden die Zahlen als abstrakt ausgefiltert aus der unterschiedlichen Natur, ontologisch unterschieden von den beiden anderen Sachen. Und da ist nicht viel, was man sagen kann. Sie wissen, was mit »abstrakt« gemeint ist. Wenn Sie versuchen, es zu definieren, definieren Sie es negativ. Sie sagen, irgend jemand sagt: »Nun, was meinen Sie mit ›abstrakt‹?« Ich sage: »Weder räumlich noch zeitlich.« Oder ich sage: »Weder körperlich noch mental.« Da könnte die Person sagen: »Geben Sie mir mehr positive Beschreibung.« Dann bin ich am Ende, noch etwas zu sagen. Und das ist so, weil viele Leute sehr misstrauisch sind gegenüber dem Platonismus. Viele Philosophen mögen die Idee nicht von diesen ewigen, abstrakten Wesenheiten. Und sie versuchen, sich davon frei zu machen. Es ist jedoch sehr schwer, das zu tun.

Nicht das Abstrakte ist ein Geheimnis sondern unser Wissen darüber

OR: Und so ist es richtig, den Terminus »ewig« für dieses »Geheimnis« zu gebrauchen? Ist es ein »Geheimnis«?

CMG: Nun, das ist es nicht, in sofern wir nicht gesagt haben, dass diese *Dinge* ein Geheimnis sind – oder irgend etwas Geheimnisvolles dabei ist. Wir haben gerade gesagt, dass sie existieren. Sie sind in unserem Universum. Da sind sie. Wie wir etwas darüber *wissen,* das ist ein Geheimnis. Es ist a priori, meine ich. Aber da ist eine Frage. Wenn man Platoniker ist, und wenn man glaubt, dass diese Zahlen da sind, und sie sind abstrakt, wie kann man das Wissen des Mathematikers davon erklären? Der Mathematiker lernt Sachen über diese abstrakte Welt, er entdeckt Theoreme, er macht Entdeckungen dazu. Sein Verstand muss im Kontakt mit dieser Welt sein, die außerhalb von Raum und Zeit ist. Wie geschieht das? Wie bringt der menschliche Verstand, das menschliche Gehirn diesen Kontakt zustande? Ganz sicher kann es keine kausale Verbindung sein, keine Kausalität, die die Zahlen mit ihnen verbindet. Zahlen können nämlich gar nichts verursachen. Sie sind abstrakt. Sie haben keinerlei kausale Kraft. Und trotzdem geschieht dieser Kontakt. – So, da ist ein Problem. Es wurde 1973 aufgezeigt von dem Philosophen P. Benacerraf in einem Artikel mit der Überschrift »Mathematische Wahrheit«: Ein Streit zwischen Platonismus als einer metaphysischen Sicht von Mathematik und auf der anderen Seite der Naturalismus hinsichtlich des mathematischen Wissens. Wie Sie wissen, ist unser normales Verständnis von Wissen, dass da eine Interaktion stattfindet zwischen Verstand und Objekten. So ist es, wenn ich das kenne, was mich umgibt. Aber, wenn da keine Interaktion ist zwischen den Zahlen und meinem Verstand, wie weiß ich dann etwas über sie? Das ist ein Geheimnis, wie auch das Bewusstsein ein Geheimnis ist. Das ist etwas, wovon man keine Idee hat, wie man das Wissen erklären kann. Da gibt es keinen Einblick, und es kommt einem keine begreifbare Theorie in den Kopf. Eine tief geheimnisvolle Sache! Was weiß man über Mathematik?

OR: Aber es ist nicht so, dass man folglich von allem, was abstrakt ist, sagen kann, dass es ewig ist?

CMG: Ja, nun, ich weiß nicht. Gibt es irgendwelche abstrakten Dinge, die nicht ewig sind? Ich meine, das hängt natürlich davon ab, was man mit »abstrakt« meint. Wissen Sie, ob es abstrakte Dinge gibt, die sich verändern können? Ist es ein Kriterium für mich, dass abstrakte Dinge sich nicht verändern? Sie sind nicht etwas, das zerbricht, verfällt, sich verändert. Ich meine, man kann »abstrakt« auf verschiedene Weise gebrauchen. Aber die Art, wie wir es üblicherweise meinen, die ist bestimmt durch mathematische Wesenheiten und durch logische auch, Dinge wie logische Beziehungen. Manchmal schließen auch welche »propositions« ein oder das, was Frege auf deutsch »Gedanken« nennt. Seine Definition von »Gedanke« ist nicht, dass es etwas Mentales ist. Der »Gedanke« ist der Inhalt einer »proposition«. So etwas wird bei Frege als abstrakt angesehen. So viel darüber. Nichts weiter. So etwas sind nach Frege alles Dinge, Wesenheiten außerhalb von Raum und Zeit.

OR: Ja.

Die Unwandelbarkeit des Abstrakten und des Ewigen

CMG: Der Gebrauch des Wortes »ewig«, wenn man den Begriff »ewig« auf Gott anwendet, ist nun ein wenig anders. Denn die übliche Auffassung von Gott ist, dass Gott sich wandelt. Gott hat verschiedene Eigenschaften zu verschiedenen Zeiten. So beschließt Gott zu einer bestimmten Zeit, etwas zu tun, die Welt zu erschaffen oder Wunder zu vollbringen. So ist der Schluss nur schwer zu vermeiden, dass es zu aller Zeit Wandlungen in den Eigenschaften Gottes gibt. Gott ist gewissermaßen eine sich wandelnde Wesenheit, wie man es sich gewöhnlich vorstellt, eine sich wandelnde Wesenheit. Aber eine Zahl tut so etwas nie.

CIR: Aber ich möchte eher denken, was sich ändert, ist unsere Möglichkeit wahrzunehmen.

CMG: Man könnte sagen, es ist eine Illusion – ja, Gott –. Wenn wir sagen, dass Gott zu einer bestimmten Zeit beschlossen hat, die Welt zu erschaffen, da ist es nicht in Ordnung, zu sagen, es gibt keine Zeit, zu der er beschlossen hat, die Welt zu erschaffen, es gibt keine Zeit, zu der er beschlossen hat, seinen Sohn auf die Erde zu setzen. Aber da beginnt es schwierig zu werden, weil sowie man Gott personalisiert, gibt es mancherlei Spannung und dergleichen. Da ist schwer der Gedanke zu vermeiden, ihn zeitlich festzulegen, indem man sagt, es gibt einige zeitliche Wahrheiten über ihn. Aber über Zahlen nie. Man kann so etwas sagen: Ich nehme an, dass morgen vier Katzen in dieser Wohnung geboren werden. Gut, da kann man sagen, die Zahl »vier« hat sich schon verändert. Vorher bezog sie sich noch nicht auf die Katzen in dieser Wohnung. Jetzt bezieht sie sich auf die Katzen in dieser Wohnung. So verändert sie sich zu einer bestimmten Zeit, wenn man sie darauf bezieht. Sie zählt die Katzen in dieser Wohnung. Es ist klar, dass man das sagen kann. Aber die Meinung, die man dabei hat ist, dass es sich nicht um eine intrinsische Veränderung handelt. Es ist nicht so, dass die Zahl sich in sich selbst verändert nur die extrinsische Beziehung zu Dingen. Aber wenn man an Gott denkt und sagt, Gott beschließt etwas, so ist es eine intrinsische Veränderung in Gott. Es ist nicht nur eine Beziehung. So ist das. Nun zu der Frage, was ewig ist, das ist wohl nicht das gleiche: Wenn wir sagen, Zahlen sind ewig, oder wenn wir sagen, Gott ist ewig. Das kann alles sein. Wenn wir Gott als eine unwandelbare Wesenheit denken, dann ist es genau so wie mit den Zahlen. Aber dann ist es schwer einzusehen, wieso er unwandelbar ist mit so etwas wie Beschlüssen und Absichten. Wie kann er etwas beschließen oder Absichten haben? Gut, da kommt dann das, was die Leute, was Theologen sagen: »Das sind eben die Geheimnisse im Hinblick auf Gott; wir verstehen sie nicht.« Nun, Sie wissen das, okay?

Die Kenntnis von Zahlen ist a priori

OR: Aber lassen Sie uns der Erde näher kommen! Kann man sagen, die Zahlen sind a priori?

CMG: Ja! Die Kenntnis von ihnen, ja immer! Genau wie Kant sagt. Da haben wir einen anderen großen deutschen Philosophen. Man weiß, Mathematisches ist a priori, nicht a posteriori. So ist die Kenntnis von Mathematischem eine völlig andere Art von Kenntnis. Die Kenntnis von der abstrakten Welt reflektiert das Faktum, das in dem geistigen, subjektiven Gegenstand liegt, dem abstrakten, subjektiven Gegenstand. Und so entsteht das Problem: Wie ist Kenntnis a priori möglich? Ich denke, das ist ein Geheimnis. Es ist ein Geheimnis. Wie wir etwas wissen über diese Welt, das ist ein Geheimnis. Es ist nur ein Geheimnis, wenn man an den Platonismus glaubt. Wenn man glaubt, in der Mathematik handelt es sich nur um Bezeichnungen, dann kann man Mathematik lernen durch Bezeichnungen, durch Zeichen auf Papier. Da gibt es kein Problem! Man kann die Zeichen auf Papier sehen. Nur wenn man das ablehnt, und ich meine, das tun Sie auch, dann hat man den Platonismus als die Betrachtungsweise der Ontologie der Mathematik (und darum geht es ja); und dann hat man das Problem mit der Epistemologie in dieser Hinsicht. Was weiß man darüber? Das ist etwas anderes. Ich halte es für ein Geheimnis. Das Geheimnis im Hinblick auf die Ewigkeit ist das Geheimnis hinsichtlich der *Kenntnis* dieser Wesenheiten. Ob Ewigkeit ein Geheimnis ist, so weit sind wir noch nicht. Diese Frage, hoffe ich, meinen Sie.

Über Unsagbares

OR: Ludwig Wittgenstein schrieb am Schluss seines »Tractatus logico-philosophicus«: »Wovon man nicht sprechen kann, darüber muss man schweigen.« Stimmen Sie dem zu?

CMG: Gut, das, worum es in diesem Satz von ihm geht, das ist so, wie es da steht, eine Tautologie: »Wovon man nicht sprechen kann, davon muss man schweigen.« Natürlich, wie soll man es zustande bringen, über das, wovon man nicht sprechen kann, etwas anderes zu tun, als zu schweigen? So ist es also eine Tautologie, wie es da steht. Aber im Kontext meint es doch einiges, einiges viel Interessanteres als das. Was damit gemeint ist, das ist – , es gibt da einige Punkte (topics) – lassen Sie uns »Punkte« sagen, worüber die Leute zu sprechen versuchen, und sie machen Aussagen darüber. Und nach Wittgensteins Tractatus, den er später abgelehnt hat (einiges hat er als Philosophie bewahrt) – ; in Übereinstimmung mit seiner Philosophie im Tractatus versuchen manche Leute über diese Dinge zu reden, und sie geben Worte von sich, die ihre Meinung (proposition) unterstützen. Aber sie irren darin, dass es wirkliche »propositions« sind. Sie sollen aufhören, solche Worte von sich zu geben, aufhören, von Dingen zu reden, die man nur *zeigen* kann (in seiner Terminologie). Dinge, die man zeigen kann, das erstreckt sich auf ziemlich weitgehende Dinge: Ethisches, Ästhetisches, Lebensanschauung und Philosophie. Aber die Leute zeigten auf, dass der Tractatus, das ganze Buch sich selbst widerspricht, weil es sagt, dass man über philosophische Aussagen nicht sprechen kann. Jedoch im ganzen Buch geht es um Philosophie. So ist es eine sehr schwierige Doktrin, diese Doktrin im Tractatus. So hat die Tautologie sich selbst erwischt. Aber wenn man im Kontext versteht, was gemeint ist, dann ist es eine sehr dramatische und sehr merkwürdige Sicht. Es geht um die Dinge, über die man gar nichts sagen kann. Das einzige, was man tun kann, ist, sie in ihrer Eigenart zu zeigen. Aber es ist nie erklärt worden, was denn »zeigen« ist. Wenn ich eine Aussage mache wie diese: »Da ist ein Tisch im Zimmer«, dann sage ich etwas über das Zimmer und über den Tisch. Ich zeige deren logische Form. Aber ich kann nicht sagen, was seine logische Form ist. Ich meine, zeitgenössische Philosophen könnten sagen: »Was meinen Sie damit: Ich kann nicht sagen, was die logische Form ist? Aber ich kann sagen, was die logische Form ist. Die logische Form ist eine Subjekt – Prädikat – Aussage.« So, und wenn ich gesagt habe, Wittgenstein verwirft diese Theorie auf jeden Fall, dann habe ich es nicht ernst genommen, diese Idee von dem, was nur gezeigt werden kann. Es gibt einen hervorragenden Kommentar von F. P. Ramsey. Ramsey war der Übersetzer des Tractatus und ein Kollege von Wittgenstein zu der Zeit. Ramsey denkt und sagt folgendes:

»Wenn man es nicht sagen kann, dann kann man es nicht sagen, und man kann es auch nicht pfeifen.« Mit anderen Worten: Wenn man sagt: »Ich kann es nicht sagen«, dann gibt es keinen Weg, es mitzuteilen. Was nicht mitteilbar ist, ist nicht mitteilbar. Aber Wittgenstein denkt, es gibt Dinge, die man nicht sagen kann, die man aber pfeifen kann. Er denkt, dass er sie pfeift. Er denkt, dass es andere Wege gibt, etwas mitzuteilen, als Erklärungen von sich zu geben. Und Ramsey sagt: »Nein, man kann keine Erklärungen abgeben über dieses alles.« Was er sagt, das ist, es gibt verschiedene Formen von »Sprachspielen«. Wir sollten nicht versuchen, jedes Sprachspiel so zu nehmen wie andere Sprachspiele, was dann eine interessante Ablehnung des Tractatus-Bildes wäre. So gibt es Sprachspiele mit grammatischem Ausdruck oder religiösem Ausdruck oder logischem Ausdruck. Und so ändert er völlig seine Philosophie. Auch eine gute Sache. Es ist eine gute Veränderung.

Ewigkeit und Unendlichkeit

OR: Wenn wir das jetzt auf das Wort »Ewigkeit« beziehen, vermeidet Wittgenstein das Wort »Ewigkeit«?

CMG: Ich meine nicht. Er war sehr interessiert an dem Thema »Ewigkeit«. Er war interessiert an mathematischer Unendlichkeit. Er hatte Ansichten darüber. Und etliche Leute zu der Zeit haben darüber nachgedacht. Immerhin meine ich, dass im Tractatus nicht viel davon ist. In seinen Schriften über Mathematik schreibt er über Unendlichkeit. Das ist in der Philosophie zur Mathematik immer ein Punkt gewesen. In seinen »Bemerkungen über die Grundlagen der Mathematik« schreibt er darüber. Im ganzen Tractatus spricht er, meine ich, gar nicht über »Ewigkeit« und auch nicht in den »Philosophischen Untersuchungen«.

OR: Was ist für Sie der Unterschied zwischen Unendlichkeit und Ewigkeit?

CMG: Ja, Unendlichkeit, gut. Ich möchte sagen, es gibt drei Arten von Unendlichkeit, mindestens drei. Und die sind: die mathematische Unendlichkeit, das ist die Unendlichkeit der natürlichen Zahlenreihen und dergleichen. Und dann ist da die räumliche Unendlichkeit, der Gedanke, dass der Raum nirgends endet. Es gibt unendlich viele Orte. Und dann gibt es die zeitliche Unendlichkeit. Es gibt unendlich viele Zeitpunkte. So charakterisiert »Unendlichkeit« all diese verschiedenen Gebiete. Da haben wir die unendlich vielen Zahlen. Die sind abstrakt. Unendlich viele Orte, die sind nicht abstrakt. Unendlich viele Zeitpunkte, die sind auch nicht abstrakt. Also diese beiden, Zeit und Raum, die möchte ich in eine andere Kategorie setzen als die mathematische Unendlichkeit. Ich meine, die mathematische Unendlichkeit hat man viel besser verstanden als diese anderen Arten von Unendlichkeit. Ich meine, die Leute denken, weil sie die mathematische Unendlichkeit verstanden haben, würden sie auch die beiden anderen Arten von Unendlichkeit verstehen. Das ist ein Irrtum; das kann man nicht annehmen: »Wir haben Unendlichkeit in der Mathematik verstanden, also verstehen wir es überall.« Ich meine nicht, dass das richtig ist; ich meine nicht, dass das wahr ist. Da gibt es die mathematische Sicht von Unendlichkeit. Da gibt es zwei Sichtweisen von Unendlichkeit. Was da die Idee war, ist, was nennen wir wirklich »Unendlichkeiten«? Also da gibt es wirklich unendlich viele ursprüngliche Zahlen (prime numbers), sagen wir mal. Das ist eine wirkliche Unendlichkeit. Das existiert jetzt richtig. Die Intuitionisten (Sie wissen, die werden angeführt von Brouwer, von dem niederländischen Intuitionisten Brouwer) die glauben, es gibt eine potentielle Unendlichkeit. Sie konnten keinen Sinn finden in wirklichen, vollendeten »Unendlichkeiten«. Sie dachten von der Unendlichkeit wie von einer Regel: Zu jeder Zahl kann man eine weitere Zahl konstruieren. Stimmt's? Ein oder zwei größer. Damit hatten sie nun das, was man »Konstruktivismus« nennt. Man kann von einer Zahl zur anderen konstruieren. Und der Prozess endet nie. Die Regel lässt sich immer anwenden, auf jede beliebige Zahl. Aber sie denken dabei nicht etwa, dass diese Regel eine vollständige, wirkliche Unendlichkeit schafft. Ihre Unendlichkeit ist eine potentielle. Sie würden sagen: Da sind mögliche, unendlich viele Zahlen, und meinen, diese Regel könnte im Prinzip angewendet werden von Unendlichkeit zu Unendlichkeit um neue Zahlen zu konstruieren. So sind sie wirklich skeptisch, dass wir die Idee einer wirklichen Unendlichkeit verstehen.

CIR: Ich meine, wenn es eine konstruierte Unendlichkeit ist, dann hängt sie ja von mir ab; denn ich bin ja der Akteur, der das geschehen lässt. Demgegenüber ist die existierende Unendlichkeit von mir getrennt. Ist es nicht so?

CMG: Das ist richtig. Also, was die machen wollen, das ist, die Unendlichkeit erklären mit Begriffen menschlicher, mentaler Akte. Und damit reduzieren sie diese auf menschliche, mentale Akte. Es läuft wirklich darauf hinaus, dass sie eingeschränkt wird auf das, was man tut. Und menschliche Akte sind eben begrenzt. – Also so auf diese Weise kann man wirklich nicht den Sinn von Unendlichkeit finden. Ich meine, man muss an gegenwärtige Unendlichkeiten glauben, um an die Unendlichkeit im Ganzen zu glauben. Der Grund, dass ich das zur Sprache bringe, ist, dass es sehr, sehr schwer ist, an der Ansicht festzuhalten, die Unendlichkeit des Raumes sei eine potentielle Unendlichkeit, also anzunehmen, man könne an jedem Punkt ein anderes Stück Raum konstruieren. Niemand würde das denken. In der Mathematik kann man sehen, warum sie darauf kommen, denn Mathematik ist eine Problematik anderer Art. Da hat man die Idee des Abstrakten. Aber Raum ist eine konkrete Sache. Wenn man also die Unendlichkeit des Raumes annimmt, dann kann man sich nicht vorstellen, dass unser Geist irgendwie Raum erschafft, außer man ist ein Idealist. Wenn man also Raum annimmt als etwas Verstandesunabhängiges außerhalb, und man glaubt an dessen Existenz, dann muss man an seine natürliche Unendlichkeit glauben. Man kann nicht glauben, es sei eine potentielle Unendlichkeit. Man kann diesen Schritt nicht tun, den die Leute in der Mathematik machen. So ist man also gezwungen durch die Idee von der wirklichen Unendlichkeit von Orten – ja, es ist ja nicht nur die Idee von Orten im Raum sondern die Wirklichkeit. Nun, verstehen wir das? Ich meine, wir können das nicht verstehen. Ich meine, wir können es nicht wirklich verstehen, was das bedeutet. Ich meine, wir können einiges darüber sagen. Wir haben diese Wörter. Man kann solche Sachen sagen, etwa: Nimm irgendein Raumvolumen von dieser Größe, und daneben ist ein Raumvolumen von der gleichen Größe. In jeder Hinsicht ist das wahr. Okay, das ist wahr; aber ich meine nicht, dass das wirklich etwas austrägt zu dem Gedanken, was die Unendlichkeit des Raumes wirklich ist. Ich denke, meine Einsicht ist, dass unser Verstand so konstruiert ist, dass wir endliche Räume begreifen. Endliche Räume. Der Grund dafür ist, dass wir aus der Evolution entstandene Kreaturen sind, begrenzte Gehirne. Und so müssen wir uns einfügen in relativ kleine räumliche Reichweiten, wie etwa das Universum. Gewöhnlich ist es gerade der Planet, biologisch nur das Dorf. So sind wir in unserem Verstand nicht dafür eingerichtet, mehr zu verstehen als kleine, begrenzte Räume. Nun, da unsere Kenntnisse über die Jahrhunderte hin angewachsen sind, mussten wir uns auf weitere Räume einstellen. Aber die sind alle begrenzt. Es sind alles begrenzte Räume. Aber es scheint mir unausweichlich, in den Raum zu horchen. Nur denke ich nicht, dass unser Verstand ausreicht, die Unendlichkeit des Raumes zu verstehen, höchstens auf eine sehr unzulängliche Weise. Man kann hier Unterscheidungen vornehmen im endlichen Raum und sie auf den unendlichen Raum beziehen. Ich kann sagen: Ich beziehe das nun auf allen Raum und nenne das »Unendlichen Raum«.

CIR: Die Logik der Wörter wird fähig sein, –

CMG: Ja, aber damit ist nicht gesagt, dass man die Natur versteht von dem, worauf man es bezieht. Manchmal sind die Leute verwirrt: Was ist hier das Problem? Ich kann Raum genau definieren! Unendlicher Raum. Was ich meine? Gemeint ist Raum ohne Ende. Gut, damit ist nicht gemeint, dass man wirklich versteht, was das ist. Es ist genau so, als wenn man sagt: »Verstehe ich wirklich die letzte Zusammensetzung der Materie?« Gut, ich kann sie definieren. Ich habe es auch getan, die letztliche Zusammensetzung der Materie, – aber kenne ich wirklich ihre Natur? Die Natur kennen, ist wirklich einiges mehr als das. Es bedeutet, ihre fundamentale Essenz zu kennen und die verbindenden Charakteristika und die sie steuernden Gesetze. Und ich meine nicht, dass wir diese Art von Verständnis im Hinblick auf den Raum erreicht haben.

Unendlichkeit ist unbegreiflich und Gott auch

CIR: Das ist es, was ich über Gott dachte, früher, auch dass alles, was wir über Gott sagen können, ist das, was wir mit unseren Worten sagen können, und so weiter. Aber Gott ist unabhängig von meinem Denken. Und so ist da viel mehr außerhalb dessen, das ich in ein Konzept bringen kann.

CMG: Genau. Und deshalb ist es auch sehr verständlich, dass die Leute gern sagen, wir beziehen uns auf Gott. Aber wir wissen nicht, was Gott im Grunde ist, was seine Natur ist. Und aus theologischer Sicht gibt es auch keinen Grund, warum wir es wissen sollten. Warum sollten wir es wissen, was Gott im Grunde ist? Und wenn man diese Dinge theologisch betrachtet: Er hat uns nicht wissen lassen, wie er im Grunde ist. Warum sollten wir das auch wissen? Er hat uns für bestimmte Zwecke gemacht, Sie wissen, einen freien Willen zu haben und moralisch getestet zu werden und so weiter. Wenn man auf dieser Welle die Welt betrachtet, dann gibt es keinen Grund zu wissen, wie Gott im Grunde ist. Und wenn man es in einen naturalistischen Rahmen stellt, also dass wir uns durch natürliche Selektion entwickelt haben, da gibt es auch keinen Grund, warum wir es verstehen sollten, die Welt im Ganzen. Und das ist meine eigene Position. Genau so: Unendlicher Raum –, ja ich denke, wir verstehen das nicht wirklich. Und es ist so, weil es nahezu jeder, der ehrlich ist, sagt, – wenn man das erste Mal darüber nachdenkt – mit zehn Jahren. Man sagt: »Es ist zum Schwindelig-Werden. Ich weiß nicht, was es ist. Ich kann es nicht begreifen; ich kann meinen Geist nicht begreifen. Raum geht weiter und weiter,« sagt man. »Er endet nicht. Aber er muss enden,« denkt man. Wie kann etwas nicht enden? Sie sehen, es verwirrt Sie völlig. Aber die Sache, meine ich, die in meiner Philosophie hilfreich ist, das ist die Einsicht, dass dann, wenn man etwas nicht versteht, es nicht etwa bedeutet, dass es nicht existiert. So kann es sehr gut sein, dass es unendlichen Raum gibt. Mag sein, dass wir es nie verstehen werden, aber das ist unabhängig davon. Und so können wir damit leben. Wir müssen nicht den gesamten Raum erforschen und verständlich machen. Aber was die Leute machen: Sie sagen, es ist nicht verständlich, wenn man auf diese Weise konstruiert, verstandesunabhängig. Das ist unerträglich. Das kann nicht sein. Gut, es ist nicht verständlich. Dann müssen wir es eben auf andere Weise konstruieren: Irgendwie vom Geist abhängig. Das ist es, wovon ich meine, da ist ein Irrtum. Und es ist genau das Gleiche mit der Zeit: »Ewigkeit« ist ein Wort, das wir haben. Es bezieht sich, vollständig dem entsprechend, auf alles, was die Zeit betrifft: Alle Zeit, das entspricht der Unendlichkeit des Raumes. So wissen wir im Wesentlichen, was wir mit »Ewigkeit« meinen. Wir meinen, es bezieht sich auf alle Zeit. Aber davon mal abgesehen, verstehen wir wirklich was das ist, alle Zeit? Ich verstehe nicht, was das ist. Ich verstehe nicht den Anfang der Zeit.

»Ewigkeit« meint die Unendlichkeit der Zeit

CIR: Also, was Sie jetzt sagen, während Sie hier über die drei Wesenheiten sprechen, über Raum, Zeit und das Abstrakte, das ist: Unendlichkeit bezieht sich auf das Abstrakte und den Raum und Ewigkeit auf die Zeit.

CMG: Ja, genau. Auf die Unendlichkeit der Zeit. Genau. »Ewigkeit« meint »unendliche Zeit«. Also es meint Zeit ohne Ende, Zeit ohne Anfang. Und wir können solche Wörter sagen, natürlich. Wir können so etwas reden. Aber wir wissen nicht, was es ist.

CIR: Also, Sie sagen, es ist zur selben Zeit alle Zeit zusammen.

CMG: Genau. Genau zur selben Zeit. Das wäre richtig. So wie ich jetzt in der Zeit sagen kann »Ewigkeit«, und ich beziehe mich wunderbarer Weise auf alle Zeiten, die jemals gewesen sind und die je sein werden, und unendlich viele davon, und sie sind ohne Ende. Und ich kann mich darauf beziehen. Es ist ein Wunder der Sprache, das man selber geschehen lässt. Es ist erstaunlich, wissen Sie, man hat dieses eine kleine Wort, und es kann sich auf all' diese Unermesslichkeit beziehen. Aber das bedeutet nun nicht, dass wir das, was wir da bewirken, auch in seiner Bedeutung verstehen. Es ist etwa so, gegenwärtig, wie man es in neuerer Zeit mit der auf die Natur bezogenen Terminologie macht. Man hat für das, worum es geht, eine Art von Namen oder Etikett. Es wird etikettiert, bevor man es erforscht hat. So haben wir zum Beispiel das Wasser, wir haben das Wort

Hitze. In unserer Umgangssprache bezieht sich das auf unterschiedliche Dinge. Aber damit, dass man sich auf diese Dinge bezieht, ist ja nicht gesagt, dass man ihre Natur versteht. Man kennt ihre Natur nicht. So kennen wir jetzt die Natur des Wassers, weil wir es chemisch untersucht haben. Aber seit Jahrhunderten waren menschliche Wesen erfolgreich in der Lage, sich auf Wasser zu beziehen, ohne dessen Natur zu kennen. Sie hatten ein Konzept für Wasser. Im Endeffekt konnten sie sagen, – nun – was Wasser ist? Sie konnten es dir sagen: Es ist die Materie, die aus dem Wasserhahn kommt; sie ist im See, ist im Ozean. Aber wenn man sagt: »Kennst du die Natur des Wassers?«, so hätten sie gesagt: »Nein, wir versuchen, es zu erforschen.« Ich denke, es ist dasselbe mit Wörtern wie »Ewigkeit« und »Unendlicher Raum«. Sie beziehen sich auf diese Dinge, aber es sind nur Etiketten. Wenn man Leute fragt, was sie mit Ewigkeit meinen, dann können sie sagen, damit ist alle Zeit gemeint. Das ist genau so, als wenn jemand sagt, es kommt etwas aus dem Wasserhahn. Damit ist nicht gesagt, dass man wirklich deren Natur versteht. Verstehen Sie wirklich, was das bedeutet: Alle Zeit? Verstehen Sie, was die Bedeutung von Zeit ist? Ist die Idee vom Ende der Zeit etwas, das Ihnen Schwierigkeiten macht? Die meisten Leute würden sagen: Ich verstehe nicht, wie Zeit immer weiter gehen kann, und weiter und weiter.

Ewigkeit als Gleichzeitigkeit aller Zeit und als übernatürlicher Bereich

OR: Die Idee, Ewigkeit sei die Gleichzeitigkeit aller Zeiten, findet sich doch auch schon bei Boethius im fünften, sechsten Jahrhundert. Sie kennen sicher Boethius.

CMG: Ja.

OR: Ein Satz von Boethius wird von Theologen oft herangezogen.

CMG: Ja, die Sache mit der Theologie der Ewigkeit ist es. Theologie muss über Ewigkeit reden. Um Gott zu charakterisieren, muss man besonders die Ewigkeit heranziehen. Aber da wir nicht verstehen, was Ewigkeit wirklich ist, ist es schwer zu begreifen, was wir damit tun. So zum Beispiel reden wir auch dauernd über Bewusstsein, wie Sie wissen. Wir gebrauchen es immer, um Dinge zu erklären. Aber ich meine nicht, dass dadurch etwas klar wird. Es ist nicht so, dass wir wissen müssen, welche Dinge für unsere Konzepte verantwortlich sind, sondern wir müssen unterscheiden zwischen dem Konzept, das wir haben, und unserem Wissen über das, worauf es sich bezieht. Und ich denke hinsichtlich der Zeit, da kann man leicht sehen, dass es etwas ist, das durchschnittliche Leute sehr verwirrt. Und wenn man ihnen sagt: »Physiker sagen, Kosmologen sagen: Als der Urknall sich ereignete, da war der erste Schritt geschaffen, da war die Zeit geschaffen«; dieser durchschnittliche Mensch würde sagen: »Aber was geschah vor dem Urknall?« Und der Physiker würde sagen: »O, wenn Sie die Theorie verstehen würden, wäre es Ihnen klar. Das ist eine bedeutungslose Frage; es ist wirklich bedeutungslos. Die Zeit begann, mit dem Urknall zu existieren.« Ich sage dazu: Dieses Geschäft ist Plunder. Es könnte Sinn haben, dass es die Welt vor dem Urknall gab. Der Urknall war eine Explosion. Er war eine erschütternde Explosion. Es ist ein Ereignis, das in der Zeit geschah. Es muss eine Ursache haben. Es kam nicht einfach von nichts. Die Idee, dass vor dem Urknall keine Zeit war, ist seltsam. Und ebenso, dass der big crunsh die Zeit zu nichts werden lässt. Ich denke, das ist philosophisch gesehen total falsch. Ich denke, es geht weiter auf genau dieselbe Weise.

CIR: Aber ich habe immer anders gedacht. Ich dachte, dass die Zeit etwas Geschaffenes ist. Ich meine, wenn Sie Ewigkeit definieren als die Totalität der Zeit, dann ergibt das keinen Sinn. Aber ich dachte von der Zeit, sie sei etwas Geschaffenes außerhalb der Ewigkeit. Wo auch immer: Da ist keine Zeit mehr. So ist es dort, wo die Ewigkeit ist.

CMG: O!

CIR: Dann wird Zeit eine geschaffene Wesenheit. Sobald wir hinausgehen, unser Geist aus Raum und Zeit hinausgeht, dann sind wir in der Ewigkeit,

CMG: Ja.

CIR: die nicht mehr an Raum und Zeit gebunden ist.

CMG: Ja, die übernatürliche Welt ist ewig in dem Sinne, dass sie in eine andere Dimension gehört. Sie gehört nicht in unsere zeitliche Dimension. Aber das ist eine andere Idee von Ewigkeit. Das, worüber ich gesprochen habe, ist, welche Beziehung sie hat zu unserer zeitlichen Dimension. Denn *unsere Zeit* ist ewig. Es mag eine andere Zeit geben oder eine andere Dimension, die ewig ist, die mit unserer Zeit nichts zu tun hat.

OR: Also der Gedanke von Boethius ist, dass Ewigkeit die Gleichzeitigkeit aller Zeiten ist. Das ist es doch, was Sie jetzt auch gesagt haben.

Beeinflusst unsere Beziehung zur Ewigkeit unser Leben?

OR: Und nun: Meinen Sie, dass unsere Beziehung zur Ewigkeit – bewusst oder unbewusst – unser Leben beeinflusst?

CMG: Das Ewige als etwas außerhalb unseres Zeitstroms Existierendes. Das Ewige –

OR: Aber es muss nicht irgend etwas Existierendes sein; nur, dass man spürt: Da ist ein Geheimnis, etwas, das man Ewigkeit nennt. Beeinflusst das nicht unser Leben?

CMG: Gut, ich meine, wenn Sie glauben, dass da ein anderer Bereich ist, ein übernatürlicher Bereich, dann kann das Ihr Leben beeinflussen. Wenn Sie nicht an solchen Bereich glauben, dann kann es Ihr Leben nicht beeinflussen. Dann ist da keine solche Sache. So glaube ich nicht, dass da so etwas ist, das unser Leben beeinflussen kann. Ich denke, was die Menschen glauben, das beeinflusst unser Leben. Wenn Sie an einen übernatürlichen Bereich glauben, dann haben solche Gedanken Einfluss auf Ihr Leben. Aber ich meine nicht, dass es der übernatürliche Bereich ist; denn es gibt keinen übernatürlichen Bereich. Das ist es, was ich glaube. Denn ich bin ein Atheist.

CIR: Ich möchte noch sagen: Wenn man daran glaubt, dann existiert es. Wenn man nicht daran glaubt, dann existiert es nicht.

CMG: Ja, was Sie sagen, ist, dass Gott geschaffen wird, wenn ich an ihn glaube. Gott wird durch unseren Glauben geschaffen.

CIR: Ich seh' das nicht so, nein.

CMG: Aber ob etwas Ihr Leben beeinflusst, das hängt davon ab, ob Sie auch annehmen, dass es da ist. Und wenn Sie annehmen, dass Ewigkeit Ihr Leben beeinflusst, dann ist mit Ewigkeit die Ewigkeit des wirklichen Lebens gemeint. Aber sie beeinflusst uns nicht in der Weise wie die Religion darüber redet. Es ist die Ewigkeit in der Zeit.

CIR: Aber nun ist die Frage die: Wenn ich glaube, dass sie existiert und deswegen mein Leben beeinflusst, und Sie glauben, es existiert nicht und beeinflusst darum auch nicht Ihr Leben, – wie wollen Sie es erklären, wenn Sie sehen, dass es mein Leben beeinflusst? Existiert es dann? Natürlich müssten Sie das Ergebnis in mir sehen.

CMG: Ja, wenn ich darüber nachdenke und sage: Die alten Grieche – wenn ich betrachte, ob die Götter der alten Griechen ihr Leben beeinflusst haben, dann ist die Antwort: Sie haben ihr Leben beeinflusst. Sie taten mancherlei: brachten Opfer, vollzogen kultische Handlungen, weil sie den entsprechenden Glauben hatten.

CIR: Und sie führten ihr Leben auf dieser Grundlage.

CMG: Aber ich möchte sagen, es gab keine solche griechischen Götter, obgleich sie dachten, sie wären von den griechischen Göttern beeinflusst. Aber ich glaube nicht, dass da solche griechischen Götter waren. Das ist wirklich dieselbe Sache, wenn ich heute religiöse Leute sehe, und sie sagen: »Gott beeinflusst mein Leben.« Ich sage: »Nein, Ihre Gedanken beeinflussen Ihr Leben.« Aber natürlich, ich kann nicht glauben, dass Gott es tut, da ich nicht glaube, dass es Gott gibt ...

CIR: Aber natürlich können Sie das sagen, während ich nicht glaube, dass die griechischen Götter in der Weise existieren, wie die Griechen es annahmen. Aber sie können sein – und so ist es etwa auch bei Plato – als eine Art von Göttlichem, von Gott. Und die griechischen Götter verwirklichten sich auf die Art, wie man über sie dachte. Und wenn ich heute an Gott denke, – mag sein, dass hinter meiner Art des Denkens das Gleiche steht.

CMG: Ja, es ist so, dass es zu verschiedenen Zeiten verschiedene Konzepte von Gott gab. Zuerst in jenen Tagen war es ein polytheistisches, und dann kam es im Alten Testament schrittweise zu einem monotheistischen. Und dann wurde es in der Zeit Jesu Christi verfeinert. Und danach in der katholischen Kirche wurde es weiterhin definiert. So haben wir nun ein Konzept von Gott, das sich vom frühen Heidentum unterscheidet. Aber es wurde alles in der gleichen Weise entliehen von derselben übernatürlichen Seinsweise oder dem jenseitigen Bereich. Aber ich wollte sagen, ich denke nicht, dass etwas Wahres daran ist. Ich denke nicht, dass da irgendetwas ist. Es gibt keinen übernatürlichen Bereich. Es gibt nur den natürlichen Bereich. So sehe ich es.

OR: Ich möchte jetzt noch einmal fragen: Die Tatsache, dass wir merken, am Rande ist das Geheimnis – nicht der Unendlichkeit der Zeit sondern der Ewigkeit, das ist doch etwas, das wir alle, bewusst oder unbewusst, wahrnehmen. Und allein an dieser Tatsache ist doch etwas, das jeden beeinflusst, ganz egal ob er religiös ist oder nicht, ob ich von Gott rede oder nicht.

CMG: Das ist richtig. Es unterscheidet sich vom Geheimnis des Raumes. Ich denke wirklich, es gibt auch ein Geheimnis des Raumes. Ich meine nicht, dass da irgend etwas außerhalb des Raumes ist, oder außerhalb der Zeit. Ich denke nur, dass diese zwei fundamentalen Dimensionen des Universums nun eben unendlich sind. Mag sein, dass sie notwendiger Weise unendlich sind. Eine Frage ist hier: Kann es einen begrenzten Raum geben? Kann es eine begrenzte Zeit geben? Ich meine, es liegt in ihrem Wesen, dass sie unbegrenzt sind. Sie sind notwendiger Weise in ihrem Wesen unbegrenzt. Und das ist ein sehr schwieriges Konzept.

CIR: Es ist wirklich unmöglich für uns, es wirklich zu verstehen.

CMG: Genau. Ja. Ich denke, einer der Gründe, dass wir Schwierigkeiten mit diesem Konzept haben, ist, dass wir über den Raum nachzudenken versuchen mit Begriffen von Objekten *im* Raum. Sie könnten sehr groß sein, wie eine Galaxie. Aber die Idee ist, dass es kein unbegrenztes Objekt gibt. Sie haben immer ein Ende. Und es macht keinen Sinn, dass es einen Raum gibt, der begrenzt ist; und es macht keinen Sinn, dass es ein Objekt gibt, das unbegrenzt ist. Aber wir versuchen auf der Ebene von Objekten darüber nachzudenken, was Raum ist. Das ist es, was wir wirklich denken. So denken wir auf diese Weise über Raum. Und dann können wir keinen Sinn finden in der Unendlichkeit des Raumes. Und ich meine, was die Zeit betrifft, so denken wir in Ereignissen und Prozessen, die in der Zeit geschehen. Aber es gibt keinen unendlichen Prozess, kein unendliches Ereignis. Aber wir können über die Zeit in dieser Weise nicht denken. Wenn wir uns die Zeit vorstellen als ein unendliches Ereignis, – das ist unmöglich. Es gibt keine unendlichen Ereignisse. Aber wir haben keine andere Möglichkeit, Raum und Zeit zu denken als nur durch ihre Objekte, welche Objekte und Ereignisse sind. Also Raum und Zeit enthalten diese Dinge. Aber wir können wirkliche nicht die »Behälter« dieser Dinge denken. Das ist wohl die Schwierigkeit.

Über menschliches und göttliches Wissen

OR: Am Schluss möchte ich gern noch fragen: Ich habe gesehen, dass Sie eine Besprechung geschrieben haben zu Ray Kurzweils Buch »The Age of Spiritual Machines« (1999).

CMG: Ja, ja.

OR: Und ich habe es auch gelesen. Da gibt es zwei Punkte, die mich interessieren. Der wichtigere ist, dass er von einem Zustand spricht im Jahr 2099, in dem die Menschen das Organische mehr oder weniger durch die künstliche Intelligenz ersetzt haben. Und sie sind miteinander so verbunden, dass jeder jeden kennt in seiner Eigenart und Persönlichkeit. Und ich glaube, das ist ein Zusammenbruch (crunsh), das ist das Ende der Existenz. Da gibt es keine Begegnung mehr. Das ist der Stillstand.

CMG: Ja, ich habe dieses Buch besprochen in der »New York Times«, vor einigen Wochen. Ja, ich denke, das ist eine gewaltige Spekulation. Ich meine, ja genau, ich erinnere mich an den Abschnitt, von dem Sie sprechen. Der Gedanke ist, dass jeder das Bewusstsein von jedem kennt, wie man es von Gott annimmt, dass er unser Bewusstsein kennt. Das scheint eine sehr zweifelhafte Idee zu sein.

OR: Es ist also so abwegig, dass man dem eigentlich keine Aufmerksamkeit schenken muss.

CMG: Ja, das denke ich, ja.

OR: Aber für den Theologen wird damit der Gedanke an ein ewiges Leben eigentlich ad absurdum geführt. Wenn in einem so vollendeten Zustand einer vom anderen alles weiß, dann gibt es keine Begegnung und kein Leben mehr. Und wenn man jetzt in der Religion vom ewigen Leben redet, hat man sich da eigentlich genügend vorgestellt, dass es im Grunde zu einem solchen Zustand führen müsste?

CMG: Mag sein, dass das die Art ist, wie man uns erzählt hat, dass Gott alles weiß. Aber *wie* weiß Gott genau? Sicher kennt er mein Bewusstsein nicht in der Weise, wie ich mein Bewusstsein kenne. Aber er kennt mein Bewusstsein in einer vollständig anderen Art als Sie mein Bewusstsein kennen oder ich mein Bewusstsein kenne. Ich meine, die beste Sicht von Gottes Wissen ist, dass alles Wissen a priori ist. Manchmal habe ich meine Studenten gelehrt, wenn ich ihnen darlegen wollte, was menschliches Wissen ist, dass es Begrenzung sei. Ich sage: Malen Sie ein Bild von Gottes Wissen vom Universum: Sein Wissen vom Universum ist nicht ein Begreifen. Er untersucht nicht. Er muss nicht nachdenken. Er *weiß* eben. Die nächste menschliche Analogie zum Wissen Gottes ist das »a priori-Wissen«. Er muss sich nicht auf Erfahrung gründen. Er weiß es in dieser »intuitiven«, direkten Weise. Das ist die beste Art, es zu verstehen. Manchmal sprechen wir von einem göttlichen Funken in jedem von uns. A priori-Wissen könnte bei uns das sein, was Gottes Natur am nächsten kommt, weil es uns eine spezielle, geheimnisvolle Art des Wissens gibt.

CIR: Vielleicht, dass wir Zahlen verstehen können, – unsere Frage vom Anfang.

CMG: Genau, das ist es.

Hier endet die Aufzeichnung.

Wir danken Professor McGinn für diese Stunde und alles, was er gesagt hat.

Das Interview fand am 30. April 2003 in Manhatten in Professor McGinn's Wohnung statt. Die Fragen stellten Otfried Reinke und Clemens I. Reinke. Transskription vom Band: C.I. Reinke, Übersetzung: O. Reinke.

Das Verhältnis unserer Begriffe von Raum und Zeit zum Gedanken der Ewigkeit

Wolfhart Pannenberg

In seiner »Kritik der reinen Vernunft«, 1781,[1] hat Immanuel Kant Raum und Zeit als Formen der Anschauung beschrieben, die aller Erfahrung zugrunde liegen und daher nicht selber aus Erfahrung stammen können, sondern ihr vorhergehen und in diesem Sinne a priori in unserem Gemüt gegeben sind (A 24, A 30f) als Bedingungen aller Erfahrungen. Hinsichtlich des Raumes ist diese These diskreditiert worden durch die Versuche, den apriorischen Anschauungsraum Kants als identisch mit dem Raum der euklidischen Geometrie zu erweisen: Die zunehmende Entwicklung und physikalische Anwendung nichteuklidischer Geometrien seit dem späteren 19. Jahrhundert und die Einsicht der Relativitätstheorie in die Abhängigkeit aller raumzeitlichen Maße von den im Universum vorhandenen Massen haben solche Versuche fragwürdig werden lassen. Aber Kants Argumentation für die Apriorität der Raum- und Zeitanschauung ist im Kern nicht abhängig von einer Identifikation der apriorischen Raumanschauung mit dem dreidimensionalen Raumbegriff der euklidischen Geometrie oder mit irgendeinem anderen geometrischen Raumbegriff. Denn es heißt bei Kant, der Raum sei als »eine unendliche *gegebene* Größe« vorzustellen (B 40), die nicht aus Teilräumen zusammengesetzt ist (A 25). Deren Vorstellung beruhe vielmehr »auf Einschränkungen« des immer schon vorausgesetzten einen (und also ungeteilten) Raumes (ebd.). Auch die Maßeinheiten aller geometrischen Messungen sind solche Teilräume, so dass der als »eine unendliche gegebene Größe« allen Vorstellungen von Räumen und von Dingen im Raum vorhergehende Raum der apriorischen Raumanschauung Kants als ungeteilt und somit auch als aller Geometrie vorausgehend zu denken ist.

Entsprechend hat Kant von der Zeit geschrieben, dass »alle bestimmte Größe der Zeit nur durch Einschränkungen einer einigen

1 Die erste Ausgabe von 1781 wird mit A zitiert, die zweite von 1787 mit B.

zum Grunde liegenden Zeit möglich« sei (A 32). »Verschiedene Zeiten sind nur Teile eben derselben Zeit« (A 31f). Auch die Anschauung der Zeit als eines unendlichen Ganzen geht also aller Vorstellung von bestimmten Zeiten voraus und bildet die Bedingung solcher Vorstellungen und damit auch aller Zeitmessung. Die Einheit des unendlichen Ganzen der Zeit wie auch des Raumes sah die »Kritik der reinen Vernunft« aber im Ichbewusstsein des Subjekts begründet. Das »stehende und bleibende Ich (der reinen Apperzeption) macht das Korrelatum aller unserer Vorstellungen aus« (A 123), und begründet die »objektive Einheit alles empirischen Bewusstseins«. Die Paradoxie dieser Vorstellung ist mit Recht hervorgehoben worden: »Das Subjekt ..., das sich selbst doch nie als unendliches *Ganzes* hat, soll nach Kant der Garant für die Einheit der Zeit sein«.[2] Die Paradoxie dieser Vorstellung lässt noch erkennen, dass hier das menschliche Ich, das menschliche Selbstbewusstsein, an die Stelle des göttlichen Subjekts, der göttlichen Ewigkeit getreten ist, die der Tradition zufolge, aus der Kant kam, der Grund der unendlichen Einheit der Zeit, sowie auch des Raumes ist. So hatte Newton in dem berühmten *Scholium Generale*, das er 1713 der zweiten Auflage seines Hauptwerkes über die mathematischen Prinzipien der Physik hinzufügte, geschrieben, dass Gott durch seine Unendlichkeit, die sich in seiner Ewigkeit und Allgegenwart ausdrückt, Raum und Zeit konstituiert: *existendo semper et ubique, durationem et spatium constituit.*[3] Auch Kant hatte noch 1755 in seiner »Allgemeinen Naturgeschichte und Theorie des Himmels« geschrieben, dass die »Schöpfung im ganzen Umfange ihrer Unendlichkeit, sowohl dem Raume, als der Zeit nach »Ausdruck der Unendlichkeit der Schöpferkraft Gottes« sei, so dass »das Feld der Offenbarung göttlicher Eigenschaften eben so unendlich, als diese selber sind«, ist.[4] Seit 1763 hat Kant jedoch den Gedanken der Unendlichkeit Gottes hinter den seiner Allgenugsamkeit zurücktreten lassen, so dass die Unendlichkeit von Raum und Zeit eben nicht mehr die Beziehung zu Gottes Ewigkeit und Allgegenwart nahe legte. Der Grund dafür scheint die Sorge gewesen zu sein, dass die enge Verbindung von Raum und Zeit mit den Gottesattributen der Unendlichkeit, Ewigkeit und Allgegen-

2 Manzke, Karl Hinrich: Zeit und Ewigkeit. Aspekte für eine theologische Deutung der Zeit, 1992, 153.

3 Newton, Isaac: Philosophiae Naturalis Principia Mathematica, hg.v. A.Koyré/I.B.Cohen, 1972, II 761 (528, 25f).

4 Kant, A, II. Teil, 7. Hauptstück, 101ff, 105f.

wart die Transzendenz Gottes gegenüber der Welt gefährde.[5] Indem Kant nun aber das menschliche Subjekt der »transzendentalen Apperzeption« anstelle der göttlichen Ewigkeit zum Grund der Einheit der Zeit als eines unendlichen Ganzen erklärte, verdrängte er Gott aus dem Verständnis der raumzeitlichen Realität der Natur, setzte den Menschen faktisch an die Stelle Gottes und legte damit der Subjektivität des Menschen eine Last auf, die dieser als selber endliches Wesen nicht zu tragen vermag, – nämlich als Konstitutionsgrund der unendlichen Einheit der Zeit und des Raumes zu fungieren.

Newton's Auffassung von Raum und Zeit als Medien der Wirksamkeit Gottes in der Welt, in denen sich Gottes Allgegenwart und Ewigkeit bekundet, hatte schon bei Leibniz in seinem Briefwechsel mit Samuel Clarke den Einwand veranlasst, dass dann Raum und Zeit zum Wesen Gottes selbst gehören würden,[6] die Transzendenz Gottes gegenüber der Welt also zugunsten einer pantheistischen Konzeption vom Verhältnis Gottes zur Welt aufgegeben würde. Für Clarke hingegen war die Transzendenz Gottes gegenüber der Welt dadurch gewahrt, dass der in der göttlichen Unermesslichkeit implizierte Raum ungeteilt und Bedingung aller Unterscheidung von Teilräumen ist.[7] Diesen Gedanken hat Kant als Argument für die Apriorität des unendlichen, ungeteilten Raumes vor aller Vorstellung von Teilräumen aufgenommen (s.o.), und ebenso ist die Zeit als eine ungeteilte Einheit schon Bedingung für die Vorstellung besonderer, unterschiedener Zeiten. Diese Einheit der Zeit als eines ungeteilten und unendlichen Ganzen aber ist identisch mit dem Begriff der Ewigkeit. Der Gedanke der Ewigkeit ist daher Bedingung und Voraussetzung der Vorstellung von verschiedenen Zeiten und ihrer Abfolge.

Das »stehende und bleibende« Jetzt der Ewigkeit ist der Zeit als dem Bereich des Vergänglichen und ihrem vergänglichen Jetzt entgegengesetzt, aber neben dieser negativen Beziehung zwischen Zeit und Ewigkeit kennt die Philosophie seit Platon auch eine positive, indem sie die nach Zahlen geordneten Kreisläufe der Zeit als »Abbild« der Ewigkeit im Bereich des Vergänglichen darstellte (Timaios 37d 6f.). Die Zeit-

5 Vgl. Manzke, Zeit, 114f und die dort angegebene Literatur (bes. Heimsoeth).

6 Leibniz, Gottfried Wilhelm: Die philosophischen Schriften, hg.v. L.J. Gerhardt VII, 375. Das Missverständnis wurde dadurch begünstigt, dass Clarke vom Raum als einer Eigenschaft (property) Gottes gesprochen hatte, allerdings gleichzeitig als »a consequence of the existence of a being infinite and eternal« (VII, 368 n. 3).

7 Leibniz, hg.v. Gerhardt VII, 368 n. 3 und 383 n. 11f.

philosophie Plotins ist darüber noch hinausgegangen, indem sie die Ewigkeit als konstitutiv für die Zeit selber, nämlich für die Kontinuität ihres Ablaufs in der Abfolge ihrer Momente darstellte. Die Ewigkeit dachte er nicht nur als das zeitlos Selbige, Unveränderliche, sondern in platonischer Tradition (Tim 37p 1 u. 3) als Leben, aber so, dass er damit den Gesichtspunkt der Ganzheit verband: Ewigkeit ist »Leben, das im Selben verharrt, da es immer das Ganze gegenwärtig hat, nicht jetzt dieses, dann ein anderes, sondern alles zugleich, ... teillose Vollendung«.[8] Der Bezug auf die Ganzheit erklärt die Unveränderlichkeit im Leben der Ewigkeit, weil ihr im Besitz des Ganzen nichts fehlt, das noch hinzukommen könnte (III, 7,4). Die Zeit aber entsteht durch das »Auseinandertreten des Lebens« (III, 7, 11): Die Einheit des Lebens zerfällt in ein Nacheinander seiner Momente. Doch dabei bleibt die Zeit und das Zeitliche auf die Einheit des Lebens bezogen, und zwar gerade in der Abfolge der Zeitmomente; denn in dieser Abfolge gibt es doch Zusammenhang, und solcher Zusammenhang wird nur verständlich als »Nachbild des Einen«. So ist das ins zeitliche Nacheinander zerfallene Leben zwar nicht mehr (wie die Ewigkeit) im Besitz der Ganzheit des Lebens, aber es ist doch noch »das durch Zusammenhang Eine als Nachbild des Einen; statt des Vollendet-Unendlichen und Ganzen: das Immer-im-Nacheinander-ins Unendliche; statt des einig Ganzen: das teilweise und immer nur künftig Ganze«.[9] Die letzte Wendung zeigt, dass das im Nacheinander der Zeit seine Einheit entbehrende Leben gerade durch das Entbehren auf diese Einheit und Ganzheit bezogen bleibt und sie von der Zukunft zu erlangen sucht. »In dieser erst werdenden Ganzheit ... zeigt sich die Zukunft als das Wesen von Zeit«,[10] allerdings ohne bei Plotin je eingeholt zu werden, weil der Gedanke eschatologischer Vollendung seiner Philosophie fremd blieb.

Der Begriff der Ewigkeit ist also bei Plotin dem der Zeit nicht nur entgegengesetzt, sondern durch den Gedanken des Lebens und seiner Ganzheit mit ihm verbunden, so dass die Beziehung zur Ewigkeit sogar als Konstitutionsgrund der Kontinuität in der Abfolge der Zeitmomente und der möglichen Ganzheit des Zeitlichen in seinem Zu-

8 Plotin Enn. III, 7, 3, Übersetzung nach Beierwaltes, Werner: Plotin über Ewigkeit und Zeit, 1967, ^{3}1981, 99. Siehe zum Verständnis von »Leben« dort auch 162ff.

9 Plotin Enn. VII, 3, 11, Übersetzung von Beierwaltes, Plotin, 129. Vgl. den Kommentar dort 270ff.

10 Beierwaltes, Plotin, 272.

kunftsbezug gedacht ist. Die christliche Zeitlehre Augustins hingegen ist stärker durch den Gesichtspunkt des Gegensatzes der Zeit im Auseinander ihrer Teile, der *praetereuntia tempora* (Confessiones Buch XI, Kapitel 16, Zeile 21) zur Ewigkeit Gottes bestimmt, dessen Gegenwart immer bleibt (XI, 14, 17), während von unserer Gegenwart gilt, dass sie keinen Raum hat (*praesens nullum habet spatium*, XI, 27, 34), keine Ausdehnung, weil sie schon vorübergeflogen ist, wenn man sie fassen will (XI, 15, 20). So liegt bei Augustin »alle Betonung auf der Differenz von Zeit und Ewigkeit«,[11] obwohl er in seiner Genesisauslegung die Zeit als Schöpfung Gottes zu denken suchte im Unterschied zu ihrer Herleitung bei Plotin aus einem »Fall« der Seele. Der Grund für diesen Sachverhalt liegt darin, dass die positive Verknüpfung der Zeit mit der Ewigkeit über den Gedanken der Ganzheit der Zeit bei Augustin keine Rolle spielt[12], auch nicht auf dem Wege über die Zukunft der Zeit,[13] weil seine Zeitauffassung ganz an der Erfahrung der Gegenwart orientiert war, sowohl im Blick auf die flüchtige Gegenwart unserer menschlichen Zeiterfahrung als auch im Gegensatz zur Ewigkeit Gottes als ständiger Gegenwart.[14] Gerade so ist freilich auch bei Augustin die Zeit aus ihrem Verhältnis zur Ewigkeit gedacht worden.

Der Gedanke, dass wir keinen Teil der Zeit erfassen können, ohne dabei schon das Ganze der Zeit (bzw. des Lebens) vorauszusetzen, also die Ewigkeit, begegnet eher bei Plotin als bei Augustin. Immerhin wird auch nach Augustins Zeitanalyse in der Flüchtigkeit unserer Gegenwartserfahrung die Ständigkeit der Gegenwart, die die göttliche Ewigkeit kennzeichnet, entbehrt, und in Erinnerung und Erwartung ist unsere Seele »ausgespannt« zur Wahrnehmung einer gewissen Dauer wie etwa im Verstehen eines Satzes, dessen Wörter doch nicht auf einmal, sondern in einer Abfolge von Augenblicken erklingen, oder im Hören einer Melodie (Conf. XI, 28, 37f). So messen wir durch unsere Seele die Zeiten (XI, 28,36), – ein Gedanke, der zum ersten Mal die später von Kant entwickelte Auffassung anklingen lässt, dass die menschliche Seele als Bewusstsein eines »stehenden und bleibenden« Ich der Ort des Bewusstseins der Zeit ist. Nur dass bei Kant das Ichbewusstsein die Einheit des unendlichen Ganzen der Zeit garantie-

11 Manzke, Zeit, 337.
12 Ebd. 363.
13 Ebd. 337.
14 Ebd. 326.

ren soll, worauf Augustin angesichts unseres Abstandes zur Ewigkeit Gottes nicht verfallen konnte.

Wenn alles Reden von besonderen Zeiten die Einheit der Zeit als unendliches Ganzes schon voraussetzt, weil nur innerhalb der einen Zeit Besonderung und Beziehung verschiedener Zeiten stattfinden kann, dann wird angesichts der Endlichkeit des menschlichen Ich doch eher die göttliche Ewigkeit als Konstitutionsgrund der Zeit zu verstehen sein. Nur die Ewigkeit bildet den Maßstab, um die Zeit als unendliches Ganzes denken zu können, bei allem Gegensatz der Zeit mit ihrem unablässigen Fließen und Vergehen zur Ewigkeit als der ständigen und bleibenden Gegenwart der für uns im Fluss der Zeit zersplitterten Ganzheit des Lebens. In diesem Sinne bleibt die Ewigkeit das Apriori der Zeit, Bedingung der Möglichkeit aller Erfahrung besonderer Zeiten, obwohl nicht im Sinne einer in unserer Subjektivität begründeten Anschauungsform, deren Einheit durch die Einheit unserer Subjektivität, also durch die Einheit des Ich, garantiert wäre. Die Ewigkeit ist unserem Bewusstsein nicht immer thematisch, aber immer gegenwärtig als ein Modus jener Intuition des Unendlichen, die die Bedingung aller Erfassung endlicher Inhalte ist. Sie ist unserem Bewusstsein gegenwärtig in der Unbestimmtheit des Gefühls, und ohne diese Voraussetzung gäbe es keine Wahrnehmung besonderer, von anderen unterschiedener Gehalte, auch keine Wahrnehmung besonderer Zeiten im Unterschied zu anderen.

Der Wahrnehmung besonderer Zeiten und ihrer Abfolge, also auch jeder Zählung und Messung der Zeit, geht voraus, wie Henri Bergson gelehrt hat, das Gefühl der *durée*, der unbestimmten Dauer, das allerdings deutlich verschieden bleibt von dem Jetzt der ewigen Gegenwart, welches die Ganzheit des für uns in die Sukzession der Zeitmomente zerfallenden Lebens umgreift. Ähnlich verhält es sich beim Raum, der als ein unbestimmtes Ganzes aller räumlichen Unterscheidung vorausgeht als Bedingung für das Erfassen besonderer Raumeinheiten und ihrer Beziehungen zueinander. Diese unbestimmte Raumanschauung ist in der Tat, wie Kant es in der Kritik der reinen Vernunft behauptet hat, apriorische Bedingung aller Wahrnehmung räumlicher Gegebenheiten und Verhältnisse, daher auch aller Raummessung und aller auf Raummaßen beruhenden Geometrie. So ist auch die göttliche Unermesslichkeit, auf der die Allgegenwart Gottes in seiner Schöpfung beruht, in ihrer Unendlichkeit ungeteilt, wie Samuel Clarke in seiner Auseinandersetzung mit Leibniz betonte. Der unendliche und ungeteilte Raum der göttlichen Unermesslichkeit ist Vorbedingung für das Auftreten und für die Vorstellung besonderer Raumeinheiten und für alle Teilung und Zusammensetzung im Raum. Dabei ist sie von unserem Anschauungsraum dadurch unterschieden, dass der Allgegenwart Gottes alle Teile des geschöpflichen Raumes zugleich gegenwärtig sind. Dieses Moment der Simultaneität verbindet den Raum der göttlichen Allgegenwart mit der Ewigkeit, für die alles in der Zeit Unterschiedene und aufeinander Folgende gleichzeitig ist. Als Ordnung des Gleichzeitigen, als Nebeneinander, ist der Begriff des Raumes abhängig von dem der Zeit, genauer vom Zeitmodus der Gegenwart, und steht in einer Beziehung zur Ewigkeit als unbegrenzter Gegenwart. So ist im Begriff der Ewigkeit die Differenz zwischen Raum und Zeit aufgehoben. Etwas Entsprechendes versucht auf der Ebene der geometrischen Darstellung von Raum und Zeit der Begriff der Raumzeit, ohne jedoch die ungeteilte Einheit des Raumes und der Zeit in der göttlichen Ewigkeit und Unermesslichkeit zu erreichen.

Die Ewigkeit ist der Zeit nicht nur entgegengesetzt, wenn sie im Sinne Plotins als simultane Ganzheit des Lebens zu verstehen ist, das für uns in der Sukzession der Zeiten zerspalten erscheint. Dann aber darf der Begriff der Ewigkeit auch nicht als das Jenseits alles Unterschiedenen gedacht werden, sondern nur als Integration der Unterschiede in die Einheit des Lebens. Der als Schöpfer geglaubte Gott der biblischen Überlieferung muss als Ursprung sowohl der Verschiedenheit unter seinen Geschöpfen als auch der sie verbindenden Einheit gedacht werden. Das leistet der trinitarische Gottesgedanke des Christentums, weil in der Person des vom Vater verschiedenen und sich von ihm unterscheidenden ewigen Sohnes der Ursprung für die Verschiedenheit auch einer Welt von Geschöpfen untereinander und vom Schöpfer liegt. Im trinitarischen Leben Gottes ist dieser Unterschied zugleich aufgehoben durch die Gemeinschaft des Geistes, die den Sohn mit dem Vater verbindet. In der Schöpfung besteht mit der Verschiedenheit der Geschöpfe und ihrer Selbständigkeit, auf die der Schöpfungsakt zielt, zugleich die Gefahr der Verselbständigung, durch die sich die Geschöpfe von ihrem Ursprung in Gott und voneinander trennen. Das findet seinen Ausdruck auch in der Erfahrung der Zeit als einer vergehenden Zeit und des Raumes, in welchem das Nebeneinander zum Gegeneinander wird. Erst von der eschatologischen Zukunft erwartet der christliche Glaube die Vollendung der

Versöhnung mit Gott durch die Teilhabe der Geschöpfe am ewigen Leben Gottes, in welchem zwar die Unterschiede von Gott und voneinander erhalten bleiben, die Trennung aber überwunden wird.

IV. Theologisches Reden von Ewigkeit

Zeit und Ewigkeit als Grunderfahrung menschlichen Lebens

Rolf Kramer

1. Neue religiöse Formen

Zwei religiöse Phänomene kennzeichnen die gegenwärtige Gesellschaft: 1. die fortschreitende Säkularisierung und 2. das gleichzeitige Aufkommen neuer religiöser Strömungen. Beide Entwicklungen haben sich aus einer zunehmenden Verdiesseitigung der westlichen Welt ergeben.

Im Kern dieses Prozesses steht die Vorstellung des Menschen, selbst der Steuermann seines Schicksals zu sein. Er glaubt, er allein könne sich das Heil schenken. Dahinter steht das Streben des Menschen nach Glück. Eine Vorstellung von den letzten Dingen, von dem also, was die Väter Eschatologie bezeichneten, ist den Menschen fremd geworden. Die jüdisch-christliche Jenseits-Hoffnung hatte in der Vergangenheit zwar das Kreislaufdenken der griechischen Antike überwunden. Aber heute steht diese transzendente Enderwartung gegen eine profane und säkularisierte Gesellschaft, die sich allein dem innerweltlichen Fortschritt verschrieben hat.

Nicht mehr die Hoffnung, die ihre Erfüllung im Jenseits hat, bewegt den Menschen zum Handeln. Was ihn antreibt, liegt in ihm selbst. Aufgrund seiner Eindimensionalität findet kaum ein Denken über sich hinaus statt. Die Weltzeit ist geschrumpft auf die individuelle Lebenszeit. Wo sind die Hoffnungen oder Sinngehalte geblieben, die über das Sein des Menschen hinausgehen?

Indessen zeichnet sich zugleich in diesem eindimensionalen Zeitalter ein neues Interesse an Spiritualität und Religiosität ab. Neue Formen von Religion und Frömmigkeit haben sich etabliert. Inmitten der säkularen Entwicklung entstehen neue Zentren von Spiritualität und Religiosität. Viele Formen bilden sich aus innerhalb und außerhalb der Kirche und Theologie und zugleich an ihnen vorbei. Hinzu kommen Entwicklungen, die sich auf freien Bahnen als multireligiöse Kultur ergeben. Dazu gehören die spirituellen Formen der Esoterik, Astrologie oder Okkultismus etc.

Angebote für eine Sinnbestimmung des Lebens gibt es also genug. Im säkularen und religiösen Zeitgeist existieren viele Antworten. Betroffen davon sind besonders die Phänomene der Zeit und der Ewigkeit.

2. Zeitnot des modernen Menschen

Die Menschen der Gegenwart sind äußerst mobil und gerade deshalb in Zeitnot, obwohl sie mehr Zeit für sich haben als alle Generationen vor ihnen. Ihre Zeitnot wird nicht durch die Beschleunigung des Lebens verringert. Vielmehr ist es ist geradezu umgekehrt: »Durch die Angst, zu kurz zu kommen und etwas zu versäumen, kommt man zu kurz und versäumt alles«.[1] Die Wahrnehmung des Todes als das Ende lässt den Menschen eilig werden und sein Leben beschleunigen. Während sich in den vergangenen Jahrhunderten das Individuum im Familien- oder Volksverband eingebettet wusste, ist es die Lebensgier des modernen Menschen, dass er so viel wie möglich »mitnehmen« möchte, obwohl er sich oft genug sagt, dass mit dem Tod »alles aus« ist. »Nur die verdrängte Todesangst macht uns so eilig«.[2] Erst die Erfahrung des ewigen Gottes lässt den Lebensraum des Menschen nicht durch den Tod einschränken. Er kann sein befristetes Dasein bejahen, denn er erfährt so seine Ewigkeit. Schließlich gilt: »Wer des ewigen Lebens gewiss ist, hat viel Zeit«, und wer langsam lebt, hat mehr vom Leben.[3]

3. Systematisch-theologische Überlegungen zum Begriff Ewigkeit

3.1 Die Ewigkeit in Relation zur Zeit

Unbegrenzte Zeit oder Zeitlosigkeit wird in der vulgären Sprache als Ewigkeit verstanden. Entsprechend bezeichnet man Zeit als Nicht-Ewigkeit. Danach besteht also kein qualitativer Unterschied. Viel-

1 Moltmann, Jürgen: Gott im Projekt der modernen Welt, 1997, 86.
2 Ebd. 87.
3 Ebd. 87.

mehr entsprechen sich, worauf noch einzugehen sein wird, Zeit und Ewigkeit wie Schöpfung und Erlösung.

Der Begriff der Ewigkeit weist zwar auf das göttliche Sein hin. Aber er bezeichnet zugleich die Zeit nach der Schöpfung als die der endzeitlichen Vollendung. Trotz dieses Bezugs auf die Schöpfung ist jedoch die Zeit keine anthropomorphe Erscheinung oder Kategorie des Menschen oder des Irdischen.[4] Sie ist nicht ein nur auf den Menschen bezogenes Kennzeichen. Gott selbst gibt der Welt die ihr eigene Zeit, so wie er selbst Zeit vor der Schöpfung der Welt und der nachfolgenden Vollendung hat. Denn er selbst war weder vor der Schöpfung zeitlos noch wird er es nach dem eschatologischen Ende sein. Gottes Ewigkeit bedeutet nicht ein »Ewig-Sein«. Es wird vielmehr damit biblisch sein Handeln beschrieben und zwar sein Tun in der Ewigkeit, also vor und in der Schöpfung, in der Menschwerdung Jesu Christi und damit in der Erlösung und in der Vollendung des Menschen. Deswegen lässt sich von der Zukunft ebenso wie von der Vergangenheit und der Gegenwart her sagen, dass sie Teil an der Ewigkeit Gottes hat. Der Mensch steht in und mit seiner Zeit vor der Ewigkeit Gottes. Er muss den Umgang mit seiner Zeit vor ihm verantworten.[5] Vor Gottes Ewigkeit werden alle Zeiten gleichzeitig. Damit wird die Ewigkeit in den Zeiten des Menschen gegenwärtig und erkennbar.

3.2 Der Ewigkeits-Begriff in der Bibel

In der biblischen Überlieferung stehen Zeit und Ewigkeit nicht als zwei sich widersprechende Größen einander gegenüber. Das Alte Testament hat den Begriff der Ewigkeit besonders auf den Gottesbegriff bezogen. Gottes Sein reicht in unvordenkliche Zeiten *zurück*. Denn Gott ist nicht dem Tode unterworfen.[6] Dieser einfache Ewigkeitsbegriff wandelt sich und bezeichnet später nicht mehr nur die Vergangenheit, sondern die zukünftige Zeit. Gott ist von Ewigkeit zu Ewigkeit (Ps 89,2). Er wird immer sein. Die Ewigkeit wird verstanden als eine ewige Zeit. Aber es treten auch andere Aussagen auf, die die Ewigkeit als Zeitlosigkeit erkennen lassen.[7]

4 Vgl. Kramer, Rolf: Phänomen Zeit, 2000, 111 und Beißer, Friedrich: Hoffnung und Vollendung, 1993, 275.

5 Kramer, Zeit, 111.

6 Sasse, Hermann: »aion«, in: Theologisches Wörterbuch zum Neuen Testament, Bd. 1, 1933, 201.

7 Vgl. Sasse, »aion«, 202.

Im Neuen Testament hat man zwar den alttestamentlichen Gedanken der Ewigkeit als Dauer übernommen, aber man hat diesen nunmehr auf Christus übertragen. Der Ewigkeitsbegriff wird als Gegenbegriff zum Weltzeit-Begriff gesehen.

Das Neue Testament benutzt das Wort Ewigkeit (aion), um die zwei gegensätzlichen Aussagen zu wagen: Die Ewigkeit Gottes als die ihm eigene »Zeit« *und* die Zeit der Welt. Denn der Begriff der Ewigkeit (aion) bedeutet einmal die Ewigkeit im eigentlichen Sinn und zugleich die unbegrenzte lange Zeit. In der letzteren Bedeutung kann gar von einer Mehrzahl von Ewigkeiten (aiones) und damit von Zeitaltern gesprochen werden.

Im Falle des Aion-Begriffs (also der Weltzeit) kann sogar ein Wechsel zwischen Weltzeit und Kosmos eintreten, sodass eine Gleichsetzung zwischen den beiden Begriffen vorgenommen werden kann. Der Ewigkeitsbegriff wird durch den Plural von Aion zum Ausdruck gebracht.[8] Auch die Verdoppelung des Aion-Begriffs dient besonders der Darstellung der Ewigkeit, so z.B. in Hebr 1,8 wie an vielen anderen Stellen, wo die stereotype Formel« von Ewigkeit zu Ewigkeit« (eis ton aiona tou aionos) gebraucht wird.

In der biblischen Überlieferung spielt der Begriff der Ewigkeit als einer abstrakten religiösen Kategorie keine Rolle. Stattdessen wird vom gegenwärtigen und zukünftigen Äon gesprochen. Der Gedanke über diese Weltzeit korrespondiert mit dem eines zukünftigen Aions. Nach dem Neuen Testament besteht die Zeit-Ewigkeits-Dialektik nicht in einer Abfolge beider Äonen. Der zukünftige Aion (aion mellon) ist nämlich nicht rein zukunftsorientiert. Vielmehr sind die Gläubigen bereits jetzt von dem gegenwärtigen Aion (aion houtos) erlöst und gehören aufgrund der Auferstehung Christi bereits der neuen Weltzeit an (Gal 1,4; Hebr 6,5).

Damit ist deutlich, in der Bibel wird die Ewigkeit nicht einfach als das Gegenteil von Zeit verstanden. Aber der Sprachgebrauch ist keineswegs einheitlich. Denn Gott kann sowohl als ewig im zeitlichen Sinn – gleichsam mit der Zeit zusammenfallend – als auch ewig im Sinne einer göttlichen – von außen kommenden – Zeit erkannt werden. Diese vorhandene biblische Unterscheidung wird jedoch nicht allzu streng wahrgenommen.[9]

8 Ebd. 199.
9 Vgl. Tipler, Frank J.: Die Physik der Unsterblichkeit, 1994, 425.

3.3 Ein kurzer theologiegeschichtlicher Überblick des Zeit- und Ewigkeitsbegriffs

Zeit und Ewigkeit wurden in der Theologiegeschichte unterschiedlich interpretiert. Für Aurelius Augustin (354–430 n.Chr.) besteht zwischen beiden ein Gegensatz. Letztlich existiert für ihn sogar eine Unfähigkeit zu erklären, was Zeit ist. Augustin hat die Frage nach der Zeit so beantwortet: »Solange mich niemand danach fragt, ist mir's, als wüsste ich's; doch fragt man mich, und soll ich es erklären, so weiß ich's nicht«. Für ihn war die Zeit eine Schöpfung Gottes, die von der Ewigkeit getrennt war. Gott ist der Schöpfer und Bewahrer der Zeit. Sie ist die Grundstruktur der Endlichkeit des Menschen und zeigt auf die Hinfälligkeit des Menschen. Die Zeit ist nicht ewig. Denn schließlich hat auch die Zeit einen Anfang. Vor der Schöpfung hat es weder das Geschöpf noch die Zeit gegeben.

Auch Karl Barth ist trotz seiner Kritik an Augustin der Meinung, dass es keine Zeit vor der Schöpfung gegeben habe. Denn vor der Schöpfung hat es nur Gottes Wesen, und vor der Zeit nur Gottes Ewigkeit gegeben.[10]

Die klassische Definition der Ewigkeit hat der christliche Theologe Boethius (480–524) in seinem Buch »Philosophiae Consolationes« geliefert. Er schrieb: »Die Ewigkeit also ist der vollständige und vollendete Besitz unbegrenzten Lebens«.[11] Diese Meinung übernahm Thomas von Aquin, als er die Ewigkeit (aeternitas) als Dauer bezeichnete, die Gott allein besitzt. Gottes Ewigkeit hat zwar eine zeitliche Dimension. Aber sie ist als ewig zu definieren, während man die Welt nach Boëthius, der sich der Auffassung Platons (427–347 v.Chr.) in dessen »Timaios« anschloss, nur als dauernd bezeichnet. Boethius steht mit diesen Gedanken Plotin (205–270 n.Chr.) näher als Augustin.[12] Die Welt existiert danach als Gottes Schöpfung in der Zeit. Aber die Zeit ist wiederum auf Gottes Ewigkeit hin ausgerichtet.

In der Neuzeit wurde von der *frühen dialektischen Theologie* aufgrund der Aktualisierung der Naherwartung die Ewigkeit als das Ende der Zeit aufgefasst. Dabei ergab sich eine *Gleichzeitigkeit* aller Zeiten zur Ewigkeit. Es war Karl Barth, der 1922 in seiner Römerbriefauslegung die Eschatologie des Kairos (des Zeitpunktes) mit dem eschatologischen Augenblick gleichsetzte. Eine Verwirklichung des Heils als

10 Kramer, Zeit, 38.

11 Aeternitas igitur est interminabilis vitae simul et perfecta possessio.

12 Kramer, Zeit, 25.

ein einmaliges Geschehen am Ende der Zeit wurde jedoch ausgeschlossen.[13] In der »Kirchlichen Dogmatik« wollte Karl Barth dann den theologischen Begriff der Ewigkeit »aus der babylonischen Gefangenschaft des abstrakten Gegensatzes zum Zeitbegriff« befreien.[14] Im Blick auf die Zeit-Ewigkeit-Dialektik formuliert er: »Gott hat Zeit, gerade weil und indem er Ewigkeit hat. Er hat sie also nicht erst auf Grund der Schöpfung, die allerdings die Schöpfung auch der Zeit ist«.[15] Seine Zeit ist eine Zeit für uns. Denn sie ist zugleich Offenbarungszeit. Das ist die Zeit Jesu Christi. Gott selbst hat in ihm Zeit für uns. Hätte er keine Zeit, hätte er keine Ewigkeit.

Gottes Zeit ist von Dauer. Zwischen seiner Zeit und unserer Zeit liegt der Tod, der die Ewigkeit von der Zeit scheidet.

Karl Barths Definition von Ewigkeit als einer »echten Dauer« bedeutet, dass sie »Quelle, Inbegriff und Grund der Zeit« war.[16] Also hat die Zeit der Menschen Teil an der Ewigkeit. Indem Gott »uns Zeit gibt, gibt er uns tatsächlich auch Ewigkeit«.[17] Barth erkennt drei Gestalten der Ewigkeit: Vorzeitlichkeit, Überzeitlichkeit und Nachzeitlichkeit. Sie sind Gottes Ewigkeit, und damit der »lebendige Gott selber«.[18] Vorzeitlich ist Gott, weil er allen Wesen und Dingen vorangeht. Überzeitlichkeit heißt, dass die Ewigkeit das alles umschließende Element ist. Nachzeitlich ist Gott, weil er vor, über und nach aller Zeit ist.

Für Barth steckt im Ewigkeitsbegriff nicht primär die Negation des Zeitbegriffs, obwohl diese durchaus in der Ewigkeit enthalten ist.[19] Gott wird vielmehr als der »possessor interminabilis vitae« (Besitzer des unbegrenzten Lebens) erkannt.[20] Ewigkeit wird also als eine »echte Dauer« verstanden mit Anfang, Folge und Ende. »In Gott sind eben die wirklichen Jahre und Tage vorgezählt«.[21] Diese Definition hatte bereits Boethius in dem Satz zum Ausdruck gebracht, dass die Ewigkeit der ganze, gleichzeitige und vollkommene Besitz unbegrenzten Lebens ist. Für Barth wird die Ewigkeit Gottes als »Ganzheit, Gleichzeitigkeit und Vollkommenheit« definiert, während er das menschli-

13 Vgl. Pannenberg, Wolfhart: Systematische Theologie Bd. III, 1993, 640f.
14 Barth, Karl: Kirchliche Dogmatik Bd. II,1, [3]1948, 689.
15 Barth, KD Bd. II,1, 689.
16 Ebd.
17 Ebd. 704.
18 Ebd. 720.
19 Vgl. ebd. 688.
20 Ebd. 689.
21 Ebd. 688.

che Leben durch »Geteiltheit, Ungleichzeitigkeit und Unvollkommenheit« bestimmt. Das entspricht ebenfalls der Vorstellung von Boethius. Er sieht nämlich, wie gesagt, die Ewigkeit als *Dauer* und nicht wie Augustin als eine Negation der Zeit an. Die Begründung der Ewigkeit in der ewigen Wesenheit, wie man sie bei Plotin findet, ist dann bei Augustin verloren gegangen. Nach Barth »greift« die Definition des an Plotin ausgerichteten und durch Boethius geprägten Ewigkeitsbegriffes tiefer als die Augustins. Dieser widmet sich mehr der Kontroverse von Zeit und Ewigkeit. Barth wiederum bedauert, dass in der Geschichte zwar das Wort des Boethius gern zitiert wird, aber dessen Gedanken leider nicht fruchtbar gemacht werden.

Paul Tillich erkannte, dass in den biblischen Texten sowohl die hebräische Form (olamim) als auch das griechische Wort (aiones) nicht Zeitlosigkeit oder Endlosigkeit bedeuten. Er sah den Sinn dieser Wörter in der Kraft, »alle Zeitmomente zu umgreifen«.[22] Im ewigen Gott »sind die Momente der Zeit nicht von einander getrennt«.[23] Hierin stimmt er mit Karl Barth überein. Die Anrufung »Ewiger Gott« bedeutet Teilhabe an dem, »durch den das Ausgeliefertsein an die Zeit überwunden ist«.[24] Denn Ewigkeit schließt Zeitlichkeit ein. »Die zerteilten Augenblicke der Zeit sind im Ewigen eins«.[25] Das ewige Leben erweist sich als Erfüllung der Geschichte. »Wir stehen *jetzt* im Angesicht des Ewigen, aber nur indem wir vorausblicken auf das Ende der Geschichte«.[26] Für den Menschen gründet jedoch das ewige Leben nicht in der Schöpfung, auch wenn das irdische Leben von Anfang bis Ende zum ewigen Leben beiträgt, sondern in der Teilhabe am ewigen göttlichen Reich. Noch einmal: »Wir stehen *jetzt* im Angesicht des Ewigen, aber nur indem wir vorausblicken auf das Ende der Geschichte«.[27] Das ist das Ende der Zeit als Ziel der Geschichte. Dieses Ende und Ziel der Geschichte ist Ewiges Leben.[28] Es meint die transzendente Seite des Reiches Gottes.[29] Ewiges Leben (Joh 3,15 u.ö.) ist Leben,

22 Tillich, Paul: Systematischen Theologie Bd. I, ^{3}1956, 315.
23 Ebd.
24 Ebd.
25 Ebd. 317f.
26 Tillich, Paul: Systematische Theologie Bd. III, 1966, 448.
27 Ebd. 448.
28 Ebd. 446.
29 Ebd. 448.

das man im Glauben jetzt schon besitzt. Darin zeigt sich »die Erhebung des Zeitlichen in die Ewigkeit«.[30]

Im Verhältnis zur Geschichte stellt Tillich fest, dass das ewige Leben kein zu erwartender Zustand ist, sondern »dass das immer gegenwärtige Ende und Ziel der Geschichte den positiven Inhalt der Geschichte in die Ewigkeit erhebt, während es zugleich das Negative von der Teilnahme an ihr ausschließt«.[31] Darum ist für ihn auch nichts, was in der Geschichte geschaffen wird, verloren. Vielmehr bewegt sich das »universale Leben« auf das Ziel des ewigen Lebens zu.

3.4 Die Teilhabe an der Ewigkeit

Die Ewigkeit enthält also in der Theologiegeschichte einen Zeitbezug. Die Doppelbedeutung der Ewigkeit als Endlosigkeit und damit als *Unbegrenztheit* der Zeit und als *Zeitlosigkeit* belegt das. Aber Ewigkeit ist weder im Sinne von Zeitlosigkeit noch von Endlosigkeit zu verstehen. Denn Gottes Ewigkeit ist nicht als Freisein von Zeit und auch nicht als Zeitpunkt vorzustellen. Wir Menschen werden, wenn uns Ewigkeit in Gestalt des ewigen Lebens geschenkt wird, nicht ohne Zeit sein.

In der Ewigkeit Gottes erfüllt sich die Zeit. Umgekehrt ist von der Zeit zu sagen: Sie ist aus Gottes Ewigkeit »entsprungen«. Der Mensch kommt nicht von der Ewigkeit her, aber seine Zeit hat ihre Quelle sehr wohl in Gottes Ewigkeit. In ihr vollendet sich die Zeit. Sie und überhaupt die Zeitlichkeit des Menschen werden von der Ewigkeit Gottes begrenzt. In seinem Dasein steht der Mensch in der Ewigkeit. Denn in seinem Jetzt findet er bereits sein Ende.

Christ sein heißt, Glied am Leibe Christi sein. Der Christ gehört damit zum zukünftigen Äon. Er steht nicht nur in der Jetzt-Zeit, sondern schon in der Endzeit, auch wenn das endgültige Ende der Zeit noch aussteht. Damit lebt er in seiner Zeit zugleich in der Zeit Gottes.

Im Vergleich zur göttlichen Ewigkeit wird die Gestalt der menschlichen Dauer als beschränkt erfahren. Jedes Jetzt der Gegenwart wird durch das kommende Jetzt überholt. Der Mensch erfährt seine Zeit als eine durch den Wechsel ständig zerrissene Zeit. Ein Festhalten der Zeit scheitert. Der Augenblick zerrinnt. Er kann weder zurück in die Vergangenheit noch vorwärts in die Zukunft ausgedehnt werden. Die

30 Ebd. 448.
31 Ebd. 449f und vgl. Beißer, Hoffnung, 168.

Zeit des Menschen als Geschöpf Gottes kann man als eine »Gestalt begrenzter Teilhabe an der göttlichen Ewigkeit« bezeichnen.[32] Auch wenn der Mensch bereits hier und heute an der Ewigkeit Gottes Anteil hat, wartet er im Glauben auf die Zukunft der Ewigkeit seines Schöpfers und Erlösers. In ihm wird, wie Wolfhart Pannenberg schreibt, »sein zeitliches Leben zur Gänze vom Gotteslob durchdrungen und zu unvergänglicher Gemeinschaft mit dem ewigen Gott verherrlicht«.[33] Die endgültige Vollendung selbst ist dann der volle Eintritt der Ewigkeit in die Zeit. Darum ist in dieser Vollendung auch die Dauer des menschlichen Seins begründet.

Die Auferstehung Christi ist zwar dessen Auferstehung, aber sie nimmt zugleich die Auferstehung der Menschen am Ende der Zeiten vorweg. Die paulinische Dialektik des »Jetzt« oder »Schon« und dem »Noch nicht« umschreibt die unterschiedliche Weise des Menschen, der zwar noch im alten Sein aber zugleich auch Teil der neuen Schöpfung lebt. Die Auferstehung der Menschen ist noch nicht erfolgt, und doch hat der Glaubende bereits Anteil an ihr (Kol 2,12). Die gleiche Spannung weist auf die Teilhabe an der Ewigkeit in dieser Zeit hin. Das Endgültige ist bereits Gegenwart.

Pannenberg liegt darum mit seiner Schlussfolgerung richtig , wenn er auf die Frage, »ob die Individuen schon unmittelbar nach ihrem Tode in die Ewigkeit Gottes zur Teilhabe an seinem ewigen Leben eingehen oder erst am Ende der Geschichte auferstehen werden«, antwortet: »Beide Ansichten haben Recht.«[34] Denn »jeder einzelne geht im Augenblick seines Todes in die Ewigkeit ein, die sowohl Gericht als auch Heil und Verklärung bedeutet, und doch empfangen alle in Christus Entschlafenen erst am Ende der Zeiten gemeinsam durch den Geist Gottes das Fürsichsein der in Gott bewahrten Ganzheit ihres Daseins, um mit allen vor Gott zu leben«.[35]

Ewigkeit lässt sich *erfahren*. Sie ereignet sich überall dort, »wo eine allem Zweifel ausgesetzte und ihm doch standhaltende Gewissheit zuteil wird«.[36] Trotz des Jetzt und Hier setzt sich das Unbedingte durch.

Während sich also in dieser Zeit für die Menschen die Teilhabe an Gottes Ewigkeit nicht ausschließt, findet die Zeit ihre Erfüllung erst

32 Pannenberg, Syst. Th. III, 1993, 647.
33 Ebd. 648.
34 Ebd. 652.
35 Ebd. 652f.
36 Ebeling, Gerhard: Dogmatik des christlichen Glaubens Bd. 2, 1979, 355.

in der Ewigkeit. Diese erwartet den Menschen nicht am Ende der Zeit, sondern ist bereits Bestandteil des Seins »inmitten der Zeit und für das Leben in der Zeit«.[37] Damit kennzeichnet die Ewigkeit nicht das Ende der Zeit, sondern vollendet zusammen mit der Zeit das Leben hier auf Erden. Mit Recht wird diese Vollendung bereits in der Erdenzeit als begonnen angesehen. Sie geschieht im heilenden Wort des Evangeliums, in der Spende des Tauf-Wassers und in der Austeilung der Elemente von Brot und Wein im Abendmahl.

3.5 Diesseitiges und ewiges Leben

Heute wird der Mensch vielfach als einer gesehen, dessen Glauben und Handeln vornehmlich auf das irdische Leben ausgerichtet ist. Das irdische Leben ist für ihn das höchste Gut. Um seine Bewahrung und Erhaltung betet man zu Gott.

Das Hier und Heute bilden zusammen mit dem späteren Dann einen engen Zusammenhang. Das Reich Gottes ist nahe, aber es ist noch nicht endgültig herbeigekommen. Es ist zugleich gegenwärtig und zukünftig. Zwar lässt sich die Zukunft nicht antizipieren, aber die Gegenwart wird schon jetzt durch das Kommen des Reiches für den einzelnen bestimmt.

Der Geist Gottes beschenkt den Glaubenden mit der Teilhabe am Reiche Gottes. Dieser wird nicht dem Gericht verfallen, sondern erhält Anteil an der Neuschöpfung und damit am ewigen Leben.

Die Vollendung geschieht in der Ewigkeit. In ihr verwirklicht der Herr seine Herrschaft. Ewiges Leben geht also am irdischen Leben nicht vorbei. Beide sind zwar nicht miteinander verbunden. Aber das ewige Leben ist ohne das diesseitige nicht zu denken. Darum richtet sich der christliche Glaube sowohl auf das irdische als auch auf das ewige Leben, das freilich nicht darin besteht, dass das irdische Leben nach dem Tod fortgesetzt wird. Mit Barth und Tillich und anderen Theologen lässt sich feststellen, dass ewiges Leben nicht einfach eine Fortsetzung dieses Lebens ist, in dem der Mensch frei von Sünde und Tod ist, sondern es ist gleichsam nur die Bewahrung dessen, »was vor dem Tode von uns und mit uns geschehen ist«.[38] Die Entscheidungen, die in diesem Leben getroffen werden, haben also für die Ewigkeit ihre Bedeutung. Es kann sogar für den Menschen auch ein Zu-Spät ge-

37 Ebd.
38 Beißer, Hoffnung , 326.

ben.[39] Das irdische Leben hat seine Besonderheit, das ewige Leben natürlich auch. Das ewige Leben ist »wirkliches Leben mit neuem Geschehen«.[40] Es handelt sich also keineswegs um die Bewahrung des Vergangenen. Das bekennt auch das nicaenische Glaubensbekenntnis, indem es bekennt: Ich erwarte »ein Leben der zukünftigen Welt« (Äons). Das ewige Leben ist die neue Welt, die durch Jesus Christus und seine Auferstehung angebrochen ist, aber dennoch als Zukunft Gottes in Erwartung bleibt. Das eschatologische Praesens des Lebens mit Christus in dieser Welt geht in das eschatologische Futur des Lebens mit Christus in der zukünftigen Welt über.

4. Tod, Auferstehung, Ewigkeit

Spricht man in der christlichen Eschatologie von den Toten, die leben werden, dann ist damit nicht, wie Ludwig Feuerbach sagte, gemeint, dass nur die Pferde gewechselt werden, und es danach »weitergeht«.[41] Der Tod setzt zwar diesem Leben ein Ende. Aber die Zeit geht nicht einfach nach dem Tode weiter. Sie wird auch nicht in die Seele verschoben. Der Tod ist zwar unsere Grenze, aber mit dem Tod ist nicht alles aus. Die Zeit geht unter. Aber der Mensch ist mehr als die Zeit, die das Ende fürchten muss. Der Gott, der den Menschen im Tode als Herr des Todes erwartet, ist »der gnädige Gott: der Gott, der für den Menschen ist«.[42] Die Hoffnung auf diesen Gott ist die Hoffnung auf die Auferstehung, damit Gott sei alles in allem (1Kor 15,28).

Das Bleiben in Christus hält sich durch seine Auferstehung durch. Das ewige Leben setzt schon in diesem Leben ein, aber es ist nicht einfach die Fortsetzung dieses Lebens. Die Auferstehung bedeutet kritisch gegenüber dem Begriff des ewigen Lebens die Verneinung dieses irdischen Lebens. Sie ist Neues, Anderes! Auferstehung und ewiges Leben stehen also in zeitlicher Zuordnung.

Die Auferstehung will die Verbindung zu dem von Gott Geschaffenen – in die Zukunft hinein. Es besteht schließlich Kontinuität zwischen dem gestorbenen und dem auferstandenen Menschen!

39 Ebd.

40 Ebd.

41 Vgl. Rahner, Karl: Grundkurs des Glaubens u.a. ^{4}1976, 419.

42 Barth, KD Bd. III, 2, 741.

Die Ewigkeit ist nicht die Fortsetzung der irdischen Existenz in einer dauernden Verlängerung. Bereits Friedrich Schleiermacher hat den Gedanken, dass das ewige Leben im diesseitigen Leben beginnt, betont: »Mitten in der Endlichkeit eins werden mit dem Unendlichen und ewig sein in einem Augenblick, das ist die Unsterblichkeit der Religion«.[43] Dieses Eins-Werden mit Jesus Christus in der Endlichkeit gibt Anteil an der Ewigkeit Gottes. Wer in diesem Glauben steht, hat Anteil an dem, was in Tod und Auferstehung Christi geschehen ist.

5. Rückblick und Ausblick

Fragt man einen Physiker, was Zeit sei, so wird er antworten: Das, was mit der Uhr gemessen wird. Aber damit wird nicht das *Wesen* der Zeit erkannt. Denn eine Uhr macht keine Zeit. Letztere existiert nämlich nicht abstrakt. Physikalisch ist sie nur wahrzunehmen oder zu beobachten als Zeit-*Abstände*. Zeit wird dementsprechend als Veränderung wahrgenommen. Die Zeit hat in der modernen Physik nur entfernt Ähnlichkeit mit der Zeit, wie der Mensch sie subjektiv erlebt. Die Relativitätstheorie erkennt zum Beispiel nicht den Unterschied zwischen Vergangenheit und Zukunft. Aber gerade dieser Unterschied macht das Leben des Menschen aus. Er kommt aus der Vergangenheit und geht in die Zukunft.

Die Zeit hat für den Menschen mehrere Gesichter. Sie ist vergänglich und hat den Charakter des Sichtbaren und der Vorläufigkeit. Aber auch das Sichtbare bleibt durchaus noch verhüllt.

Die Ewigkeit dagegen ist das Unbedingte, Endgültige und Bleibende! Wenn sie offenbar wird, macht sie auch »alles andere« offenbar.[44] Zeit ist nicht nur ein Phänomen des Irdischen oder Menschlichen. Sie hat ihr Gewicht auch vor Gott. Wie Ewigkeit nicht als Freiheit von der Zeit oder als Zeitlosigkeit vorzustellen ist, darf die Zeit nicht ohne Ewigkeit gedacht werden. Beide entsprechen einander.

Die Einheit von Zeit und Ewigkeit liegt in Gott selbst. Seit eh und je hat der Mensch nach dem Wesen der Zeit und der Ewigkeit gefragt. Beide geben dem Dasein des Menschen Inhalt und Struktur. Die Zeit ist kennzeichnend für das Sein des Menschen in der Welt. Gott hat

43 Zitat aus: Fritzsche, Hans-Georg: Lehrbuch der Dogmatik Bd. IV, 1988, 514.
44 Vgl. Ebeling, Dogmatik, Bd. III, 409.

durch sein schöpferisches Handeln in der Welt den Charakter der Zeit bestimmt und durch sein Kommen in Jesus Christus das Leben in dieser Welt qualifiziert. Wer an die Auferstehung glaubt, will weder von Gott selbst noch von Gottes Schöpfung losgelöst werden.

Die Zeit als Gegenwart ist zwar nur eine Teilstrecke der Ewigkeit.[45] Es gibt keine Zeit ohne die Ewigkeit, auch wenn diese nur im Verborgenen erscheint. Wird die Ewigkeit in der Zeit wahrgenommen, erfüllt sich die Zeit. Aber in welcher Weise Gottes Ewigkeit mit der Zeit in Verbindung zu bringen ist, kann nicht ausgesagt werden.[46]

Die Ewigkeit wird nicht in jeder Zeit gleich wahrgenommen. Die Ewigkeitserfahrungen unterliegen Wandlungen und äußeren Einflüssen. Es gibt Zeiten, in denen der Ewigkeitsbezug stärker und andere, in denen er schwächer ist. In Jesus Christus ist die Ewigkeit als Erfüllung der Zeit mit dieser gleichzeitig geworden.

Die Positionierung, die der Eschatologie in der Dogmatik beschieden war, brachte es mit sich, dass der Begriff der Ewigkeit als eine Art Verlängerung der Zeit bzw. als ein Neuanfang beschrieben wurde. Sie stellte so etwas wie eine Raum-Zeit für das »Nachher« dar. Aber Ewigkeit gehört in das Hier und Heute wie die irdische Zeit. Ihre Stellung ist vergleichbar mit dem Letzten, das auch nicht erst auf das Vorletzte folgt, sondern vielmehr immer schon im Vorletzten vorhanden ist.

45 Vgl. ebd. 420ff.
46 Vgl. Beißer, Hoffnung, 1993, 275.

Die Ewigkeit Gottes

Hans Christian Schmidbaur

I. Der existentielle Grund der Frage nach dem Ewigen

Die meisten Menschen kennen wohl den Passus aus dem Sanctus-Lied der sog. »Schubert-Messe«, in dem es heißt: *»Er, der nie begonnen, er der immer war; ewig ist und waltet, sein wird immerdar«* (GL 818): Es geht hier um eine absolute, höhere Form von Sein, die alles Vorstellungsvermögen endlicher Seiender unendlich übersteigt. Dazu schrieb vor über fünfzig Jahren Romano Guardini: »Das Wort ›ewig‹ gehört zu jenen, die der neuzeitliche Sprachgebrauch am tiefsten zerstört hat. Es bedeutet alles Mögliche – bis zum einfachen Ausdruck für etwas Wichtiges und Geheimnisvolles. Das ist schlimm, denn ein Wort ist ja nicht bloß ein Verständigungszeichen, sondern ein lebendiges, leiblich-geistiges Gebilde. Zusammen mit den anderen Worten bildet es die Sprache, und als solche den Raum, in welchem der Mensch lebt; die Welt der Sinngestalten, aus denen immerfort die Wahrheit aufleuchtet. ... Dem ersten Eindruck nach, der sich aus dem Sprachgebrauch spiegelt, scheint sie unaufhörliche Dauer zu bedeuten. So spricht man von den ›ewigen Sternen‹, oder vom ›ewigen Leid der Menschen‹, oder von der ›ewigen Wiederkehr der Dinge‹.«[1] Auch im heutigen Sprachgebrauch gibt es nicht nur verschiedene, analoge Verwendungsformen des rätselhaften Begriffes ›Ewigkeit‹, sondern auch verschiedene, verwandte Begriffe, deren Inhalt sich mit dem Ewigkeitsbegriff teilweise – und je nach dem subjektiven Verständnis des Verwenders verschieden – vermischen: Unvergänglichkeit, Unsterblichkeit oder Übernatürlichkeit. Selbst wenn wir uns darauf einigen können, darunter etwas »Zeit und Raum Übersteigendes« zu verstehen, dann tauchen sofort weitere Fragen auf: Entspricht dem überhaupt eine Wirklichkeit? Kann zeit- und raumloses Sein überhaupt gedacht werden? Und wenn ja: Kann ein solches Sein mit seiner ge-

1 Guardini, Romano: Die letzten Dinge, 1952, 87.

genüberlosen Unveränderlichkeit überhaupt als subjekthaft und personal gedacht werden? Hat es einen Bezug zum Endlich-Zeitlichen in Wahrnehmung oder Handeln? – Hier gehen die Auffassungen auseinander – nicht nur in den verschiedenen Kulturen, Philosophien und Religionen, sondern auch in Auseinandersetzung mit der theoretischen Physik und der naturwissenschaftlich geprägten, anthropozentrischen Postmoderne.

II. Religions- und geistesgeschichtliche Entwicklungsstufen des Transzendenz- und Ewigkeitsbegriffes

Die ersten, heute noch greifbaren Vorstellungen von der Ewigkeit und einem höheren Sein in einer anderen Welt finden sich in den Mythen von einem Dasein nach dem Tode bei den Hirten- und Jägervölkern: »Einst werde der Tote in die ewigen Jagdgründe kommen, und dort das Leben, das er auf Erden geführt hat, in gesteigerter und wunderbarer Weise endlos weiterführen; oder andere geben dem Verstorbenen alles ins Grab mit, was ihm auf Erden wichtig war, Kostbarkeiten, Hausgeräte, Schiffe, Sklaven, in wirklicher Gestalt oder in Nachbildungen: ein Zeichen, dass die Ewigkeit als nie endende Fortführung des zeitlichen Daseins gedacht wird.«[2] Wir finden diese mythisch-numinosen Vorstellungen in gewandelter Form auch noch in den Pharaonengräbern und Totenkulten des alten Ägypten. Ewigkeit wird hier gedacht als nie endende Fortsetzung des zeitlichen Daseins in einer höheren Stufe des Seins. Dieser Ewigkeitsbegriff vermag den Bereich des Mundanen nicht zu überschreiten: Man sieht darin nur eine zyklische oder lineare Fortsetzung der Gesetzmäßigkeiten des Kosmos in idealer und überhöhter Gestalt.

Die Kulturen der polytheistischen Antike begriffen nicht die Götter, sondern eher den Kosmos als ewig und absolut. Der Kosmos ist wiederum in verschiedene »Sphären« aufgeteilt, in denen je verschiedene Seinsformen, Möglichkeiten und Gesetze gelten. So sind auch die Götter als Wesen der höchsten Sphäre zwar schon geistig und unsterblich, aber doch noch begrenzt. Einige polytheistische Kulturen entwickelten jedoch – ausgehend vom geistigen Sein des Menschen – auch den Glauben an ein ewiges Leben im *Hades*, dem geistigen Schattenreich des Totengottes gleichen Namens.

2 Ebd. 87.

Der erste, der die Wirklichkeit eines transzendenten, absoluten Seins anschaulich beschrieben hat, war der griechische Naturphilosoph Thales von Milet (625–547): Er wurde von einem Jungen gefragt, worauf die Erde aufruhe. »Auf einer Schildkröte!« antwortete Thales. Und worauf steht die Schildkröte?« fragte der Junge. – »Wieder auf einer Schildkröte!« – »Und auf was steht die?« – Als es ewig so weiterging, sagte Thales erschöpft: »Es sind Schildkröten bis *Ganz-unten*!«[3] Thales wollte mit dieser Erzählung verdeutlichen: Jeder Mensch, selbst ein unmündiges Kind, reicht in der Tiefe des Fragens immer schon über das Endlich-Kontingente hinaus: Auf diese Frage eine wiederum nur endliche Ursache anzugeben, würde die Frage gar nicht wirklich beantworten. Man könnte hier ewig weitermachen, ohne je zu einem Ende zu kommen. Ein solcher »*infiniter Regress*«, wie es Thomas von Aquin später nennen würde, wäre bei dieser Frage sinnlos, denn er erklärt gar nichts, sondern schiebt nur die Frage weiter. Beantwortbar ist diese Frage nur durch ein absolutes Sein, das den Grund seines Seins, Leben und Bewegung in sich selbst hat.

Platon (427–347) begriff das Göttlich-Ewige nicht mehr nur als anfangs- und endlose Dauer, sondern eher als Zeit und Geschichte begründende, umfassende Wirklichkeit, die den Kosmos an ihrer Unvergänglichkeit partizipieren lässt. So gilt die Zeit als »bewegtes Abbild der Ewigkeit«.[4] Diese prägenden Einsichten führten über Platos Schüler Aristoteles (384–322) und den alexandrinischen Neuplatoniker Plotin (205–270) zur Entstehung eines reflektierten Gedankens von der Ewigkeit Gottes, die dem späteren Transzendenzprinzip nahe kam: Das endliche Sein, auch das geistige, besitzt als Grundeigenschaft noch die Vielheit, die Mannigfaltigkeit, das Gegenüber und die zeitliche Veränderlichkeit. So kann es nicht das letzte und höchste Sein sein. Über dem Kosmos und allen seinen Sphären steht das absolute All-Eine, das *Hen-Theion*, das nur sich selbst kennt und jenseits aller Begrenztheit und Unterschiedlichkeit ist. Aus dem *pleroma* seiner Seinsfülle gehen alle endlichen Seienden hervor: zuerst die unsterblichen, aber schon endlichen Götter als begrenzte Ideen seiner selbst, dann die Menschen als leib-geistige Mischwesen, dann die geistlosen Lebewesen, und als letztes die leblose Materie als niedrigste Form von Sein. Das Ewige ist für Plotin dennoch nicht einfach ein Gegensatz zur

3 Vgl. Schmitz-Moormann, Karl: Materie-Leben-Geist. Evolution als Schöpfung Gottes, 1997, 16f.

4 Plato, Timaios 37d.

Zeit, sondern vielmehr deren Voraussetzung: »Ewigkeit ist das Leben, das sich selber gleich bleibt, indem es das Ganze stets gegenwärtig hat«.[5]

Die endliche Welt verweist nach Plato und Aristoteles auf ein höheres Sein als ihren metaphysischen Seinsgrund, auf ein Sein, das den Grund seines Seins in sich selbst hat und in sich unerschöpfliches, bewegendes Leben ist und auf den ersten, unbewegten Beweger, das *Proton kinoun akineton,* der reiner Akt in sich selbst ist, d.h. die vollkommene und damit nicht mehr wandelbare und zeitlose Verwirklichung aller seiner Möglichkeiten. Das ist das Göttliche. Dieses Göttliche ist aber als solches nicht mehr Teil des Kosmos, seiner Gesetze und Sphären, sondern vielmehr deren unveränderlicher Ursprung, Grund und Grenze alles begrenzten, kosmischen Seins, das in Sein und Wesen als gewolltes und gesetztes Sein begriffen werden kann.

Damit war ein neuer, reflektierterer Begriff vom Ewigen als absolutem Sein entstanden, das jedoch in seiner beziehungslosen Überpersonalität weder Bezug zum Zeitlichen und Veränderlichen, noch zur Geschichte des begrenzten Seins und seiner kausalen Zusammenhänge hatte. Wie Plato begriff aber auch Aristoteles den Kosmos weiter noch als unvergänglich und sprach von einer partizipierenden »Ewigkeit« der Welt,[6] die sich jedoch dem allein aus- und in sich ewigen Gott verdankte. Die bedeutsame Unterscheidung zwischen göttlich-absoluter Ewigkeit und kosmisch-bedingter Unveränderlichkeit findet jedoch bei Aristoteles noch nicht statt, sondern war die Leistung des letzten antiken Philosophen Boethius.

III. Die Entwicklung des Ewigkeitsbegriffes in der göttlichen Offenbarung

1. Altes Testament

Die Entstehung eines reflektierten Begriffes von der Ewigkeit Gottes lief im Prozess der Entstehung des Alten Testamentes indirekt parallel mit der Entwicklung des Transzendenzverständnisses in der griechischen Religions- und Philosophiegeschichte. In vielen Stufen ist hier auch eine gegenseitige, inspirierende Beeinflussung feststellbar.

5 Plotin, Enneaden II 7,3.

6 Vgl. Aristoteles, De caelo et mundo 279b.

Der hebräische Teil des Alten Testamentes verwendet das Wort *olam* mit der Grundbedeutung »fernste Vergangenheit« oder »fernste Zukunft«. *Olam* ist das Analogon für den griechischen Begriff *aion*, der sowohl sprachlich, wie inhaltlich die Vorlage für den modernen Begriff der Ewigkeit darstellt. Die Vorfahren der sog. Hebräer waren wohl eine Gruppe gesellschaftlich niedriger, unsteter Nomaden aus dem syro-phönizischen Raum, die in mesopotamischen, ugaritischen und ägyptischen Schriftfunden als *hapiru* oder *apiru* bezeichnet wurden.[7] In ihrem Denken, das noch bis in die vordavidische Zeit weiterwirkte, spielt der Gesichtspunkt der Zeitlosigkeit Gottes nur eine untergeordnete Rolle. Das antike Sphären-Denken bestimmte bis zur Königszeit auch die Vorstellung der Hebräer von der Ewigkeit: Gott ist der intensiv und beständig Wirksame, der »aus der Höhe herab fällt« und sich für sein Volk mächtig einsetzt. Von diesem Denken sind auch noch die Gottesvorstellung und die Vorstellung vom geschichtlichen Handeln Gottes der Väterzeit und der älteren, jahwistischen Teile des Exodusberichtes bestimmt. Prägend für diese Ewigkeitsvorstellung ist der Gedanke der Herrschaft Gottes über das Volk des Bundes (vgl. Ps 105,8). Das frühe Judentum hatte bis dahin auch noch keinen strengen Monotheismus entwickelt, sondern war im Wesentlichen monolatrisch geblieben: Als Volk des Bundes verehrten die Juden nur einen Gott, was aber nicht bedeutete, dass man die Existenz anderer Götter völlig bestritt. Bis zu den Autoren der sog. Priesterschrift, auf die auch der Schöpfungsbericht Gen 1,1–2,2a zurückgeht, entstand im Judentum der Prophetenzeit jedoch etappenweise ein immer reflektierterer Transzendenzbegriff auf dem Hintergrund eines strengen Monotheismus, der alle Vielheit und Mannigfaltigkeit ausschloss: »Die Götter der Heiden sind nur Silber und Gold, ein Machwerk von Menschenhand«, sie existieren gar nicht. Es gibt nur einen Gott und Schöpfer des Himmels und der Erde, der an allen Orten mächtig gegenwärtig und allen Zeiten gleichzeitig ist (vgl. Ps 135,15; Jes 41,21–29). Der transzendente, ewige Gott schafft die Welt durch sein schöpferisches, machtvoll-wirklichkeitsstiftendes Wort: Geschöpfe erkennen die Dinge, weil sie sind – Gott erkennt sie und dadurch sind sie. Der ewige, überzeitliche Gott ist dadurch nicht nur der Schöpfer, sondern auch der Herr aller Zeit und Geschichte, die er durch seinen

7 Vgl. Donner, Herbert: Geschichte des Volkes Israel und seiner Nachbarn in Grundzügen I, 1984, 70ff.

höheren, schöpferischen Willen lenkt und bestimmt. Je mehr das spätere Judentum unter den Einfluss des Hellenismus und seiner Philosophie geriet, wuchs auch die Einsicht über das absolute, überzeitliche und unveränderliche Sein Gottes: In den Spekulationen über die göttliche Weisheit kommen die Gedanken einer ewigen Prä- und Post-Existenz Gottes ins Gespräch (vgl. Spr 8,22ff; Sir 1,1; 24,9). Das Buch der Weisheit enthält durch den Einfluss der griechischen Sprache und Kultur bereits eine erstaunlich klare Trennung von »Sein« und »Seiend«, d.h. kategorial-endlichem Sein der Dinge und einem transzendent-ewigen Sein Gottes und grenzt sich damit klar vom kosmischen Denken des heidnischen Vulgär-Polytheismus ab (vgl. Weish 13,1–9).

Eine faszinierende Vermittlung zwischen Zeit und Ewigkeit bietet das Buch Kohelet an, in dem auch der Gedanke einer überzeitlichen Vollendbarkeit des Zeitlichen, Geschichtlichen und Endlichen in Gott vertreten wird: Gott hat »die Ewigkeit in alles hineingelegt«, »alles was Gott tut, geschieht in Ewigkeit«. Gott erscheint hier als der »große Sammler«, der alles, was in dieser Welt kommt und geht, in seiner Ewigkeit sammelt und aufbewahrt: »Er wird das Verjagte wieder suchen« (Koh 3,1–15). Die Ewigkeit Gottes erscheint hier nicht als reine Unzeitigkeit, sondern als überzeitliche Vollendung auch alles Zeitlichen, so dass der Mensch, wenn er am Ende der Tage zu Gott heimkehrt, nicht nur Gott, sondern auch der überzeitlichen Füllegestalt seines eigenen, menschlichen und geschichtlichen Seins begegnen wird.

In der Besetzungs- und Verfolgungs-Zeit des Spätjudentums entstehen im wachsenden Maße der Glaube an ein ewiges Leben für den Frommen und Gerechten, eine individuelle Ewigkeitshoffnung und die Idee eines jüngsten Gerichtes und einer ewigen Vergeltung für gute, oder böse Taten des Einzelnen (vgl. Ijob 4,20; 14,12; Ps 49,12; 2Makk 7,9; Dan 12,2f; Weish 3,1–12; 5,15). Auch die aufkommende Messias-Hoffnung mit der Erwartung einer endgültigen Wiederaufrichtung des Königtums Davids als ewiger Königsherrschaft Jahwes in einem neuen Himmel und einer neuen Erde enthält die Hoffnung einer ewigen Vollendung der Schöpfung und ihrer Geschichte in Gottes Ewigkeit selber.

2. Neues Testament

Theologie und Weltbild des alten Bundes hatten in wachsendem Maße die Lehre vom transzendenten Monotheismus eines einzigen, ewigen und unveränderlichen Gottes vertreten, der als Überzeitlich-Ewiger doch geschichtsmächtig und innerweltlich-wirksam ist. Dieses personale Gottesbild ließ auch weiter den Gedanken einer Nähe des ewigen Gottes zu den Menschen zu, grenzte aber sein Handeln immer mehr von dem der Geschöpfe ab. Gottes Handeln ist ein Handeln »eigener Art«; geschehend durch sein ewiges, wirklichkeitsstiftendes Wort. Er galt dadurch als absolut geschichtsmächtig, aber ein Eingehen des Ewigen in das Begrenzte, Materielle und Zeitliche, wie es das Christentum im Inkarnationsgedanken lehrte, galt in den Augen des strengen, transzendenzorientierten Monotheismus als schwer vorstellbar, wenn nicht gar als unmöglich. Dieses Problem konnte erst durch die Idee der Trinitätslehre des Konzils von Nicäa (321) mit der Lehre einer in sich differenzierten Einheit des Göttlichen und der Zwei-Naturen-Lehre des Konzils von Chalkedon (451) gelöst werden. Die überzeitliche Ewigkeit und Unveränderlichkeit des einen Gottes bedarf, um eine Menschwerdung Gottes zuzulassen, einer inneren, ewigen und mehrpersonalen Differenziertheit, und damit der Idee einer ewigen Präexistenz eines »ewigen Sohnes«, wie sie besonders die paulinische, deuteropaulinische und johanneische Christologie vertreten hatte (vgl. Joh 1,1–17).

Nur der Schöpfer der Welt kann auch ihr Erlöser und Vollender sein. Nur Gott selbst kann in der zeitlichen Welt auch überzeitliche, bis zum Ende der Tage gehende Wirkungen erzielen. Deshalb muss Jesus Christus auch Gott gleich und eine ewige Präsenz im Göttlichen selber haben. Als Erlöser muss er auch derjenige sein, durch den Gott die Welt einst erschaffen hat.

Im Neuen Testament stellt die Ewigkeit einen Kontrastbegriff zur geschaffenen und durch Anfang und Ende begrenzten Weltzeit dar. Durch den Eingang des ewigen Gottes in Zeit und Geschichte ist der Sohn Gottes das *universale concretum*, das konkret, endlich und zeitlich gewordene Ewige, durch dessen geschichtliche Taten auch eine überzeitliche Wirklichkeit entsteht, die in der Ewigkeit Gottes bestehen bleibt. So konnte der Ewigkeitsbegriff auch auf konkrete Heilsgüter und die Herrschaft Christi übertragen werden. So spricht besonders die johanneische Literatur vom »ewigen Leben« (vgl. Joh 14,6), das antithetisch den von Vergänglichkeit und Tod gekennzeichneten Gütern der Welt gegenübergestellt wird. Die Offenbarung des Johannes entwickelt in metaphorisch-analog zu deutenden Bildern von einem ewigen, überzeitlichen Gericht und damit einer eschatologischen Vollendung von Welt und Zeit in ewiger Seligkeit oder Verdammnis.

IV. Die Synthese von philosophischer und religiöser Ewigkeitsidee in der Theologie

1. Aurelius Augustinus und Boethius

a) Problemstellung Die platonische, aristotelische und neuplatonische Philosophie sprach von einem Göttlich-Ewigen, das rein in sich selbst steht und als Ewiges keine reale Relation zum Zeitlich-Endlichen hat: Das Zeitlich-Endliche geht zwar aus dem Ewigen hervor, aber das Endliche bestimmt nicht das Ewige – weder geistig in der Erkenntnis, noch in den innerweltlichen Wirkungen. Damit geriet die philosophische Gotteslehre in Konflikt mit dem Christentum, das inzwischen zur vorherrschenden Religion des Imperium Romanum aufgestiegen war: Die neue Religion sprach von einem schöpferischen, heilsgeschichtlich wirkenden Gott, der auch den konkreten Lauf der Dinge mit gestaltet, sich in ihr inkarniert und dadurch die aus ihm hervorgegangene Schöpfung zu ihrer überzeitlichen Vollendung in sich selbst führt. Ein solches heilsgeschichtliches Wirken – und noch mehr der Gedanke einer Menschwerdung als Eingang des ewigen Gottes in Zeit und Geschichte (Phil 2,6–11) – setzen nämlich im Letzten die Möglichkeit einer realen, d.h. gegenseitigen Beziehung zwischen dem ewigen Gott und dem Geschöpflichen voraus. Wer ewig, unveränderlich und überzeitlich ist, kann keine direkten, endlichen und zeitbezogen wechselnden Wirkungen in der Welt vollbringen, ohne sich selbst zu verändern! – Dieser innere Widerspruch war für die Denker des frühen Christentums eine große Herausforderung. Wie kann eine reale Beziehung zwischen dem überzeitlichen, absoluten und vor allem unveränderlich-ewigen Gott und dem Endlich-Zeitlichen begründet werden, ohne die Unveränderlichkeit des ewigen Gottes aufzuheben?

b) Aurelius Augustinus Zwei große Gestalten der ausgehenden Antike haben sich dieser Herausforderung gestellt: der Kirchenvater Aurelius Augustinus (354–430) und der »letzte Römer« Anicius Manlius Severinus Boethius (480–524). Augustinus entwarf mit seinem von 399–419 verfassten Werk *De Trinitate* eine epochemachende Pionierleistung: Zunächst sicherte er mit seinem Versuch einer Vermittelbarkeit von Wesenseinheit und personaler Verschiedenheit die transkategoriale Unbegreiflichkeit des absoluten Seins, deren vollkommene Erkenntnis alles Vermögen des endlichen Geistes unendlich übersteigt. So schreibt Augustinus: »Es gibt eine Natur, die durch den Ort und die Zeit wandelbar ist, den Körper. Und es gibt eine Natur, die keineswegs durch den Ort, nur durch die Zeit, aber eben auch wandelbar ist: die Seele. Und es gibt eine Natur, die sich weder durch den Ort, noch durch die Zeit wandeln kann: Gott. Dieses Höchste ist die Seligkeit selber.«[8] Es gibt jedoch nach Augustinus insofern eine Verwandtschaft zwischen dem göttlichen Sein und dem endlichen Sein, als sich die absolute Einheit in der Dreiheit in Wesen und Struktur des menschlichen Geistes niederschlägt: Der endliche Geist des Menschen ist – vermittelt durch den Gedanken der Gottebenbildlichkeit – ebenfalls eine Einheit in der Dreiheit: Geist besteht aus dem Ineinander und Zusammenwirken von Erkennen, Wollen und Erinnern (*mens-notitia-amor*). So ist der menschliche Geist, obwohl endlich, doch einer Gemeinschaft mit Gott fähig und in Gott vollendbar. Gewiss kann ein unendlicher Gott nur ewige Wirkungen hervorbringen. Aber es gibt im dreifaltigen Gott schon ewige, unveränderliche Beziehungen und Hervorgänge, die man *opera ad intra* nennen kann. Der erkennende und wollende Hervorgang der Welt als Schöpfung aus dem ewigen Gott und das nachfolgende, heilsgeschichtliche Wirken Gottes in der Welt (*opera ad extra*) können somit als begrenzte Verlängerungen der ewigen, innergöttlichen Hervorgänge begriffen werden. So kann der ewige, unveränderliche Gott auch zeitlich veränderliche, begrenzte Wirkungen hervorbringen und heilsgeschichtlich handeln, ohne dadurch selbst veränderlich zu werden. Damit war der Einwand der antiken Neuplatoniker gegen den christlichen Gottesbegriff widerlegt.[9]

Gott ist also nicht nur ewiges, unveränderliches Sein, sondern auch ewiges, dynamisches Leben mit innergöttlichen, ewigen Wirkungen und Beziehungen, die der transzendente Grund für ein zeitliches Wirken nach außen und einer tätigen Beziehung zur Welt sind. Zudem ist der ewige Gott nicht nur ein ewiges Sein und Wesen, sondern auch Person. Augustinus führte den Personbegriff in das theologische Denken ein und verwendete ihn analog für Gott und den Menschen: Weil

8 Aurelius Augustinus, Epistulae 18,2.

9 Aurelius Augustinus, De Trinitate IV 20,28–29.

der Mensch schon im Anfang als Ebenbild Gottes geschaffen ist, ist er auch zu dieser Teilhabe am ewigen Leben Gottes berufen und befähigt. Solange er noch in der Welt ist, treibt ihn diese übernatürliche Sehnsucht an: »Und es kam mir die Mahnung, zurückzukehren zu mir selbst, und ich ging hinein in mein Innerstes. Ich trat ein und schaute mit dem Auge meiner Seele hoch über meinem Geist das unwandelbare Licht. Es war nicht so über meinem Geist wie Öl auf Wasser oder der Himmel über der Erde, sondern höher und über mich erhaben. Weil es mich erschaffen hat. … Wer die Wahrheit kennt, der kennt es, und wer es kennt, der kennt die Ewigkeit. … Du bist es, mein Gott. … Sobald ich Deiner inneward, da ließest Du das Unvermögen meines Blickes abprallen, da Du gewaltig in mir erstrahltest, und erzitterte in Liebe und Entsetzen.«[10]

Die Trinitätslehre war bei Augustinus zudem jene entscheidende, vermittelnde Instanz, welche eine anfang- und endlose Ewigkeit Gottes verband mit einem heilsgeschichtlich wirksamen Gott, der der Zeit nicht nur gegenübersteht, sondern diese auch umfasst und gestaltend bestimmen kann: Die Lehre von der Dreifaltigkeit macht aus Gott nicht mehr (wie noch bei Plotin) eine unterschiedslose Identität, sondern eine in ihrer Ewigkeit in sich differenzierte und damit dynamische Einheit.[11]

c) Anicius Manlius Severinus Boethius Boethius (480–524) versuchte das platonische und aristotelische Denken mit dem Christentum in einer neuen, höheren Lehre zu vereinen. Eines der Kernthemen des Boethius war der Gottesgedanke. Gott ist für ihn in erster Linie einmal Person. Dieses personale Gottesbild suchte er mit dem aus der antiken Philosophie rezipierten Transzendenz- und Ewigkeitsverständnis zu vereinen: Gott ist nicht nur ein »höheres, geistiges Wesen«, er hat nicht nur Sein, wie die kontingenten Dinge, sondern er ist »das Sein selbst« (*ipsum esse*); er hat nicht nur ein Wesen, sondern er ist die Form selbst: »Die göttliche Substanz ist Form ohne jede Materie, ist darum ein Eines und ist das, was sie ist; alles andere ist nicht, was es ist.«[12] Im Anschluss an Augustinus sagt er weiter: Gott ist auch das höchste Gut, das in unendlicher Vollkommenheit alle Güter in sich enthält und durch den erst alle endlichen Güter ihre Gutheit durch

10 Aurelius Augustinus, Confessiones VII 10, 6.

11 Vgl. Pannenberg, Wolfhart: Systematische Theologie I, 1988, 438.

12 Boethius, De Trinitate II (MPL 64, 1250).

Teilhabe erhalten: *Omnium summum bonorum cunctaque intra se bona continens.*[13] So ist er das absolut-höchste Gute, über das hinaus Größeres nicht gedacht werden kann.[14] Bei Gott bedarf eine Wesenheit nicht eines dazutretenden Daseins; vielmehr sind in Gott Form, Substanz und Wert auf vollkommene Weise eins. So auch seine Vollkommenheit und Einheit etwas alle Vorstellung Übersteigendes.[15] Gott ist also in seinem Sein, seiner Einheit, Vollkommenheit und Gutheit im absoluten, überkategorialen Sinne der Grund aller Gründe, der Wert aller Werte, usw.. Ebenso ist auch seine Ewigkeit nicht reine Zeit-Losigkeit im privativen Sinne; sondern eine transzendente Überzeitlichkeit, die wiederum Grund aller innerweltlichen Zeit ist: »Ewigkeit ist der vollständige, und zugleich vollkommene Besitz unbegrenzten Lebens.«[16] Boethius unterscheidet damit noch einmal – Aristoteles berichtigend und weiterentwickelnd – zwischen einer »echten Ewigkeit« im Sinne von Zeitlosigkeit (*aeternum*) und einer »unechten Ewigkeit« als endlosem Fluss der Zeit (*perpetuum*), was vielleicht dem Kosmos oder einem höheren, aber noch endlichen Wesen zukommen mag.[17]

2. Zeit und Ewigkeit in Mittelalter und Neuzeit

a) Die Akt-Metaphysik der Scholastik und ihre Destruktion durch die Begriffsmetaphysik Ausgehend von Plato (427–347), Aristoteles (384–322) und Augustinus (354–430) entstand im Abendland eine differenzierte Akt-Metaphysik, welche die jüdisch-christliche Gotteslehre, das christliche Schöpfungsverständnis, die Soteriologie und die Eschatologie mit der klassischen Philosophie zu einem höheren Ganzen verband. Thomas von Aquin (1225–1274) unterschied weiterhin zwischen dem physikalischen Kausalgesetz und dem metaphysischen Kausalitätsprinzip, wodurch eine gleichzeitige Trennung und Verbindung zwischen dem ewigen, unwandelbaren, überzeitlichen Gott und dem endlichen, zeitlichen und geschichtlich veränderlichen Sein denkbar wurde.

13 Boethius, De consolatione Philosophiae III, 2 (ed.: Boethius: Trost der Philosophie, 1990).

14 Ebd.V, 6, 4: *Aeternitas igitur est indeterminabilis vitae tota simul et perfecta possessio.* Aus dieser Einsicht würde später Anselm von Canterbury (1033–1109) im Proslogion seinen sog. »apriorischen Gottesbeweis« formulieren.

15 Ebd. III, 10.

16 Ebd. V, 6.

17 Vgl. ebd.

Damit konnten sowohl die Größe, als auch die Grenze menschlichen Denkens und Redens über Gott und sein Wesen als Ewigem, Überzeitlichem, und Unveränderlichem näher bestimmt werden: Bedeutende Vertreter der mittelalterlichen Theologie und Philosophie hatten unter dem Eindruck der entstandenen Erkenntnis von der Transzendenz Gottes die Auffassung entwickelt, dass wir über Gott als den »Ganz-Anderen« eigentlich nur sagen können, was er nicht ist und nicht, was er ist. Dieses Denken erreichte als sog. *theologia negativa* in Meister Eckhart (1260–1328) seinen Höhepunkt. Thomas von Aquin lehrte hingegen – an Aristoteles und Boethius anknüpfend – dass wir, weil die Geschöpfe an der unendlichen Gutheit, Wahrheit und Einheit Gottes partizipieren, nicht nur negative, sondern auch positive Aussagen über Gott machen können, sofern wir nur beachten, dass Gottes Sein und Wesen alles über ihn Aussagbare noch einmal unendlich übersteigt. Seine *Summa Theologiae* enthält eine ganze Quaestio, in der er das Thema der Ewigkeit Gottes behandelt und in 6 Artikel aufteilt: In STh I q.10 a.1–6 unterscheidet er noch einmal zwischen einer wesenhaft-überzeitlichen Ewigkeit Gottes (*aeternitas*) und einer Ewigkeit des erlösten Geschöpfes durch Teilhabe an der göttlichen Ewigkeit (*aevum*), wobei er es nicht für entscheidbar hielt, ob Letztere mit einer völligen Aufhebung einer zeitlichen Aufeinanderfolge verbunden sei, oder nicht (a. 4–5). Nach Thomas kann die Existenz Gottes bewiesen werden – wie schon Aristoteles lehrte – gänzlich unabhängig von der Frage, ob die Schöpfung zeitlich-ewig sei oder einen zeitlichen Anfang habe. Er hielt Letzteres – genau wie Augustinus[18] – sogar für eine reine Offenbarungswahrheit, die mit der natürlichen Vernunft nicht zwingend erschlossen werden könne.[19]

Nikolaus von Cues (1401–64) beschrieb den ewigen Gott als rein überkategoriale Einheit und »Aufhebung aller Gegensätze« (*coincidentia oppositorum*), die rein innerlogisch auch in den Prinzipien des Denkens erkannt werden kann. Bei den spanischen Thomisten, u.a. Suarez (1548–1617), und bei dem rationalistischen Philosophen Christian Wolff (1679–1754), dem Lehrer Kants, erodierte das transzendente, absolute Sein immer mehr zum rein innerlogischen, »unbegrenzten Begriff«, den man über schlechthin alles aussagen kann (sog. *Begriffsmetaphysik*). Damit erodierte auch der ewige Gott immer mehr

18 Augustinus, De civitate Dei XI 4–6; XII 5–15.

19 Thomas von Aquin, STh I q.2 und 3; vgl. auch Schmitz-Moormann, Materie, 17.

zum logisch-gedanklichen Phantom: Menschliches Denken und menschliche Logik setzen zwar die Annahme eines absoluten Begriffes und den Gedanken der Ewigkeit voraus – aber was ist, wenn diesem rein innerlogischen Rückschluss in Wirklichkeit nichts entspricht?

Mit dem Transzendentalen Idealismus Immanuel Kants (1724–1804) wurde die traditionelle Aktmetaphysik völlig destruiert. Die alte Metaphysik deutete er als ein »Herumtappen in bloßen Begriffen«, konkret gelebte Religion wurde als unfrei machende Heteronomie gedeutet; als fideistisch angenommener Autoritätsglaube, der im Widerspruch zur Autonomie und Selbstzwecklichkeit des Menschen steht. Kant erkannte zwar an, dass Logik und vor allem die Begründung einer Ethik die Idee, bzw. das Postulat eines absoluten, in sich wahren und guten Seins als Annahme voraussetzen, aber ob dieser Idee und diesem Postulat auch eine seinshafte Wirklichkeit entsprechen, könne man nie sicher wissen, da das empirische Denken das »Ding an sich« nie objektiv erreicht.[20]

b) Verabsolutierung und Autonomisierung der Welt durch Aufklärung und Naturwissenschaft Reste der traditionellen Hintergrundmetaphysik waren bis zur Epoche der Aufklärung im Denken der Menschen wirksam geblieben. Die aufstrebenden Naturwissenschaften in Physik, Astronomie und Paläontologie zerstörten jedoch immer mehr das alte, noch vom sphärischen Denken geprägte Weltbild: Der Kosmos wurde im geozentrischen Weltbild des Ptolemäus noch als endlich begriffen, geborgen in der Unendlichkeit Gottes; ebenso die Naturgesetze, die je nach Sphäre verschieden gedacht wurden. Giordano Bruno (1548–1600) vertrat nun die These von der Unendlichkeit des Weltalls, Nikolaus Kopernikus (1473–1543) schuf das Heliozentrische Weltbild, Galileo Galilei (1564–1642), Johannes Kepler (1571–1630) und Issac Newton (1643–1772) den Aufweis von der universalen Geltung der Naturgesetze. Dazu kamen mit Lavoisier und Newton die Theorie von der absoluten Konstanz von Masse und Energie. Damit schien die alte Idee eines »unbewegten Bewegers« als notwendigem »Kraftfluss aus dem Ewigen« abgetreten. Der unendliche Kosmos regeneriert sich aus sich selbst. »Diese Hypothese brauchen wir nicht mehr!« soll P.S. Laplace (1749–1827) Kaiser Napoleon geantwortet

20 Kant, Immanuel: Kritik der reinen Vernunft, 1956, Kritik der praktischen Vernunft, 1985.

haben, als dieser ihn fragte, wo in seinem physikalischen System überhaupt noch »Platz für Gott wäre«.[21] Der Kosmos als Ganzer erschien nun als absolutes, ewiges, unendliches, aus sich selbst regenerierendes *perpetuum mobile.*

Gott schien so innerweltlich in »Wohnungsnot« geraten zu sein – lediglich als Ursprung der unendlichen Komplexität und durchdachten Struktur des Kosmos konnte er noch als notwendig gedacht werden. Diese Position vertrat die philosophische Richtung des sog. *Deismus.* Der ewige Gott galt noch als intelligenter Konstrukteur eines ansonsten autonomen Kosmos – ansonsten war er abgetreten. Als Charles Darwin (1809–82) nun die Theorie von der geschichtlichen Selbstorganisation der Natur entwickelte und damit die vorher als unanfechtbar geltende Theorie von der Konstanz der Arten des schwedischen Naturforschers Carl von Linné (1707–78) in Frage stellte, als Max Planck (1858–1947) von physikalischer Seite die These von einer absoluten Determination aller natürlichen Prozesse vertrat, schien die autonome Absolutheit des Kosmos perfekt zu sein. Das Postulat eines ewigen, absoluten Gottes war für keinen innerweltlichen Zustand, auch nicht für die Komplexität ihrer inneren Entwicklung und den Lauf ihrer geschichtlichen Veränderung mehr vonnöten. Der Kosmos schien aus sich selbst eine lebendig-determinierte, sich selbst organisierende, ewig fortschreitende Wirklichkeit zu sein.

Dieses moderne Weltbild wurde erst durch die Entdeckung des Entropieeffektes und die Indeterminismus- und Relativitätstheorien der theoretischen Physik erschüttert.[22] Der Kosmos konnte nun nicht mehr aus sich selbst als zeitlich-ewig und unbeeinflussbar gedeutet werden. Ein »absoluter Anfang« und ein »absolutes Ende« schien wieder auch aus naturwissenschaftlicher Sicht denkbar und notwendig.[23]

c) Moderne und Postmoderne Die Versuche der Theologie, zu dieser Verabsolutierung und Autonomisierung der Welt in der Moderne Stellung zu nehmen, kennt drei absolut gegensätzliche Antipoden: Karl Barth (1886–1968), Rudolf Bultmann (1884–1976) und Pierre

21 Vgl. Mauthner, Fritz: Der Atheismus und seine Geschichte im Abendland, Bd. 3, 1922, 440.

22 Vgl. Rawer, Karl/ Pesch, Otto Hermann: Kausalität-Zufall-Vorsehung, in: Christlicher Glaube in moderner Gesellschaft 4, 1982.

23 Vgl. Hawking, Stephen: Eine kurze Geschichte der Zeit. Die Suche nach der Urkraft des Universums, 1988.

Teilhard de Chardin (1881–1955): Bei Barth erscheinen Gott, Offenbarung und Heilsgeschichte als der Einbruch von etwas »Schlechthin Anderem«, das in der Welt und ihren Strukturen weder einen Anhaltspunkt hat, noch aus ihnen abgeleitet werden kann. Wenn der Mensch sich in existentieller Entscheidung auf diesen ganz-anderen Gott und seinen souveränen, die Welt sprengenden Einbruch einlässt, dann kann er zu einer freien, von Gott bestimmten Existenz werden, die am Ende auch in der überweltlichen Ewigkeit Gottes vollendet wird, oder er bleibt draußen mit der Entscheidung für ein Nur-Welt-Sein einer transzendenzlosen Existenz. T. de Chardin betrachtet den evolutiven Prozess der Welt als einen fortschreitenden Seinszuwachs, der sich im Sinne eines »Immer-ähnlicher-Werden-Wollens« auf ein absolutes Sein hin finalisiert und der von diesem ewigen, höchsten Sein auch bewirkt wird. Dadurch werden Ewigkeit, Vernunft und Liebe als Finalität der Welt und ihrer Geschichte wieder denkbar. Für Rudolf Bultmann ist Gott nicht mehr als überweltliche und überzeitliche Wirklichkeit erfahrbar und denkbar, die in ihrer Absolutheit dem kontingenten Kosmos gegenübersteht. Er radikalisiert die anthropologische Wende und betrachtet die Gottesidee nur noch als inneren Referenzpunkt für die subjektive Erfahrung eines inneren Verwiesenseins des Menschen: Will man von Gott reden, so muss man offenbar von sich selbst reden. Nach Chardin und Bultmann wird Gott zum Faktor des »Funktionierens der Welt«: Bei Chardin erscheint er pantheisierend als treibendes Weltgeheimnis, bei Bultmann als Moment am subjektiven Selbst- und Weltverhältnis des Menschen.

Die klassische Physik hatte Raum, Zeit, Materie und Energie als vier absolute, nicht mehr aufeinander zurückführbare Koordinaten gesehen, durch die das Sein schlechthin bestimmt ist. Albert Einstein postulierte nun in seiner allgemeinen und speziellen Relativitätstheorie, dass Raum, Zeit, Materie und Energie nicht absolute, sondern relative, d.h. von einander abhängige Größen sind und stellte damit die Theorie eines absoluten Raum-Zeit-Kontinuums in Frage. Die Gleichungen der Relativitätstheorie wiesen zudem darauf hin, dass das Universum als Ganzes nicht ewig sein konnte, sondern einen Anfang haben musste: *»A starting point in finite past«*.[24] Einstein verwendete die letzten 25 Jahre seines Lebens darauf, eine Feldtheorie zu entwickeln, die die vier Dimensionen der Physik in ihrem Zueinander be-

24 Vgl. Vibert, David A.: Fourty Minutes with Einstein, in: Journal of the Royal Astronomical Society of Canada 50, 1956, 100.

schreibt und auf einen gemeinsamen Grund zurückführt. Damit war das Projekt einer *»Theory of everything«* geboren. Einstein konnte jedoch nur noch einige erste Schritte zur Umsetzung dieses Projektes machen. Die bisherige Theorie vom »Urknall« ging immer noch von einem dreidimensionalen Universum aus, welches innerhalb eines absoluten, von ihm unabhängigen Zeitkontinuums entsteht. Wenn nun aber der »creation-event« auch die vierte Dimension der Zeit umfasst, dann bekommt er den Charakter eines absoluten Beginns. Seit 1964 versuchten G. Ellis, S. Hawking und R. Penrose ein solches *Raum-Zeit-Theorem der allgemeinen Relativitätstheorie* zu entwickeln. Nach Hawkings kosmischem Modell läuft die Zeit, je mehr man sich dem Ursprung nähert, in sich zurück. Es kann deshalb von einem Beginn der Schöpfung nicht mehr gesprochen werden, noch von einem »Vor-dem-Urknall«, weil dieses »Vor« de facto nicht existiert. Die Zeit hat also keinen Beginn, sondern sie ist ihr eigener Beginn. Welt und Zeit sind damit selbst absolut und schaffen sich selbst. Daraus folgert Hawking indirekt, dass das Postulat eines Schöpfergottes überflüssig geworden sei. Ähnlich denkt auch B. Kanitscheider.[25] Nach J. Guitton und H. Ross wiederum zieht sich die Zeit bei Annäherung an den Urknall unendlich in die Länge, so dass im Urzustand die Endlichkeit der Zeit selbst zur Unendlichkeit wird. Guitton setzt diese Unendlichkeit unmittelbar mit Gott gleich und vertritt somit einen differenzierten Pantheismus.[26] Auf dem Hintergrund der von E. Witten und E. Seiberg bis 1994 entwickelten *Superstring-Theorie* gelang es weiter, das komplexe Feld verschiedener String-Theorien zu einer Gruppe von Gleichungen zusammenzufassen, die das Modell eines rein aus sich selbst erklärenden, 10-dimensionalen Universums voraussetzen (sog. *10D-Superstring-Theorie*).[27] Selbstbewusst ließen die amerikanischen Wissenschaftler J. Schwarz, A. Strominger, J. Harvey und C. Vafa 1995 in einem Artikel verlauten: *»A theory of everything takes shape«*.[28]

Die Argumentation dieser naturwissenschaftlichen Kosmologen offenbart – bei allem Respekt vor ihren naturwissenschaftlichen Leis-

25 Vgl. Kanitscheider, Bernulf: Kosmologie,^{2}1991.

26 Vgl. Guitton, Jean: Gott und die Wissenschaft, 1993, 36–47; Ross, Hugh: Beyond the Cosmos. What recent Discoveries in Astronomy an Physics Reveal about the Nature of God, 1996; Koltermann, Richard: Universum-Mensch-Gott, 1997.

27 Vgl. Koltermann, Universum, 24.

28 Vgl. Taubes, Jacob: A Theory of Everything takes Shape, in: Sience 269 (9/1995), 1511–1513.

tungen – ein weitgehendes metaphysisches Unverständnis: Sie können die von Thales von Milet, Aristoteles, Augustinus und Thomas von Aquin vollzogene Unterscheidung zwischen physikalischem Kausalgesetz und metaphysischem Kausalitätsprinzip nicht nachvollziehen. Auch wenn sich die kausalen Zusammenhänge des Kosmos und seiner geschichtlichen Entwicklung lückenlos aus sich selbst erklären lassen, so wird die Tatsache, dass wir es hier immer wieder aufs Neue mit bloß faktischem und nicht notwendigem Sein zu tun haben, gar nicht überwunden. Naturwissenschaft und theoretische Physik können den Bereich des kategorialen Kausalgesetzes nicht überschreiten und erreichen immer nur bedingtes Sein. Selbst wenn sie die vorher lineare Kausalkette mittels einer *Theory of everything* zu einem zeitlich-ewigen Zirkel umdeuten, ändert dies nichts an der Tatsache, dass der Kreis als ganzer weiter kontingent und damit erklärungsbedürftig ist! Damit ist nicht überwunden, was schon Thales von Milet, Aristoteles und Augustinus erkannt hatten: Der Kosmos ist zwar, aber er muss nicht sein. Er trägt den Grund seines Seins also nach wie vor nicht in sich selbst. Er verweist somit weiterhin auf ein überkategoriales, transzendentes und in-sich-notwendiges Sein, das den Grund seines Seins in sich selbst trägt und deshalb auch nie Bestandteil der innerweltlichen Kausalzusammenhänge sein kann. Der Glaube, die Theologen würden die Notwendigkeit der Existenz Gottes damit begründen, dass »in der Natur nicht alles erklärbar sei« und »dass alles einen Anfang brauche« ist allerdings im postmodernen Zeitgeist noch weit verbreitet. Gott wird hier zum »Lückenbüßer«, der entweder immer mehr als »überflüssig« erklärt wird, oder den man mittels neuer, physikalischer Theorien wieder hochleben lässt.[29] Der spekulative Ewigkeitsbegriff erweist sich aber als von solchen neo-physikotheologischen Überlegungen unabhängig, die identisch mit einer kategorialen Vergötzung Gottes wären. Eine neue Begegnung mit dem Gottes- und Ewigkeitsbegriff ist erst auf dem Hintergrund dieser Erkenntnis wieder möglich. Die Theologie wird auf diesem Weg in so weit erfolgreich sein, als es ihr gelingt, das Ewige, transzendente und unveränderliche Sein Gottes mit Hilfe der christlichen Trinitätslehre und des Personbegriffs als vermittelnden Prinzipien mit dem endlichen und geschichtlich-veränderlichen Sein zu verknüpfen.[30]

29 Der Begriff vom »Lückenbüßergott« stammt von Dobzhansky, Theodosius: Biology of Ultimate Concern, 1967.

30 Vgl. Pannenberg: Syst.Theol. I, 441f; 685–764.

Lebendige Ewigkeit

Joachim Ringleben

Ewigkeit hat die Theologie von Gott her zu denken. Die Ewigkeit ist Gottes Ewigkeit, denn er und er allein *ist* ewig.[1] Ewigkeit ist die Ewigkeit des lebendigen Gottes und so sein ewiges Leben.[2] Das deutet sich schon in Ps 90,2 an: »Ehe denn die Berge wurden, und die Erde und die Welt geschaffen wurden, bist du, Gott, von Ewigkeit zu Ewigkeit«.[3]

Man könnte einwenden, indem für »Ewigkeit« Gott gesagt wird, werde nur eine Unbekannte durch eine andere ersetzt. Der Psalm-Vers zeigt aber gerade, wie beide Begriffe sich gegenseitig bestimmen und auslegen. Die These ist, dass Ewigkeit erst gedacht werden kann, wenn die Welt als geschaffene und das heißt, wenn der Schöpfer als solcher gedacht wird.[4] Weil die geschaffene Welt als zeitlich und vergänglich (vgl. Ps 90,3–6.9f), d.h. als radikale Endlichkeit erfahren wird, kann nur im prinzipiellen Unterschied zu ihr die Ewigkeit des unerschaffenen Gottes begriffen werden, der als der Schöpfer ewig ist (vgl. Ps 102,26–28; Hebr 1,10–12). Der, der »am Anfang« alles geschaffen hat, wird auch am Ende noch bleiben, der ewige Gott. »Vor« dem Anfang und »nach« dem Ende alles Geschaffenen kann nur der Schöpfer selbst sein, der ewig lebendig ist, denn er selbst ist ohne Anfang und Ende – eben »von Ewigkeit zu Ewigkeit«. Ist alles Geschaffene dadurch bestimmt, dass es immer von etwas anderem her und durch etwas anderes ist (ab alio), also zeitlicher Veränderung ausge-

1 Vgl. Gen 21,33; Dtn 32,40; Ps 9,8; 92,9; Jes 40,28 u.ö. sowie Ps 93,2; 102,13; 104,31; Jes 9,5.

2 Dazu gehört auch Gottes ewige Herrschaft; vgl. Ex 15,18; Ps 10,16; 29,10; 45,7; 66,7; 72,17; 145,13; Mt 6,13; 1Tim 1,17; Hebr 1,8; Offb 11,15.

3 Vgl. 1Chr 16,36; Hab 1,12; Sir 42,21; Gal 1,15; Offbg 1,18; 4,9f.; 5,14; 10,6; 15,7.

4 Der Schöpfungsglaube unterbricht – gerade indem er ihr einen nicht-welthaften Grund gibt – *radikal* die Immanenz der Welt als solcher. Diese Zäsur ist prinzipieller als das innerzeitliche Abwechseln von Kontinuität und Diskontinuität.

setzt, so ist der Schöpfer selbst nur durch sich selber und von sich her (a se), was er ist, unerschöpfliches Sein, also ewig.[5]

Nun klingt »ohne Anfang und ohne Ende« wie reine Zeitlosigkeit oder bloße Endlosigkeit. Aber die Wendung »von Ewigkeit zu Ewigkeit« lässt sich demgegenüber als Hinweis auf Gottes lebendige Ewigkeit auffassen: er ist sich in Ewigkeit gleichbleibend, aber doch in einer bewegten Einheit mit sich, d.h. ein lebendiges Sein von sich her zu sich hin; eine ewige Einheit, die darin lebendig ist, dass sie sich durch einen Unterschied in sich mit sich vermittelt. Als dieser innere Unterschied (als Selbstunterschied) der Ewigkeit soll die Zeit (bzw. Zeitlichkeit) gedacht werden.[6]

1. Von der Schöpfung zur Ewigkeit (Luther)

In einem ersten Schritt muss noch einmal an die Schöpfung angeknüpft werden; wir finden dazu wichtige Aufschlüsse bei Martin Luther. Mit dem »Anfang« der Schöpfung unterscheiden sich Gott und die geschaffene Welt, denn im Anfang beginnt auch erst die Zeit, obwohl der ewige Gott schon ist; im Anfang ist »kein zeyt gewest, und doch gott gewesen ist« (WA 12, 444, 25).[7] Zur geschaffenen Welt gehört die Zeit, als selber etwas Geschaffenes, das erst mit dem Anfang ist, von ihm aus seinen Lauf nimmt. Der diesem Anfang vorausgesetzte Gott aber ist, indem er den Anfang sein läßt, selber nichts Anfangendes und Zeitliches, sondern ewig. »Darumb ist götlichs und ewigs leben vil einander ding, dann dis leben itzund ist« (ebd. 25f). Unser geschaffenes Leben ist zeitlich, »das da ymmer geet von tag zu nacht« (ebd. 26f).[8] Um die Ewigkeit zu denken, muss man aber gerade die

5 Von der Kreatur sagt Luther ausdrücklich: »non est a se« (WA 14, 106, 34). (WA steht für: D. Martin Luthers Werke. Kritische Gesamtausgabe = Weimarer Ausgabe, 1895ff. Vgl. den Art. »Aseität«, RGG[4], Bd. 1, 808f.

6 Alles Reden über die Ewigkeit hat spezifische Schwierigkeiten, und dies grundsätzlich aus zwei Gründen: 1. weil unser Vorstellen immer zeitlich gebunden ist; 2. weil die Ewigkeit im christlichen Verständnis nicht reine Zeitlosigkeit (nunc stans) ist, was der Vorstellung entgegenkäme. Die Folge ist, dass nur in dialektischer Brechung über Ewiges geredet werden kann, also präziser als in vager Metaphorik oder nur »symbolisch« (vgl. u. Anm. 29).

7 Der zitierte Text WA 12, 444/445 findet sich nochmals WA 24, 24f.

8 Diese Bindung an zeitliches Vergehen bedeutet auch für den einzelnen Menschen, einen Anfang und ein Ende zu haben, denn Zeit und Schöpfung aus dem Nichts

Zeitlichkeit radikal überschreiten: »Darumb wenn man daran hangt, kan man nicht gedencken, was ewikeyt ist« (444, 27–445, 1).[9]

Nun beginnt aber für Luther mit der Schöpfung nicht nur – wie alles andere, so auch – die Zeit,[10] sondern folgerichtig behauptet er auch die Schöpfung selber als zeitlich, d.h. Gottes Schaffen vollzieht sich in der Zeit.[11] Hatte Augustin die Schöpfung als zeitlosen Akt gedacht, der sich, die Zeit mitschaffend, in einem Moment vollzieht,[12] so wendet Luther sich ausdrücklich dagegen und zwar mit Bezug auf das Sechstagewerk der Genesis (Gen 1,1–31): »Ich glaube, dass Gott die Werke [der Schöpfung] in einzelnen Tagen vollbracht hat, nicht in einem Moment, sondern [jeweils] den ganzen Tag hindurch wirkend, bis der Tag vollendet war. Wie du sehen wirst am sechsten Tag, wie wir noch jetzt die Sonne den ganzen Tag hindurch sich bewegen sehen, nicht plötzlich [d.h. auf einmal] aufsteigen und plötzlich untergehen ... Wie wir auch sehen die Kräuter, die Bäume, die Lebewesen ihre Frucht hervorbringen, [nicht auf einmal] sondern sie allmählich reifen lassen durch eine lange Zeit hindurch ...« (WA 14, 106, 28–33).[13] Die Prozesse in der Natur dienen hier zur Veranschaulichung des zeithaften Schöpfungshandelns des ewigen Gottes. Wie bringt Luther die Zeitlichkeit des Schaffens mit Gottes Ewigkeit in Übereinstimmung?

hängen zusammen: »Also ists auch, das ich fur sechzig Jaren noch nichts gewesen bin, und vil kinder sind, die itzt noch nichts sind, wie wir fur 100 Jaren nichts gewesen sind, wie es mit der welt auch ist, das fur 6000 Jaren ists ein nichts gewesen unnd wurd zu seiner zeit widerumb nichts werden« (WA 45, 13, 13–17; für Luther persönlich vgl. 42, 57, 34f). Vgl. aber Ps 139,15f! Daher kann Luther aaO. auch sagen, »ich« sei am Anfang schon mit-erschaffen (57, 36f).

9 Gegen die aristotelische Vorstellung von der Ewigkeit der Welt wendet sich Luther WA 45, 13, 9f.

10 Da nichts (außer dem ewigen Gott) *vor* dem Anfang war, hat die Zeit selber *mit* dem Anfang bzw. *im* Anfang erst angefangen. Daher lehrt schon Augustin: »ohne Zweifel ist die Welt nicht in der Zeit, sondern *mit* der Zeit geschaffen worden« (De civitate Dei XI, 6; MPL 41, 322).

11 »non in momento creavit mundum, sed in tempore« (WA 14, 99, 18f).

12 Vgl. Confessiones XI 30, 40; gemeint ist also bei Luther der Moment auch der Zeitentstehung.

13 »Credo quod opera deus fecerit in singulis diebus, non uno momento, sed operando per totum diem, donec compleretur dies. Sicut videbis die sexto, sicut adhuc videmus solem ferri per totum diem, non subito ascendere nec subito cadere ... Sicut et videmus herbas, arbores, animantia fructum producere, sed paulatim complere per longum tempus ...«

Er sagt: »Die sechs Tage sind vor Gott wie auch alle seine Werke [nur] ein Augenblick; für uns gehen sie [in der Zeit] vorüber, für Gott gehen sie nicht vorüber« (WA 14, 117, 19f).[14] Was für uns zeitlich abläuft, ist für Gott etwas ganz anderes, und das, was wir als auseinander liegend erfahren, ist bei ihm eins: »Vor Gott ist der erste und der letzte Moment dasselbe, es ist eins vor Gott« (ebd. 3f).[15] In seiner Ewigkeit schließen sich Anfang (der Schöpfung) und Ende zur Einheit eines Tuns zusammen: »Für Gott ist die ganze Schöpfung ein Moment, weil er von Anfang an geschaffen hat und schaffen wird bis zum Ende« (ebd. 21f).[16] Das ist so, weil Gott auch in seinem zeitlichen Handeln ewig mit sich selber eins ist. Darum ist »vor Got ... der anfang der welt ya so nahet als das ende, tausent jar als eyn tag [vgl. Ps 90,4]« (WA 12, 445, 1f). Das zeitliche Nacheinander in der geschaffenen Welt ist etwas Vorläufiges, das sich in der Ewigkeit Gottes aufhebt: »Es hat wol ytzt einen schein ynn dem leben, das sichs nacheinander zeucht eins, zwey, tausent jar, Aber dort ists alles als ein stunde« (WA 24, 137, 17–19). In unsern Augen gibt es die Sukzession, weil und solange wir selber in der Zeit sind: »Die Kreaturen scheinen sich für uns aufeinander zu folgen, beim Schöpfer aber sind sie zugleich (simul)« (WA 14, 117, 18f).[17] In Gottes Ewigkeit sind die für uns unterschiedenen Dimensionen der Zeit schöpferisch in eins gefasst: »Es ist alles vor ihm gegenwertig, quod est, quod fuit et quod futurum est« (ebd. 23f).[18]

14 »Sex dies coram deo et omnia opera sunt momentum, nobis transeunt, deo non transeunt«.

15 »Coram deo est idem primum momentum et ultimum, est unum coram deo«. Das besagt auch: »vor Gott ist ... Adam, der am ersten geschaffen ist, [so gegenwärtig] als der letzt mensch, der da geborn wird werden« (WA 12, 445, 2f).

16 »Deo momentum est omnis creatio, quod a principio creavit et creabit usque in finem«.

17 »Creaturae succedentes sibi nobis videntur, apud creatorem vero simul sunt«. Luther fügt hinzu, dass der gewöhnliche Verstand hier versagt: »id quod ratio non capit« (Z. 19). Seine eigene Paraphrase des zitierten lateinischen Satzes lautet: »Bey uns ists nicht vor augen auff ein mahl, es gehet eins nach dem andern, das kan dy vornunfft nitt wol begreiffen« (Z. 22f).

18 »... was ist, was gewesen ist und was sein wird«. Weil bei Gott das Zukünftige schon ist, muss es auch für uns einmal Gegenwart werden, also tatsächlich kommen: »Es ist bey unserm Herr Gott eben als sey es geschehen. Es kompt gewisslich« (WA 44, 300, 29f). Zur Synthese der Zeitdimensionen in Gott vgl.: »Sein Gewesensein ist Immer-Sein, sein Zukünftigsein ist Immer-Gewesensein, sein Gegenwärtigsein ist ein ›Immer Gewesen- und Zukünftig-Sein‹, das heißt ewig« (Suum fuisse est sem-

Indes lässt sich der Zusammenhang zwischen Gottes zeitlichem Handeln in der Schöpfung und seinem ewigen Einssein mit sich noch genauer verdeutlichen. Luther bietet dazu zwei Gedankengänge an.

Erstens. Gott schafft durch sein Wort (Gen 1,3; Joh 1,3), und sein Schaffen ist schöpferisches Sprechen (Ps 33,9). Wie alles Reden nimmt auch Gottes Worthandeln einen zeitlichen Verlauf; Luther begründet das Nacheinander der Schöpfungswerke so: »weil es bei der Rede so ist, dass ein Wort nach dem anderen gesprochen wird; eine Sache kann nämlich nicht so ausgesprochen werden, dass es in einem Moment geschieht; so ist es aufzufassen, dass er [erst] am vierten Tag Sonne und Mond geschaffen hat ... Aber was auf einmal gemacht worden ist, kann nicht auf einmal (simul) gesagt werden« (WA 14, 106, 7–9 u. 27f).[19] Die Einheit seines schöpferischen Tuns für Gott selber schließt also die zeitliche Ausführung seines Sprechens nicht aus. Gottes Kreativität durchs Wort ist schöpferisches Sich-Artikulieren, und Gottes Schaffen ist die zeitliche Artikulation seines ewigen Schöpfungswortes. Daher kann es sich wie das Geschaffene selbst allein in Gottes Ewigkeit vollenden. Die göttliche Liebe ist wirksam als fortgesetzte Erhaltung der Geschöpfe (continuata conservatio) mit dem Ziel, »bis sie aufgehoben werden in ihrem göttlichen Ursprung«, denn »außerhalb von Gott zu sein ... und vollendet zu sein, sind Gegensätze« (WA 1, 563, 11 u. 12f).[20] Wie die Schöpfungsgeschichte am siebten Tag (Gen 2,2f), so vollendet sich Gottes zeitliches Handeln mit seinen Geschöpfen im ewigen »Sabbat«: »Jener Tag [der Schöpfung] wirt erst rechtschaffen und volkommen am jüngsten tage ... So also ist jener Sabbat immerwährend bei Gott« (WA 14, 117, 25–27).[21] Die Vollendung ist das endgültige Aufgehobenwerden des zeitlichen Schöpfungshandelns in Gott hinein, der Zeitlichkeit in die Ewigkeit.

per esse, suum futurum est semper fuisse, suum praesens est semper fuisse et futurum, id est aeternus; WA 39 II, 255, 1f; 1543).

19 »quia in sermone ita est, ut unum verbum post alterum loquitur, non enim potest una res ita eloqui, ut in uno momento fit, ita intelligendum, quod quarto die fecerit solem et lunam ... sed quod simul factum est, simul dici non potuit« (Es folgt das bei Anm. 13 Zitierte!).

20 »donec absorbeantur in suum principium divinum ... extra deum esse ... et esse perfectum sint contraria«.

21 »... Sic ergo perpetuum est illud Sabbatum apud deum«. Augustin hat geschrieben: »Der siebente Tag werden wir selbst sein« (De civ. Dei XXII 30, 4; MPL 41, 803). Nach Ernst Bloch steht »der siebte Schöpfungstag noch offen« (Das Prinzip Hoffnung II, 1967, 590).

Das gilt ebenso für Gottes schöpferisches Reden durch die Zeit hindurch: »So durchläuft Gott mit Hilfe (per) seines Wortes [alles] vom Anfang bis zum Ende der Welt« (WA 42, 57, 41f).[22] Das Ziel seines schöpferischen Redens liegt dabei in Gott selber (vgl. 1Petr 1,23.25; Jes 40,8; Ps 119,89). Aber wie das göttliche Leben ganz etwas anderes ist als unser irdisches (WA 12, 444, 25; o. zit.), so ist auch seine Ewigkeit in sich bewegt, und d.h. dass deren Vollendung und Vollkommenheit aus der Zeitlichkeit zu sich kommt und insofern zugleich noch im Werden zu sich ist; daher sagt Luther von den Werken der Schöpfung: »wenn es Gott ausgericht und volendet hat, so synd sy volkomen, aber [die-]weyl er noch das werck vor yhm hatt und daran macht, so ist es nit volkomen. Nun ist das vor unsern augen, das er ymer dar macht und schafft« (WA 12, 440, 28–441, 3).[23] Luther vergleicht dies zur Veranschaulichung mit dem Werden des Kindes im Mutterleib, das noch nicht vollkommen ist und doch schon nur auf seine Vollkommenheit zugeht (vgl. ebd. 24–26 u. 441, 14f): »wie das Kind im Uterus der Mutter ein Kind ist und [noch] nicht ein Kind« (WA 14, 99, 21f). So können als »Schon« und »Noch nicht« das bei Gott ewig Vollendetsein und das zeitliche Werden auf die Vollendung zu zusammengedacht werden. Die Ewigkeit, die im zeitlichen Werden auf sich noch zugeht, ist dabei sie selbst im Unterschied von sich, also *lebendig* mit sich eins. Im zeitlichen Werden des Vollkommenen geht das ewig Vollkommene nur mit sich selber zusammen.

Dass Luther die Ewigkeit mit Gottes schöpferischem Reden in der Zeit zusammenbringt, ist genauestens auf die Sprache bezogen. Denn schon in jedem Satz, den wir sprechen, d.h. in seiner internen Dialektik von Bewegung und Ende, leuchtet Ewigkeit auf.[24] »Diese Vorstellung [sc. der Ewigkeit] würde gar keine Bedeutung für uns haben, ... wenn die beiden gangbaren Definitionen der Ewigkeit als der Zeit-

22 »Ita Deus per verbum suum currit ab initio usque ad finem mundi«. Luther vergleicht zur Erläuterung mit dem Flug eines Pfeiles, der gleichsam wie in einem Augenblick (quasi uno momento) beim Ziel angelangt ist und doch eine gewisse Raumstrecke (certum intervallum) durchmessen hat (vgl. ebd. 39–41).

23 Dies steht (später) auch: WA 24, 20, 24–27.

24 Was Bruno Liebrucks von der Sprache sagt: »Der Weg vom einzelnen Wort zum Satz war immer zugleich der Weg vom Satz zum einzelnen Wort« (Sprache und Bewußtsein, Bd. 2, 1965, 330), gibt eine Dialektik zu denken, in der das Verhältnis von Ewigkeit und Zeit vorabgebildet ist.

losigkeit und als der anfangs- und endlosen Zeit richtig wären[25] ... Aber wie die Zeit unsere Anschauung und Vorstellung ist, in welcher wir zunächst unsere Vorstellungen voneinander unterscheiden ..., so heben wir sie wieder in jedem Erkenntnisakt auf, indem wir die *nacheinander gehörten* Worte zur *Einheit* des Urteils ... verknüpfen ... Das *Setzen und Aufheben* der Zeit in dem einfachsten Akte des Erkennens ist schon ein Fall der Ewigkeit des Geistes ... Denn Ewigkeit ist im Allgemeinen die Macht des Geistes über die Zeit« (Ritschl, Albrecht: Rechtfertigung und Versöhnung, Bd. III ^{4}1895, 223).[26] Jedes Wort im Satz erhält von dessen Einheit und Ganzheit her, die erst an seinem Ende erreicht ist, seinen genauen Sinn; zugleich aber trägt es zu dessen Aufbau selber erst bei.[27] Auf das Ende zugehen und von ihm her sich erst bestimmen, sukzessives Entwickeln und vorgreifend Bestimmtsein, Werden und Vollendung durchdringen sich hierbei dialektisch.[28] Dass der ewige Gott in der Schöpfung sich zeitlich ausspricht, hat einen genuin sprachlichen Sinn.[29]

Zweitens. Die andere Verdeutlichung des Zusammenhangs von Gottes zeitlichem Schaffen mit seiner Ewigkeit, die sich bei Luther

25 Wie bei vielen Theologen heißt es auch bei Paul Tillich: »Ewigkeit ist weder Zeitlosigkeit noch Endlosigkeit der Zeit« (Systematische Theologie, Bd. I, ^{3}1956, 315).

26 Hervorh. J.R. Schon Augustin hat auf zeitübergreifende, d.h. Ewigkeitsstrukturen in zeitlichen Verläufen wie dem Hören einer Melodie oder dem Artikulieren eines Satzes hingewiesen (vgl. Conf. XI 26, 38; IV 10, 15 u. 11, 17); dazu Pannenberg, Wolfhart: Systematische Theologie, Bd. I, 1988, 443: »Alle zeitüberbrückende Dauer und alle Erfahrung solcher Dauer im Strom der Zeit kann als Antizipation der eschatologischen Zukunft einer Teilhabe der Geschöpfe an der Ewigkeit Gottes aufgefaßt werden.«

27 Liebrucks schreibt: »Alle Vorstellungen werden während des Sprechens im Modus der Möglichkeit gehalten, bis der letzte Laut im Satz verklingt. Erst dann tritt rückwirkend die Bestimmtheit des Ganzen ein.« Und: »Eine gewisse Sinnbestimmtheit wird am Ende jedes Satzes, am Ende jeder Periode erreicht. Von da ab wird zwar alles Gesagte immer wieder mit rückwirkender und vorausweisender Kraft überfärbt, aber immer größere Bestände stehen fest« (Sprache und Bewußtsein, Bd. 2, 134 u. 369). In größter Nähe zu diesen sprachlichen Verhältnissen ist Hegels berühmter Satz gedacht: »Das Wahre ist das Ganze. Das Ganze aber ist nur das durch seine Entwicklung sich vollendende Wesen« (Phänomenologie des Geistes, Hoffmeister, ^{6}1952, 21)

28 Die Dialektik des Satzes wird eindringlich dargelegt von Stenzel, Julius: Philosophie der Sprache, in: Handbuch der Philosopohie, 1934, 14ff; 44f u. 48f.

29 Diese besonderen Verhältnisse bleiben in der Regel unbedacht, wo man versichert, Ewigkeit könne nicht vernünftig ausgesprochen werden, sondern sei nur (unerreichbarer) Gegenstand metaphorischer oder »symbolischer« Aussagen. Dagegen steht christlich: »Am Anfang war das Wort« (Joh 1,1).

findet, wird uns den Blick freigeben auf einen definitiven Begriff vom Ewigen.

Über das zeitliche Auseinander und Nacheinander der Schöpfungswerke heißt es bei Luther: »sie alle sind in seinen Augen gegenwärtig« (WA 42, 58, 1f).[30] Gottes Ewigkeit realisiert sich also als ein das zeitlich Unterschiedene zusammen schauender Blick. Dieser göttliche Blick ist von übergreifender, absoluter Allgemeinheit, d.h. er geht nicht von einem zum andern, sondern fasst das räumlich und zeitlich Differente in eins zusammen. Darin ist er unserm Sehen absolut überlegen: »Es sein zwen anblick, beym menschen, der andere vor Gott« (WA 14, 117, 24f); denn während wir nur sehen können, was schon da ist, erschafft das göttliche Anschauen allererst das, was es erblickt.[31] Andererseits fasst auch unser menschlicher Blick in sich zusammen, indem wir beim Sehen hier und dort zugleich sind, und unser Sehen ist ein Sein beim (räumlich) Entfernten; Luther zieht von daher einen Vergleich mit Gott: »dann er sieht dy zeit also an, wie des menschen auge zway dinge, die weyt von eynander synd, yn eym augenplick zusamen bringt« (WA 12, 445, 3–5). Gottes Sehen ist demgegenüber allerdings schöpferisch, indem es das zeitlich Differente in die Einheit des eignen Lebens aufhebt. Seine Ewigkeit, als die Macht seines Geistes über die Zeit, ist die Macht schöpferischer Integration des Zeitlichen in die lebendige Ewigkeit, die sein Gottsein ausmacht. Unsere Zeit »steht in Gottes Händen« (Ps 31,16; vgl. Ps 139,16b); dies aber so, dass er sie schöpferisch in seine Hände nimmt und d.h. in seine Ewigkeit transformiert. Auf diese Weise sind vor ihm »tausend Jahre wie der Tag, der gestern vergangen ist« (Ps 90,4; 2Petr 3,8).

Darin liegt auch, dass Gottes schaffendes und neuschaffendes Handeln einen Zusammenhang zwischen Zeit und Ewigkeit stiftet – über ihre abgründige Geschiedenheit im Tode hinweg: »Ja, das naturlich leben ist eyn stuck vom ewigen leben und eyn anfang, aber es nympt

30 »omnia sunt eius oculis praesentia«. Wenn Luther begründend hinzufügt: »Er ist nämlich schlechthin außerhalb der Ordnung der Zeit« (simpliciter extra temporis rationem; 58,2), so verträgt sich dies gerade damit, dass Gott auch eine Beziehung zur Zeitlichkeit hat, indem er an ihr endliches Nacheinander nicht gebunden ist. Auch bei Thomas von Aquin ist – unter Bezug auf Boethius, s.u. – zu lesen: »Alles, was in der Zeit ist, ist Gott von Ewigkeit gegenwärtig« (Omnia quae sunt in tempore, sunt Deo ab aeterno praesentia«, Summa theol. I. q. 14. a. 13. resp.).

31 »Weil du aber sie siehst, sind sie [die Dinge]« (Tu autem quia vides sunt; Conf. XIII 38, 53; vgl. VII 4, 6). Auch bei Nikolaus von Cues heißt es: »Dein Sehen ist dein Erschaffen« (videre tuum est creare tuum; De visione Dei XII).

durch den todt seyn end ... [zu Joh 11,25 u. 8,52] das naturlich leben wirt gestreckt ynß ewige leben, das es den todt nymmermehr schmeckt« (WA 10I/1, 200, 3f u. 7f). Die Perspektive dieser kühnen Sätze zielt auf Luthers Einsicht: »Dieses Leben ist nichts als ein Vorlauf oder vielmehr der Anfang des zukünftigen Lebens« (WA 18, 785, 19).[32]

2. Unendliches Leben (Boethius)

Ewigkeit ist nicht abstrakte Zeitlosigkeit, sondern schöpferische Verwindung der Zeit. Dafür hat Luther den Begriff des »Zusammenbringens« (collatio): die göttliche Selbstgegenwart ist nicht reine Zeitenthobenheit, sondern gerade »das Zusammenbringen des Ewigen und des Vergänglichen« (WA 14, 117, 5).[33] Gottes ewiges Leben wird so denkbar als schöpferisches Versammeln der zeitlichen Verläufe in der lebendigen »Gleichzeitigkeit« des Ewigen. Das Leben Gottes geht aus der Zeitlichkeit (der Schöpfung) *ewig* mit sich zusammen. Indem der Ewige aus der Zeit sich entgegenkommt, »besitzt« er als ihr Herr nicht nur die geschaffene Zeit (Ps 31,16), sondern »besitzt« darin auch ewig sich selber. Das führt zu der klassischen Wesensbestimmung der Ewigkeit bei Boethius (um 480–524).[34]

»Ewigkeit also ist der vollständige, gleichzeitige und vollendete Besitz unbegrenzbaren Lebens, was aus dem Vergleich mit dem Zeitlichen noch deutlicher erhellt« (Trost der Philosophie, 5. Buch, 6.p.).[35] Boethius versteht Ewigkeit streng als die Ewigkeit Gottes, als Aus-

32 »haec vita sit nihil nisi praecursus aut initium potius futurae vitae«. Luther gibt vielerlei Hinweise auf Gleichnisse dafür im Naturleben (vgl. WA 36, 639ff) – im Anschluss an Paulus (1Kor 15,35ff), dazu s.u. Zur Frage des ewigen Lebens für uns verweise ich auf meine ausführlichen Darlegungen in dem Aufsatz: Gott und das ewige Leben, in: K. Stock, (Hg.), Die Zukunft der Erlösung , 1994, 49–87.

33 »collatio est eterni et perituri«; Luther betont, dass der eindimensionale Verstand das nicht fassen kann: »Ratio hec non intelligit« (Z. 5). Auch nach Augustin sind in Gottes ewigem Blick die zeitlichen Unterschiede von Zukünftigem, Vergangenem und Gegenwärtigem unbegreiflich eins: »Er aber umfasst dies alles in bleibender und ewiger Gegenwart« (ipse vero haec omnia stabili ac sempiterna praesentia comprehendat«, De civ. Dei, XI, 21; MPL 41, 344).

34 Auf diese Definition weist schon K. Barth die Theologen hin; vgl. Kirchliche Dogmatik, Bd. II/1,1940, 688f.

35 »Aeternitas igitur est interminabilis vitae tota simul et perfecta possessio, quod ex collatione temporalium clarius liquet« (De consolatione philosophiae V, 6).

druck seines göttlichen Wesens. Sie ist die Weise, wie Gott sein Leben besitzt,[36] d.h. seiner eigenen unendlichen Lebendigkeit mächtig ist und in ihr sich selbst besitzt, mit ihr (bzw. sich) ewig eins ist. Die Fülle, die *in* ihm ist, ist er zugleich absolut und in allem *selber*; indem er sie vollkommen umfasst, ist er selber unbegrenzt darin und *ist* sie selbst. Darin liegen zwei Näherbestimmungen.

1. Gottes Besitzen seines Lebens ist ewig als umfassend und gleichzeitig (tota simul).[37] Das lässt sich an unserer innerzeitlichen Erfahrung verdeutlichen: Wir können es zu keiner Lebensganzheit bringen, die wir selbst völlig umfassen könnten, denn jede Gegenwart versinkt in der Vergangenheit und wird unaufhaltsam in die Zukunft gestoßen. Daher ist jede Gegenwart für uns auf einen Augenblick begrenzt, weil das Zukünftige noch verborgen und das Vergangene schon wieder verloren ist. Für uns endliche Wesen ist also die Gegenwart selber ein flüchtiger Moment, der nur im Vorübergehen ist: indem er ist, auch schon nicht mehr ist. Gott dagegen ist ewig, weil er sich in allem, was er ist, selbst gegenwärtig und darin seiner selbst mächtig ist. 2. Ein solcher Besitz des eigenen Lebens ist schlechthin vollkommen, weil Gott es sich schöpferisch so zu eigen macht, dass er es mit sich selber völlig durchdringt, d.h. es zur Stätte seiner selbsthaft-eigenen Lebendigkeit immer neu macht. Die Unendlichkeit und Grenzenlosigkeit seines Lebens, die interne Bewegtheit, die darin ist, wird in seine ewige Selbstgegenwart hinein aufgehoben, so dass er vollkommen bei sich ist.

Indem zu Gottes Leben auch die Zeitlichkeit, d.h. seine Lebendigkeit als Schöpfer und sein Leben in der Schöpfung gehört, wird auch sie in die Ewigkeit vollkommenen Selbstbesitzes integriert. Gott hebt die Zeitlichkeit schöpferisch in sein ewiges Leben hinein, um auch

36 Thomas von Aquin hebt hervor, dass Gott nicht einfach ewig ist, sondern dass er seine eigene Ewigkeit selber ist: »Nec solum est aeternus, sed est sua aeternitas« (Summa theol. I, q. 10, a. 2 concl.). Weil es um *Gottes* lebendiges Sichselbstbesitzen geht, ist die Bedenklichkeit von W. Härle abwegig, der den Ausdruck »Besitz« mit Verweis auf Assoziationen wie »Besitzanspruch« oder »Verfügungsgewalt« beanstandet; vgl. Dogmatik ,1995, 646.

37 Dies »simul« findet sich mehrfach in den Zitaten Luthers, s.o. Anm. 17 u. 19. Auch Thomas von Aquin sagt – unter Bezug auf Boethius – : »Die Ewigkeit aber, in völliger Gleichzeitigkeit existierend, umfasst die ganze Zeit« (Aeternitas autem tota simul existens ambit totum tempus; Summa theol. I, q. 14, a. 13 resp.); zur Definition des Boethius vgl. Thomas v. Aquin, Summa, q. 10, a.1.

darin sein unbegrenzbares Leben zu gewinnen.[38] Das bedeutet, ewig ist Gottes eigenes Leben, indem es auch aus der endlichen Lebendigkeit unseres geschaffenen, zeitlichen Lebens seine Unendlichkeit immer neu hervorbringt. »Wenn wir Gott einen lebendigen Gott nennen, behaupten wir, dass er Zeitlichkeit und damit eine Beziehung zu den Modi der Zeit in sich begreift« (Tillich, Paul: Systematische Theologie, Bd. II, ^{2}1958, 315). Zugleich aber besitzt Gott schöpferische Freiheit gegenüber der Zeit und so auch im Verhältnis zur Vergangenheit: Was für uns eine endgültige Grenze ist (im Tode), das ist für ihn nur Ort seines schaffenden Lebens: »Für Gott ist die Vergangenheit nicht abgeschlossen, weil er durch sie Zukunft schafft, und im Erschaffen der Zukunft schafft er die Vergangenheit neu« (ebd. 317). Wird also Gottes Ewigkeit in ihrer Einheit mit seiner Kreativität begriffen, dann kann er aus unserer endenden Zeit unendlich Neues schaffen und auch aus dem Tod sein unbegrenzbares Leben gewinnen. Für ihn ist in der Einheit seines selbstmächtigen, absoluten Lebens schöpferisch vereinigt, was bei uns getrennt ist: Er ist seine eigene Vergangenheit und seine eigene Zukunft in ewiger Gegenwart.[39]

3. *Aufgehobene Vergänglichkeit (Paulus)*

Das eben angesprochene Verhältnis unserer vergehenden Zeit zu Gottes Ewigkeit hat der Apostel Paulus im 15. Kapitel des 1. Korintherbriefs in großartiger Weise von der Auferstehung der Toten her beleuchtet (V. 35ff). Er knüpft an das aus Jesu Gleichnissen vom Samenkorn und Säen bekannte Bild von der »Ernte« an: »Es wird gesät verweslich und wird auferstehen unverweslich. Es wird gesät in Niedrigkeit und wird auferstehen in Herrlichkeit. Es wird gesät in Armseligkeit und wird auferstehen in Kraft« (V. 42f). Dieser Ernte in ewiger Herrlichkeit und Verklärtheit durch Gottes Schöpfermacht (V. 38) gehen ein zeitliches Reifen und der Tod voraus. Sie ist von Gott her-

38 Vgl. Kierkegaard, Sören: »In der Ewigkeit hingegen ist aller Widerspruch behoben, ist die Zeitlichkeit von der Ewigkeit durchdrungen und in ihr bewahrt« (Der Begriff Angst; Ges. Werke, Hirsch, 11. Abt., 160.)

39 In an Augustin erinnernder Weise (s.o. Anm. 26) weist Tillich auf eine Analogie dazu in unserer Erfahrung hin – die einzige, die es gibt, und sie ist fragmentarisch und sehr begrenzt: »nämlich die Einheit von erinnerter Vergangenheit und vorweggenommener Zukunft in der Erfahrung der Gegenwart« (Systematische Theologie, Bd. I, 316).

aufgeführtes Resultat eines Prozesses, der auf es hinzielt und *so* vorläufig ist. »Ernte« bedeutet insofern Erfüllung, endgültige Verwirklichung und Vollendung, eschatologische »Reife«.[40] Für das ewige Leben wird damit schöpferischer Reichtum, unzerstörbar lebendige Selbstbereicherung und unendliche Selbstreproduktion in Anschlag gebracht. Letztlich geht es um Gottes eigenes Leben, insofern er in dem allen auf sich selber in seiner ewigen Vollendetheit zugeht, wo er »alles in allem« sein wird (V. 28). Gottes Weg mit der zeitlich geschaffenen Welt auf dies Ziel (Röm 6,22) zu schließt aber die Negativität des Todes ein (V. 36). Das Ewige kommt als schöpferische Verwandlung (Neuschöpfung), so dass Ewigkeit nicht ohne die Vergänglichkeit der zeitlich-irdischen Existenz zu verstehen ist – so wie bei Jesus Christus selber die Auferstehung nicht ohne seine Passion und das Kreuz.[41] Indem der gewesene Mensch Jesus mit seiner Auferweckung in Gottes trinitarisches Leben hinein erhöht worden ist,[42] wird seine irdische Geschichte in ein lebendiges Zugleich mit der Ewigkeit aufgehoben (1Joh 5,20).[43]

Paulus formuliert diese Aufhebung des Vergänglichen und der Vergänglichkeit im Ewigen als »Verschlungenwerden« des Todes in dem Sieg ewigen Lebens (V. 54),[44] und er spricht im Bilde des neu »Bekleidetwerdens« davon: »Denn dies Verwesliche muß anziehen die Unverweslichkeit, und dies Sterbliche muß anziehen die Unsterblichkeit« (V. 53). »Unverweslichkeit«, »Unsterblichkeit« sind aber – wie schon »Herrlichkeit« und »Kraft« (V. 42f.) – Prädikate des ewigen Gottes (vgl. 1Tim 1,17)! In Gottes Ewigkeit und Unsterblichkeit (1Tim 6,16) allein kann der Tod schöpferisch verwunden, d.h. ins Leben hinein verwandelt werden (vgl. Joh 11,26 u. Offb 1,18). Im ewigen Leben wird die Zeit in Ewigkeit hinein verschlungen sein.

40 Jesus scheint auch die Natur in einem eschatologischen Licht gesehen zu haben; eine Spur dafür ist Mk 13, 28f; vgl. auch Joh 4,35.

41 Tillich versteht Auferstehung und Erlösung als »Negation der Negation« (vgl. Systematische Theologie, Bd. II, 169 u. 179), ebenso die ewige Seligkeit (Bd. III, 456), vgl. Ges. Werke Bd. VI, 186f., 198 u. 194.

42 Daher wird von ihm ausgesagt: »Jesus Christus, der dem Tode die Macht genommen und das Leben und ein unvergängliches Wesen ans Licht gebracht hat« (2Tim 1,10).

43 Für Luther ist der erhöhte Christus nur so im Himmel, dass er zugleich auf Erden ist (vgl. WA 10 I/2, 303, 23–35 u. 12, 564, 16–27; 26, 343, 35–345, 28). Er kann sagen: »Nun ist Himmel und Erden Ein Ding worden« (WA 46, 713, 20).

44 Darum und in dieser Weise »ist der Tod nicht mehr« (1Kor 15,26; Offb 21,4).

Paulus hat diese »Verwandlung« (vgl. V. 51f) im 2. Korintherbrief noch einmal beschrieben; der Erfahrung der Vergänglichkeit und des Sterbens als ein »Entkleidetwerden« (2Kor 5,3f) steht die Hoffnung eines ewigen »Bekleidetwerdens« entgegen (vgl. V. 2 u. 4). Im Ewigen wird dann »das Sterbliche verschlungen vom Leben« (V. 4b). Weil es hier um kaum Vorstellbares geht, relativiert Paulus das Bild der Bekleidung mit Gottes Leben durch das andere, der Ersetzung unserer vergänglichen Behausung (»Zelt«) durch ein ewiges Haus im Himmel, das von Gott selber und nicht mit Händen gemacht ist (V. 1). Gott also verwandelt das Vergängliche in etwas Unvergängliches in seinem eigenen Leben.[45]

Alle diese Aussagen des Apostels über unsere Bestimmung zur Ewigkeit als Teilhabe an Gottes Leben sind eingebettet in ein Verständnis des ganzen Kosmos, als von Gottes eschatologischer Schöpferkraft durchwaltet, was Paulus mit beispielhaftem Hinweis auf Samen, Pflanzen, Fische, Vögel, die anderen Tiere und die Sterne veranschaulicht (1Kor 15, 37–41).[46] Er sieht die geschaffene Welt überhaupt in einer eschatologischen »Geburtswehe« begriffen (Röm 8,22),[47] und die Kreaturen sehnen sich aus der Vergänglichkeit dieser Welt hin zur ewigen Herrlichkeit der Kinder Gottes (vgl. Röm 8,18–23).

Auch hierin ist Luther dem Apostel gefolgt, wenn er die geschaffene Welt als etwas bloß Vorläufiges, noch im Unterwegssein zu ihrer wahren Bestimmung und als Vorschein der Ewigkeit, in der sie zur Vollendung gelangt, begreift.[48] Denn für ihn ist das irdische Leben (auch im Glauben) ein Werden, in dem sich die kommende Ewigkeit ankündigt: »Also ist das Leben nicht eine Frommheit, sondern ein Frommwerden, nicht eine Gesundheit, sondern ein Gesundwerden, *nicht ein Wesen, sondern ein Werden,* nicht eine Ruhe, sondern eine Übung. *Wir sind's noch nicht, wir werden's aber;* es ist noch nicht getan und geschehen, *es ist aber im Gang und Schwang.* Es ist nicht das Ende, es

45 Gottes eschatologisches Handeln ist eine endgültige »Erschütterung« von allem (nach Hag 2,6), die ins ewig Bleibende umschlägt: »Dieses ›noch einmal‹ aber zeigt an, dass das, was erschüttert werden kann, weil es geschaffen ist, verwandelt werden soll, damit allein das bleibe, was nicht erschüttert werden kann« (Hebr 12, 27); diese Verwandlung heißt metathesis.

46 S.o. zu Luther bei Anm. 13 und die Anm. 32.

47 Vgl. auch 1Thess 5,3 u. Joh 16,21.

48 S.o. letzter Absatz von Abschn. 1 (Luther).

ist aber der Weg; es glühet und glimmt noch nicht alles, es reinigt sich aber alles« (WA 7, 337, 30–35; Hervorh. J.R.; modernisiertes Deutsch).

Man darf also von Paulus und Luther her sagen: Die Ewigkeit muss als lebendig gedacht werden, insofern sie in der Zeit schon sich vorweg da ist und aus ihr zu sich selber kommt, denn der lebendige Gott ist in der Schöpfung bei sich und verwandelt sie durch Tod und Ende hindurch in sein unvergängliches Leben.

4. Zeitlos vergangen (Hegel)

Die bisherigen Ausführungen dachten, *theologisch,* von der Ewigkeit her. Sind diese Gedanken auch an der Zeit selber auszuweisen? Das ist die *philosophische* Frage, wie Zeit zu begreifen ist, wenn sie von sich her für ein solches Verständnis der Ewigkeit geöffnet oder anschlussfähig sein soll. Diese Frage soll abschließend an Hegels Begriff der Zeit erörtert werden.

Zeit ist für Hegel nicht »gleichsam ein Behälter, worin alles wie in einen Strom gestellt ist, der fließt und von dem es fortgerissen ... wird«, sondern weil »die Dinge selbst ... das Zeitliche (sind)«, ist sie »nur diese Abstraktion des Verzehrens«.[49] Denn »nicht *in* der Zeit entsteht und vergeht alles, sondern die Zeit selbst ist dies *Werden*, Entstehen und Vergehen, das *seiende Abstrahieren*«.[50] Zeitlich sein heißt, »das an sich selbst Negative« sein und in der Widersprüchlichkeit eines sich-äußerlich-Seins zu existieren,[51] die »Unruhe [dessen] ist die Zeit«.[52] So lautet der Begriff der Zeit: »Sie ist das Sein, das, indem es *ist, nicht* ist, und indem es *nicht* ist, *ist*; das angeschaute Werden«.[53]

Auch die zeitlichen Dimensionen lassen sich aus diesem Werden begreifen: Die Vergangenheit muss – vom gegenwärtig Sein aus – als Übergehen ins Nichts und die Zukunft – vom noch nicht Sein aus –

49 Hegel, Georg Wilhelm Friedrich: Enzyklopädie der philosophischen Wissenschaften II (Theorie Werkausgabe, Bd. 9, 1970), 50 (= § 258, Zus.); im Folgenden als »Enz.« zitiert.

50 Ebd. 49.

51 Vgl. ebd. 48 u. 51 (§ 259).

52 Ebd. 49.

53 Ebd. 48 (§ 258). In der »Phänomenologie« (wie o. Anm. 27) heißt es: »wie die Zeit, unmittelbar nicht mehr da [ist], indem sie da ist« (498).

als Übergehen ins Sein gedacht werden.[54] Ihre unmittelbare Einheit haben sie in der Einzelheit der Gegenwart als *Jetzt.*[55] Aber diese Einheit ist zeitlich: »selbst nur dies Verschwinden seines Seins in Nichts und des Nichts in sein Sein«,[56] also eine unmittelbar sich zersetzende Unmittelbarkeit.

Das unmittelbare Jetzt ist existierende Dialektik: »daß das Jetzt eben dieses ist: indem es ist, schon nicht mehr zu sein«;[57] so stellt es an sich selber in nuce das Sein der Zeit dar. Denn die Zeit ist »seiend« nur im Vorübergehen: Sie ist »eben das Dasein dieses beständigen Sichaufhebens«.[58] Aber das unaufhaltsame Weitergehen des Jetzt zu einem andern Jetzt, das unmittelbar wieder vergeht, ist zugleich – das ist die entscheidende Einsicht – nur das Zurückgehen des einzelnen Jetzt in ein allgemeines Jetzt. Denn auch das gewesene Jetzt ist aufgehoben in einem bleibenden, allgemeinen »Jetzt«: Indem das Einzeljetzt übergeht zu einem anderen, *bleibt* Jetzt überhaupt. Als solches allgemeines Jetzt ist es »*ein in sich Reflektiertes* oder *Einfaches*, welches im Anderssein bleibt, was es ist [nämlich: Jetzt]«.[59] Indem das einzelne Jetzt in ein nächstes *übergeht*, ist es zugleich *immer schon* in das allgemeine Jetzt *übergegangen*. Sein zeitliches Vergehen ist zugleich (sich von sich selber abstoßend) zeitloses Vergangensein.[60] Es geht, indem es sich (als einzelnes) von sich unterscheidet, d.h. sich von sich entzweit in ein anderes, doch nur mit sich (als allgemeinem) zusammen.

Genau dieser dialektische Prozess des sich Zurücknehmens des zeitlichen Momentes in seine übergreifende Allgemeinheit ist für Hegel schon ein Vorschein des Ewigen: »Das Allgemeine ... hat auch einen

54 Vgl. 51 (§ 259) u. 54f (Zus.).

55 »Das unmittelbare Verschwinden dieser Unterschiede [sc. Vergangenheit und Zukunft] in die *Einzelheit* ist die Gegenwart als *Jetzt* ...« (ebd. 52; § 259).

56 Ebd. 52 (§ 259). Augustin hat die ausdehnungslose Gegenwart des Jetzt, das ständig zerfällt, eindrucksvoll beschrieben, vgl. Conf. XI 15, 20.

57 Phänomenologie (wie Anm. 27), 85.

58 Enz., 48 (§ 257, Zus.). Vgl.: »Es wird das *Jetzt* gezeigt, *dieses Jetzt. Jetzt*; es hat schon aufgehört zu sein, indem es gezeigt wird; das *Jetzt*, das *ist*, ist ein anderes als das gezeigte, und wir sehen, daß das Jetzt eben dieses ist: indem es ist, schon nicht mehr zu sein« (Phänomenologie [wie Anm. 27], 85).

59 Phänomenologie, 86. Vgl.: »Dieses sich erhaltende Jetzt ist daher nicht ein unmittelbares, sondern ein vermitteltes«, 81.

60 Zu den Wendungen »übergeht-übergegangen« und »zeitlos vergangen« bei Hegel vgl. meine eingehende Interpretation: »Die logische Bewegung der Zeit«, in: C. Iber u.a. (Hg.): Der Sinn der Zeit, 2002, 294–312; zur Dialektik des »Jetzt« bes. 310f.

Prozeß in sich selbst und lebt nur als Prozeß; aber es ist nicht Teil des Prozesses, nicht im Prozeß, sondern ... ist selbst prozeßlos«.[61] Es ist also das Allgemeine selber das Sichzurücknehmen aus dem Prozess, dessen (für sich) prozessloses umfassendes *Selbst.* In diesem Sinne ist »die Ewigkeit sie selbst nur als diese Rückkehr aus der Zeit«.[62] Weil die Dialektik der Zeit als ein sich im Aufgehobensein selber aufhebendes Vergehen, als Bewegung zum Zeitlosen hin, als zeitliches Sichübersetzen ins Nicht-Zeitliche begriffen werden muss, kann Hegel die Ewigkeit (als Rückkehr aus der Zeitlichkeit in sich) denken als die »unendliche, d.h. nicht relative, sondern in sich reflektierte Dauer«.[63] So ist sie absolute Gegenwart: »Die Ewigkeit wird nicht sein, noch war sie; sondern sie *ist*«.[64] Freilich enthält diese Gegenwart – eben als absolute – gerade die Negativität der Zeit in sich, und Hegel betont: »Der Begriff der Ewigkeit muß aber nicht [nur] so gefaßt werden als die Abstraktion von der Zeit, daß sie außerhalb derselben gleichsam existiere«[65] – so wenig die Zeit außerhalb der Ewigkeit sein kann, in die sie sich aufhebt bzw. die sich aus der Zeit entgegenkommt. Zeit ist hier nur als Selbstunterscheidung der Ewigkeit und Ewigkeit als das Sichaufgehobenhaben der Zeit (in ihrem Übergehen als Übergegangensein) zu verstehen.[66] Wo Ewigkeit ist, ist die Zeit nicht mehr – als Zeit[67] –, sondern sie ist nur, als der Weg der Ewigkeit zu sich selber, in dieser als ihr lebendiges Werdemoment aufbewahrt. Dass die Zeit in ihrem Vergehen an sich selber sich abstößt ins Nicht-mehr-Zeitlichsein (zeitlos vergangen), ist die Bewegung der Ewigkeit, die, indem sie die Zeitlichkeit an sich zieht, mit sich selbst eins, sich absolut gegenwärtig ist. In der internen Dialektik der Zeit setzt sich das Kommen der Ewigkeit

61 Enz. 51 (§ 258, Zus.).

62 Lakebrink, Bernhard: Hegels Metaphysik der Zeit, in: Ders., Studien zur Metaphysik Hegels, 1969, 138; vgl. auch 147, wo es heißt: »die Zeit und Geschichte überwindende Rückkehr ins Ewige, das als eben diese Rückkehr selbst ist«.

63 Enz., 50 (§ 258, Zus.).

64 Ebd. 50 (§ 258, Zus.) u. 55 (§ 259, Zus.): »Die wahrhafte Gegenwart ist somit die Ewigkeit«.

65 Ebd. 50 (§ 258, Anm.).

66 Vgl.: »Zeit usf. sind Ausdehnungen, Vielheiten, die ein Außer-sich-gehen, ein Strömen sind, das aber ... als Außersichkommen ein perenierendes *Selbstproduzieren* ihrer Einheit sind« (Wissenschaft der Logik. Erster Teil [Lasson, 1963], 182).

67 Vielmehr gilt vom zeitlichen Sein nach seiner Wahrheit: »Das *Nichtsein* des Endlichen ist das *Sein* des Absoluten (Wissenschaft der Logik, Zweiter Teil [wie Anm. 66], 62).

durch.[68] Hegel nennt dies »die ewige Bewegung« selbst[69] bzw. das absolute Tun, das Gott selber ist: Gott ist »dies *ganze Tun selbst* ... Gott ist der Anfang, er tut dies, aber er ist ebenso auch nur das Ende, die Totalität: so als Totalität ist Gott der Geist«.[70] Das absolute Tun in dieser ewigen Bewegung ist das schöpferische Verhältnis der Ewigkeit zur Zeit: »Es setzt die Zeit als sein Anderes, um durch Aufheben der Zeit und nur so es selbst zu sein. So ist Gott Anfang, aber der Anfang ist nur, sofern er ganz und gar Rückkehr ... ist«.[71] In Ewigkeit ist Gott in sich selbst vollendet,[72] insofern er sein eigener Anfang und sein eigenes Ende zugleich ist. Die Ewigkeit Gottes ist dermaßen ausschließlich »seine eigene«,[73] dass er sie im Aufheben der Zeit (d.h. in der Zeit und aus der Zeit) lebendig hervorbringt[74]: als seine mehr-als-zeitliche Selbstgegenwart, in der alles zeitlich und zeitlos Vergangene ewig aufgehoben ist.[75]

68 Zur Dialektik des Kommens vgl. die eschatologische »Stunde« bei Joh., wo es heißt: »kommt ... und ist schon jetzt da« (Joh 4,23; 5,25) bzw. »kommt nicht [in das Gericht], sondern ist [schon vom Tode zum Leben] übergegangen« (5,24; vgl. 1Joh 3,14).

69 Enz. III , Bd. 10, 232 (§ 441). Vgl. Hegels Ausführungen über die »göttliche Geschichte« in: Vorlesungen über die Philosophie der Religion II ,Theorie Werkausgabe Bd. 17, 1969, 214f; die »ewige Geschichte, die ewige Bewegung, die Gott selbst ist«, 298 u.ö.

70 Bd. 17, 223.

71 Lakebrink (wie Anm. 62), 141.

72 Der Ewigkeit als »perfecta possessio« des Boethius (s.o.) entspricht bei Hegel die Zeit als das nicht in sich Vollendete: »Die Zeit erscheint daher als das Schicksal und die Notwendigkeit des Geistes, der nicht in sich vollendet ist« (Phänomenologie [wie Anm. 27], 558).

73 Vgl. Anm. 36.

74 So kann der Begriff der ewigen Aseität Gottes (s.o. bei Anm. 5) konkreter gefaßt werden: »Ewig ist das, was in sich selbst den Grund seiner Erschaffung hat. Noch einmal wiederholt sich in dieser Formulierung die Setzung der Zeit, die wesentlich ist nur, insofern sie als unwesentlich gesetzt ist. Das Ewige ist ein Erschaffenes, das also noch *nicht war*; indem es sich aber durch das Erschaffen findet als sein eigener Grund, negiert es das Erschaffen; es kann aber das Erschaffen nur negieren, indem und dadurch, daß es sich erschafft« (König, Josef: Der Begriff der Intuition,1926, 89). Theologisch wäre es allerdings sachgemäßer, den Terminus »erschaffen« zu vermeiden und von Gottes »Sich-Hervorbringen« (causa sui) zu reden.

75 »Was wahr ist, ist ewig an und für sich, ... schlechthin gegenwärtig, ›itzt‹ im Sinne der absoluten Gegenwart. In der Idee ist, was auch vergangen scheint, ewig unverloren« (Hegel: Die Vernunft in der Geschichte, Hoffmeister, 1955, 182).

Die Ewigkeit ist nicht Nichts. – Wie können wir von der Ewigkeit reden?

Katharina Wiefel-Jenner

Sich die Ewigkeit vorzustellen, verlangt Abstraktionsvermögen. Allerdings erhebt sich sofort die Frage, wovon abstrahiert werden soll. Von unseren Vorstellungen, die ohne Raum und Zeit über keine Koordinaten mehr verfügen, in die wir sie einordnen könnten? Von unseren Erfahrungen, die wir im Verlaufe der eigenen Biographie ständig neu bewerten? Von unserem Wissen, das stets unter dem Verdacht steht, vorläufig und relativierbar zu sein? Sich die Ewigkeit vorzustellen, setzt voraus, dass innerhalb unseres derzeitigen Vorstellungsvermögens, unserer verfügbaren Erfahrung und unseres aktuellen Wissens der Versuch einer gedanklichen Grenzüberschreitung unternommen wird, die den Horizont hinter sich lassen will und doch nicht vermag, den Schritt über die eigenen Grenzen hinaus zu setzen. So spiegeln die Bilder von der Ewigkeit den Versuch der Grenzüberschreitung und unser Scheitern darin wider. Dennoch wird dieser Versuch immer wieder unternommen und bedient sich, trotz mangelnden Wissens über den Glauben an Jesus Christus gerade der Bildersprache dieses Glaubens, dessen ureigenstes Thema diese Grenzüberschreitung eigentlich ist. Kunst und Wissenschaft haben in der Wirksamkeit Glauben und Theologie nahezu abgelöst. Wenn Kunst und Wissenschaft sich der Ewigkeit widmen und als legitime Erben der Theologie auftreten, wo doch diese durchaus lebt und weiter über ureigenste Kenntnisse zur Fragestellung verfügt, mag das daran liegen, dass die Frage nach der Ewigkeit unvermeidlich ist. Diese ist so unabweisbar, dass sie auch ohne Bezug zum Glauben an Jesus Christus nicht verstummt. Ihre Relevanz bekommt die Frage nach der Ewigkeit, weil sie sich einem drängenden Suchen stellt, das im Alltag zwar zumeist zurückgedrängt wird, aber dennoch unverzichtbar ist, um den Sinn des Lebens zu entdecken. Die Frage nach der Ewigkeit sucht nach Vergewisserung. Sie formuliert die für den Sinn des Lebens alles entscheidenden Fragen.

1. Wie verlässlich ist die Welt und was bleibt?
2. Woher komme ich?
3. Worauf darf ich hoffen?

1. Wie verlässlich ist die Welt?

> »In Hinterpommern liegt der Demantberg, der hat eine Stunde in die Höhe, eine Stunde in die Breite und eine Stunde in die Tiefe; dahin kommt alle hundert Jahr ein Vögelein und wetzt sein Schnäbelein daran, und wenn der ganze Berg abgewetzt ist, dann ist die erste Sekunde von der Ewigkeit vorbei.«[1]

> »Denn tausend Jahre sind vor dir wie der Tag, der gestern vergangen ist und wie eine Nachtwache.« Ps 90,4

Zur Vorstellung von der Ewigkeit gehört, dass sie unmittelbar mit der Wahrnehmung der Zeit verbunden ist. Bilder, mit denen die Ewigkeit beschrieben werden soll, versuchen nicht nur die Grenzen der menschlichen Vorstellungsfähigkeit zu überschreiten (und scheitern zugleich mit ihrem Vorhaben), sie stellen immer auch eine Relation zur Zeitwahrnehmung her. In Bildern von der Ewigkeit wird die gegenwärtige Zeit als begrenzt beschrieben, und die Ewigkeit demgegenüber als das, was sich jenseits dieser Begrenzung fortzusetzen vermag. Sie ist unvorstellbar lange, und damit unendlich und unermesslich. Sie geht über das hinaus, was von der Zeiterfahrung aus als bereits unvorstellbar lang angesehen wird. Lässt sich Unendlichkeit noch in Formeln fassen, so wie dies für die Unendlichkeit der Zahlenfolge möglich ist, so ist dies für die Ewigkeit unmöglich, denn sie müsste die eigentlich undenkbare Grenzüberschreitung sowohl begrifflich als auch formal erfassen. Alles Berechnen bliebe immer noch im gegenwärtigen Zeithorizont, selbst wenn dieser sich schon unserer eigenen Vorstellungskraft entzieht. Dies betrifft die Überlegungen zur Ausdehnung des Universums und der möglichen Dauer dieser Ausdehnung nach dem Urknall genauso wie z.B. den offensichtlich ernst gemeinten Versuch, die Zeitvorstellung zu erfassen, die der Geschichte vom Vogel, der alle hundert Jahre den Diamantberg abwetzt, zu-

1 Aus: Das Hirtenbüblein, Kinder- und Hausmärchen, gesammelt durch die Brüder Grimm, Jubiläumsausgabe, ^{2}1907.

grunde liegt. 10^{18} Jahre, also eine Milliarde Milliarden Jahre wird es dauern, bis alle Sterne des Universums sterben und in einem riesigen schwarzen Loch aufgesogen wären. Diese unvorstellbaren 10^{18} Jahre entsprechen wiederum der Zeit, die der Vogel benötigen würde, um z.B. den Mount Everest abzutragen.[2]

Nicht nur das mangelnde Vorstellungsvermögen für solche Zeiträume, auch die Unmöglichkeit, die Ewigkeit begründbar in Analogie zur wie auch immer berechneten unvorstellbar langen Zeit zu betrachten, verweisen das Denken über die Ewigkeit an die Nutzung von Bildern. Hinter dem Horizont der Zeit versagt alle Definitionsmacht.

Da wir Menschen aber doch von der Ewigkeit reden – und zwar genau dann, wenn wir an die Sinnfragen des Lebens rühren – greifen wir paradoxerweise auf Bilder zurück, die aus dem Bereich stammen, den das Vorstellungsvermögen angesichts des Denkens über die Ewigkeit gerade hinter sich lassen will. Da die Ewigkeit in Beziehung zur Zeit steht, benutzt der Versuch sie in bildhafter Weise zu beschreiben, Aussagen und Bilder über die Zeit. So wird die Ewigkeit als unermesslich lange Zeit beschrieben. Die Ewigkeit geht über die Zeit hinaus, so dass die Zeit möglicherweise ein in sich abgegrenzter Teil der Ewigkeit ist. Hinter der Grenze hört die Zeit auf oder geht in die Ewigkeit über. Hinter dieser Grenze hat mutmaßlich das ein Ende gefunden, was die Zeit auszeichnet. Ihr ständiges Weitergehen und Verstreichen. In der Ewigkeit gibt es kein Voranschreiten mehr. Sie zerdehnt sich, so dass sie das verliert, was die Zeit charakterisiert. Sie hat nichts Voranschreitendes mehr und ihr ist auch nicht mehr das Entscheidende an der Zeitlichkeit eigentümlich: die Vergänglichkeit. Die Ewigkeit lässt alle Vergänglichkeit hinter sich und rechnet nicht mehr mit weiteren Verwandlungen.

Hinter der Auseinandersetzung mit dem Charakter der Ewigkeit steht letztlich die Sorge um die Verlässlichkeit der Welt. Wie zuverlässig ist die Welt, in der wir leben. Wenn die Zeit möglicherweise ein in sich abgegrenzter Teil der Ewigkeit ist, dann könnten sich durch die Bilder von der Ewigkeit sogar Rückschlüsse auf den Charakter der Welt ergeben. Das jetzt Gegenwärtige und der Zustand der Welt ist dann nur innerhalb des Zeithorizontes bestimmend, jenseits des Hori-

2 Honerkamp, Josef: Zeitgenössische Betrachtungen zum Schicksal des Universums. Vortrag anläßlich der Eröffnung des Akademischen Jahres der Albert-Ludwigs-Universität Freiburg am 20. Oktober 1993, 6. (http://phym1.physik.uni-freiburg.de/~hon/Festvorträge.htm).

zontes ist er aufgehoben. Gibt es innerhalb dieser Denkbewegung aber keinen Garanten für die Ewigkeit, dann muss das als Zeit Eingegrenzte alle Erwartungen an die Sicherheit dieser Welt auf sich nehmen. Dann wird die Fortdauer der Zeit zu dem, was Verlässlichkeit verheißt. In diesem Sinne argumentieren alle, die für die Dauerhaftigkeit dieser Welt auf die unvorstellbare Weite des Universums verweisen und die damit verbundene Zeitdauer, bis sich das Universum in das Schwarze Loch »aufgelöst« haben mag. Unvorstellbar lange hin – Milliarden von Jahren entfernt – ist das den Bestand des Universums bedrohende Ende, so dass auch für die heute Lebenden die Gefährdung der Welt an Bedeutung verliert. Ähnlich »beruhigt« auch die mit der Quantenphysik verbundene Betrachtung des Universums, dass die Schöpfung anzusehen ist als eine »Quantenstörung in einem Nichts, das durch die Inflation zu einem sich ausdehnenden Universum angeschwollen ist«[3] Wegen der eigenen Auffassung der Null, die in der Quantenphysik beliebig lange existieren kann, ist die Welt in ihrem Bestand letztlich nicht begrenzt. Wenn wir innerhalb des Nichts so »real« leben, dann müsste auch die Realität jenseits des Horizontes ähnlich verlässlich sein.

Bezieht man die Suche nach der Verlässlichkeit aber nicht auf ein Nichts hinter dem Horizont, sondern fragt mit den Koordinaten des Glaubens, dann mündet die eigentlich unvorstellbare und doch gedanklich versuchte Grenzüberschreitung nicht im Nichts. Sie trifft auf eine andere Zuordnung für das Jenseitige und damit auch für die Ewigkeit. Gottes Wesen und Eigenschaften bestimmen die Qualität dessen, was die Ewigkeit ausmacht. Gott hat aus der Ewigkeit heraus, die Welt erschaffen und mit der Schöpfung auch die Zeit: »so wurde aus Abend und Morgen der erste Tag«. Aus der Ewigkeit heraus ist die Zeit geworden und damit der Rahmen gesetzt, in dem wir leben. Damit ist zugleich die Verlässlichkeit der Welt beschrieben. Hat Gott aus der Ewigkeit heraus die Welt mit ihrer Zeit erschaffen, dann ist auch die Ewigkeit Gottes innerhalb dieser Zeit wirksam. Sie wirkt als verlässliche Sorge und Fürsorge. So wie Luther es in seinen Erläuterungen zum ersten Artikel des Glaubens im Kleinen Katechismus formuliert:

> »Ich glaube, dass mich Gott geschaffen hat samt allen Kreaturen, mir Leib und Seele, Augen, Ohren und alle Glieder, Vernunft und alle Sinne gegeben

3 Nörretranders, Tor: Der Anfang der Unendlichkeit. Essay über den Himmel, 1993, 84.

> hat und noch erhält; dazu Kleider und Schuh, Essen und Trinken, Haus und Hof, Weib und Kind, Acker, Vieh und alle Güter; mit allem, was not tut für Leib und Leben, mich reichlich und täglich versorgt, in allen Gefahren beschirmt und vor allem Übel behütet und bewahrt; und das alles aus lauter väterlicher, göttlicher Güte und Barmherzigkeit, ohn all mein Verdienst und Würdigkeit.«

Bilder von der Ewigkeit führen letztlich also doch wieder zurück in den eingegrenzten Bereich der Zeit. Wird aber im Kontext des Glaubens über die Ewigkeit nachgedacht, entsteht angesichts der bedrängenden Frage nach der Verlässlichkeit der Welt Vergewisserung. Der Bezug zur Ewigkeit und die Bilder von der Ewigkeit geben Auskunft über das, was bleibt, ohne an der Unmöglichkeit, die Ewigkeit denken zu können, zu scheitern.

2. Wo kommen ich her?

Ein Schnurps grübelt
Also, es war einmal eine Zeit,
da war ich noch gar nicht da. –
Da gab es schon Kinder, Häuser und Leut'
Und auch Papa und Mama
Jeden für sich –
Bloß ohne mich!

Ich kann mir's nicht denken. Das war gar nicht so.
Wo war ich denn, eh es mich gab?
Ich glaub', ich war einfach anderswo,
nur daß ich's vergessen hab',
weil die Erinnerung daran verschwimmt –
Ja, so war's bestimmt!

Und einmal, das sagte der Vater heut,
ist jeder Mensch nicht mehr hier.
Alles gibt's noch: Kinder, Häuser und Leut',
auch die Sachen und Kleider von mir.
Das bleibt dann für sich – bloß ohne mich.

Aber ist man dann weg? Ist man einfach fort?
Nein, man geht nur woanders hin.
Ich glaube, ich bin dann halt wieder dort,
wo ich vorher gewesen bin.

Das fällt mir dann bestimmt wieder ein.
Ja, so wird es sein! Michael Ende[4]

»Er hat alles schön gemacht zu seiner Zeit, auch hat er die Ewigkeit in ihr Herz gelegt; nur dass der Mensch nicht ergründen kann das Werk, das Gott tut, weder Anfang noch Ende.« Koh 3,11

»Sprechen zu ihm seine Jünger: Siehe, nun redest du frei heraus und nicht mehr in Bildern ... Darum glauben wir, dass du von Gott ausgegangen bist.« Joh 16,29.30

In seinen Anfängen war für den christlichen Glaube die Frage nach der Zukunft die entscheidende. Denken und Hoffen des christlichen Glaubens waren gänzlich auf die Zukunft ausgerichtet. Die Wiederkunft des Herrn war das Ziel des Hoffens und Betens. Im sehnsuchtsvollen Ruf: „Amen, ja komm Herr Jesus« drückte sich das Zeit- und Geschichtsverständnis der frühen Christenheit aus. Davon ist das heutige Lebensgefühl und Zeitverständnis – auch das sich christlich verstehende – vollständig unterschieden. Das heutige Christentum orientiert sich an der Vergangenheit. Erkenntnisse über den historischen Jesus dienen dazu, Wesentliches zum Glauben zu vermitteln. Die rückwärtige und historisch geschulte Betrachtung gibt der Suchbewegung des Glaubens die Richtung vor, mit der gerade Antworten für die existentiellen und die Zukunft betreffenden Fragen gegeben werden sollen. Mit diesem Grundverständnis lenkt der Glaube an die Auferstehung Jesu den Blick zunächst nicht auf die Wiederkunft des Herrn und die damit verbundene eigene Zukunft. Statt dessen dominiert die am Historischen orientierte Betrachtung die Auferstehungshoffnung. Dies hat unmittelbare Folgen für das Nachdenken über die Ewigkeit. Bei rückwärtsgewandter Betrachtung wird auch das Interesse an der Überschreitung des rückwärtigen Horizonts konsequent. Die Bilder von der Ewigkeit zeichnen auch die rückwärts orientierte Bewegung nach. Ewigkeit ist nicht allein das, was sich zukünftig hinter dem Horizont auftun wird. Ewigkeit ist in gleicher Weise das, was vor dem Beginn der Zeit war – genauer, was war, bevor es zur Zeit kam, in der ich und alle meiner Art ihr Leben erfahren. Die Zeit ist gewissermaßen von vorne und von hinten in die Ewigkeit eingeschlossen. Aus der Sicht des Glaubens mündet damit nicht nur die Zukunft in Gottes

4 Ende, Michael: DAS SCHNURPSENBUCH © 1979 by Thienemann Verlag.

Ewigkeit. Auch die Vergangenheit ist aus Gottes Ewigkeit hervorgetreten.

Auf das persönliche Suchen und Fragen bezogen, entspricht der Frage nach dem eigenen künftigen Weg die Suche nach der eigenen Herkunft. Woher komme ich?

Kinder stellen diese Frage in der Regel dringlicher. In dem Maße, in dem Kinder in der westlichen Gesellschaft zu Ausnahmen und zu quasi kultisch verehrten Wesen werden, gewinnt die Frage nach der Herkunft an Relevanz. Die Antwort gibt nicht nur Vergewisserung darüber, dass dieses Leben wichtig ist; schließlich hat es seine Ursache außerhalb der eigenen Verfügbarkeit und kommt aus Gott. Die Herkunft von jenseits des rückwärtigen Horizonts vermittelt auch unmittelbar den Sinn, der innerhalb des Kontexts von Vergänglichkeit und Endlichkeit allein nicht erkennbar wird.

Ordnet man die Beschäftigung mit den Bildern für die Ewigkeit den klassischen dogmatischen Fragestellungen zu, dann ist alles Suchen und Fragen nach der Ewigkeit ein Teil der Soteriologie. Letztlich geht es um die Erlösung. In der Ewigkeit ist nicht nur die Vergänglichkeit aufgehoben und die Endlichkeit überwunden. Die Ewigkeit heilt die Unvollkommenheit, fügt die Bruchstücke zu einem Vollendeten zusammen und erlöst vom Leiden an allem, was durch Endlichkeit und Fragmentarisches verursacht wird. Die Ewigkeit heilt und erlöst. Die Auferstehung Jesu Christi gibt uns, den endlichen, vergänglichen, korrumpierten und mit Leiden lebenden Wesen, Anteil an der erlösenden Ewigkeit. Nun hat Gottes Heilshandeln zur Voraussetzung, dass sich der unendliche ewige Gott in die Endlichkeit und Vergänglichkeit der Welt begibt. Die Inkarnation Gottes ist die Bedingung für die Erlösung. Gott verlässt in der Inkarnation die Ewigkeit, um am Ende die Endlichkeit in die Ewigkeit mit hinein zu nehmen. Die Bilder von der Ewigkeit zeichnen die Erlösungsbewegung Gottes aus der Ewigkeit in die Endlichkeit und wieder zurück in die Ewigkeit nach. Die kindlich-menschliche Frage nach der eigenen Herkunft nimmt das Wissen um Gottes Inkarnation auf. Im Weihnachtschristentum findet die Gewissheit, dass Christus aus Gottes Ewigkeit in diese endliche und begrenzte Welt eingegangen ist, seinen stärksten Ausdruck. Zwar stehen die Freude am Kind, das neue Leben und die Sehnsucht nach erlaubter Regression dabei im Vordergrund. Die Botschaft ist: Alles wird gut – und das Kind ist der Hoffnungsträger. Doch der Subtext der weihnachtlichen Freude ist der Wunsch nach Identifikation und die Ahnung davon, dass die Suche nach der eigenen Herkunft eine Antwort erfährt. So wie das Kind in der Krippe aus der Ewigkeit Gottes in diese heillose Welt gekommen ist, mögen doch alle Kinder aus Gottes Ewigkeit kommen! Nicht erst der erwachsene Christus führt mit seiner Auferstehung zur Erlösung, die spätestens jenseits des Horizonts in der Ewigkeit zu erfahren sein wird. Auch jedes kleine Kind soll als Zeuge von der anderen Welt, aus der es in dieses Leben gelangt ist, auftreten. Die Entfernung zur Quelle des Lebens ist für das Kind noch nicht groß. In dem Maße, in dem der Inkarnationsgedanke verselbständigt und aus dem gesamten soteriologischen Geschehen herausgelöst wird, weitet sich der Vorstellungsrahmen für das Ewigkeitsverständnis. Mit der vom Weihnachtsgedanken inspirierten Sicht gehören Ziel und Ursprung des Lebens gleichermaßen zum nicht vorstellbaren Feld der Ewigkeit. Der Anblick des Kindes, des weihnachtlichen Kindes genauso wie der im Alltag zu sehenden Kinder, öffnet den Blick für das Bild der Ewigkeit, die noch nicht Zeit geworden ist. Der Anblick und Gedanke an die Ewigkeit als »Noch-nicht-Zeit« bahnt wiederum einen schmalen Weg, um eine Antwort zu finden, auf die Frage nach dem eigenen Woher. Der für diese Frage auffällige Mangel an Erinnerungen an den Ursprung entspricht dabei der Unfähigkeit, sich die Zukunft vorzustellen. Die fehlende Erinnerung an das Woher hat aber seine Ursache nun gerade nicht darin, dass es da nichts zu erinnern gäbe. Im zitierten kindlichen Gedicht findet diese Gewissheit fragende Worte. Letztlich speist sich diese aus der Überzeugung, dass die Ewigkeit nicht Nichts ist, sondern Gottes Gegenwart vor der Zeit. Die Vorstellungen und Bilder von der Ewigkeit zwingen zur Grenzüberschreitung, die doch unter den Bedingungen dieser Zeit nicht leistbar ist. Möglich bleibt lediglich die Erläuterung der Bilder in neuen Bildern und Geschichten, so wie in dieser, die über das eigene Woher und die Unfähigkeit sich daran zu erinnern Auskunft gibt.

»Engel sollen jedes Kind vor seiner Geburt belehren. Sobald es aber an die Luft der Welt kommt, erscheint ein Engel, legt ihn seinen Finger auf die Lippen und lässt es alle Weisungen vergessen. Deshalb werden alle Menschen mit einer Kerbe in der Mitte der Oberlippe geboren und können sich an nichts erinnern.«[5]

5 So die volkstümliche Fassung, die ohne Quellenangabe in unterschiedlichem Kontext wiedergegeben wird. Die Fassung des babylonischen Talmud ist weniger anrührend. Hier schlägt der Engel das Kind in der Geburt auf den Mund und lässt es

3. Worauf darf ich hoffen?

Faust: Zum Augenblicke dürft ich sagen:
Verweile doch, du bist so schön!
Es kann die Spur von meinen Erdentagen
Nicht in Aeonen untergehn. –
Im Vorgefühl von solchem hohen Glück
Genieß ich jetzt den höchsten Augenblick.

Mepistopheles: Ihn sättigt keine Lust, ihm genügt kein Glück,
so buhlt er fort nach wechselnden Gestalten;
Den letzten, schlechten, leeren Augenblick,
Der Arme wünscht ihn festzuhalten.
Der mir so kräftig widerstand,
Die Zeit wird Herr, der Greis hier liegt im Sand.
Die Uhr steht still – Goethe, Faust II, 5. Akt

»Dann wird das Himmelreich gleichen zehn Jungfrauen, die ihre Lampen nahmen und gingen hinaus, dem Bräutigam entgegen. ... Als nun der Bräutigam lange ausblieb, wurden sie alle schläfrig und schliefen ein. Um Mitternacht aber erhob sich lautes Rufen: Siehe der Bräutigam kommt! Geht hinaus, ihm entgegen ... und die bereit waren, gingen mit ihm hinein.« Mt 25,1.5.6.10.

Einerseits bezieht sich die Ewigkeit auf die Erfahrung von Zeit, andererseits zeichnet sie sich dadurch aus, dass sie etwas gegenüber der Zeiterfahrung Fremdes meint. Auf nicht bestimmbare Weise gehört die Ewigkeit sowohl noch in die Zeit und als auch nicht. Nicht nur, dass sie sich in der unermesslich langen Zeitdauer ahnen lässt. Sie kann sich genauso auf einen einzigen Punkt zusammendrängen. Für das Bild von der Ewigkeit wird damit aus der Zeit eine »Nichtzeit«. Die Ewigkeit wird nicht mehr dem entsprechen, wie wir Zeit erleben und nicht mehr den Gesetzen gehorchen, denen unser Leben untergeordnet zu sein scheint.

Das hat Konsequenzen für die Bilder von der Ewigkeit. Unsere Bilder von der Ewigkeit müssen davon ausgehen, dass sich der gegenwärtige Charakter der Zeiterfahrung auflöst.

Die Auflösung könnte sich ähnlich dem Übergang in den Schlaf vollziehen. Mit dem Schlaf verflüchtigt sich der feste zeitliche Bezugs-

die Weisung ganz und gar vergessen. Der Babylonische Talmud, ausgewählt, übersetzt und erklärt von Reinhold Mayer, 1963, 502.

punkt. Der Versuch, den genauen Augenblick des Einschlafens bewusst wahrzunehmen, scheitert trotz allen Bemühens. Die Grenzlinie zwischen Wachen und Schlafen ist nach der Phase des Schläfrigwerdens nicht bestimmbar. Plötzlich bricht die Wahrnehmung aus dem Wachsein heraus zusammen. Jegliches Bewusstsein für Dauer, Beständigkeit und Abfolge ist aufgehoben. Wie die Zeit sich während des Schlafes »anfühlt« ist unbestimmt. Sie hört irgendwie auf zu existieren, so wie der Schläfer auch aufhört da zu sein. In seiner Selbstwahrnehmung kann er zwar träumen, aber auch durchaus nicht mehr vorhanden sein. So tief und fest ist der Schlaf möglicherweise, dass die bewusste Wahrnehmung in einen Bereich hineingelangt, in dem nichts mehr ist. Dann kommt es auf das Aufwachen an, das gegen das Nichts des Schlafes die ganze Wirklichkeit der mit den Sinnen wahrnehmbaren Welt setzt.

Der Vergleich von Schlaf und Tod, bzw. von Einschlafen mit Sterben und Wachwerden mit einem Aufwachen/ Auferstehen in der Ewigkeit hat seine Wurzeln sicherlich in dieser Unbestimmtheit der Wahrnehmung während des Schlafes, die der Unmöglichkeit gleicht, den Zustand jenseits des Horizontes bereits jetzt gewahr zu werden. Luther hat die Analogie zwischen Schlaf und der unbestimmten und nicht wahrnehmbaren Dauer bis zum Erreichen der Ewigkeit durch die Auferstehung mehrfach benutzt. Dies ist nicht nur seelsorgerlich weise gewesen. In einem Feld, in dem es unmöglich ist, etwas mit Sicherheit behaupten zu können und doch um der Wahrheit des Glaubens willen nicht schweigen zu dürfen, bedient er sich eines Bildes, das allen Menschen aus der Erfahrung zugänglich ist: Der Körper schläft und wenn er wieder aufwacht, ist die verstrichene Zeit nicht unmittelbar greifbar. Sie kann unermesslich lang gewesen sein oder nur den Bruchteil einer Sekunde gedauert haben. In einer Predigt zum Jüngling zu Nain, verbindet er diese Analogie von Schlaf zu Tod mit einem zusätzlichen Motiv, das die entscheidende christliche Erwartung an die Ewigkeit in Christus beschreibt:

> »Denn gewiss ist es, dass Christus am jüngsten Tage kommen und uns wieder vom Tode aufwecken wird. Deswegen ruhen der Christen Körper im Grabe, und schlafen, bis Christus komme und klopfe an das Grab und spreche: auf, auf! Dann werden wir auferstehen, als aus einem sanften, lieblichen Schlaf, und ewig mit dem Herrn Christus leben und fröhlich sein.«[6]

6 WA 37, 151, 8ff.

Wer zum ewigen Leben aufwacht, wird sich mitten in einem Fest befinden. Vom Tode zu erwachen bedeutet, in ein Fest hineingestellt zu sein. Dieses Fest wird nicht mehr aufhören und die Freude dabei wird rauschhaft wie bei einer orientalischen Hochzeit sein. Mit dieser Deutung beschreibt Luther die Ewigkeit in einem Bild, das geschichts- und mentalitätsübergreifend verständlich ist. Es benutzt eine urmenschliche Sehnsucht: Den Augenblick festzuhalten, wenn ein Fest gefeiert wird, um nie mehr in die Alltagsrealität zurückkehren zu müssen. Hochzeitsfeste sind der Prototyp solcher Festfreude, für die der Wunsch nach unendlicher Dauer menschlich ist. Nicht nur dass hier das Fest in traditionellen Kulturen besonders herausragt; es verbindet in sich auch das, was das Leben voranführt. Neues Leben kann durch die Vereinigung von einander bisher nicht Verbundenen beginnen. Rausch und Reichtum prägen in der Regel das Fest, selbst wenn im Alltag weder Ekstase möglich, noch Überfluss vorhanden ist.

Mit der Analogie von Ewigkeit zum (Hochzeits-)Fest greift Luther Jesu Bildsprache auf. Die Gleichnisse Jesu benutzten mehrfach das Bild vom Fest, um den Charakter des Reiches Gottes zu beschreiben. Dabei konzentrieren sich die Gleichnisse auf das Bild, mit dem die Ewigkeit umschrieben werden kann. Der veränderte Charakter der Zeit ist für die Deutung durch Bilder und Gleichnisse eher uninteressant. Lediglich in Jesu Hinweis, dass das Reich Gottes inwendig ist (Lk 17,21) und in seiner Abwehr, ein Zeichen zu setzen (Mt 16,1–4), findet sich eine Andeutung, mit welchem Zeitverständnis Jesus das Reich Gottes belegt. Entscheidend sind die Bilder. Sie sind die Gewähr dafür, dass nicht »falsche« Bilder von der Ewigkeit in diesem Leben den Weg zum Reich Gottes versperren. Sie bewahren auch davor, hinter dem Horizont das Nichts zu vermuten oder zu befürchten. Die Gleichnisse Jesu bedienen sich der Bildsprache, weil Bilder die beste Weise sind, dem Nichts die Fülle des Lebens entgegenzuhalten. Den stärksten Kontrast zum Nichts drückt das Bild vom Fest aus, besonders das Bild vom Hochzeitsfest. Jesus benutzte das Festbild, um mit seinen Hörern den Versuch der gedanklichen Grenzüberschreitung zu unternehmen, die eben nicht im Nichts mündet, sondern zum Neubeginn von Leben führt. Da der Glaube an Jesus voraussetzt, dass Jesus den Horizont hinter sich lassen konnte, um neues Leben (und nicht Nichts) zu erfahren, ist für alle, denen der Schritt über die eigenen Grenzen hinaus noch unmöglich bleibt, die Bildsprache Jesu der Weg der Annäherung. Für die Hörenden beschreiben Jesu Gleichnisse die eigentlich unmögliche Grenzüberschreitung, ohne sich dabei vor dem Nichts fürchten zu müssen.

Wer die Bildsprache Jesu übernimmt, vermag doch den Schritt über die eigenen Grenzen hinaus zu setzen und in den Bilder von der Ewigkeit einen Spiegel von ihr zu erkennen, so wie Paulus es im Hohenlied der Liebe beschreibt. Selbst wenn der Versuch der Grenzüberschreitung dennoch immer wieder zum Scheitern verurteilt ist, bleibt er die einzige Möglichkeit trotzdem mehr über die Ewigkeit zu erfahren und zu wissen. Denn die Ewigkeit ist nicht Nichts.

V. Leben angesichts der Ewigkeit

Ewigkeitserfahrung als Hoffnung des christlichen Glaubens

Katrin Gelder

Lass mich dein sein und bleiben,
du treuer Gott und Herr,
von dir lass mich nichts treiben,
halt mich bei deiner Lehr.
Herr, lass mich nur nicht wanken,
gib mir Beständigkeit;
dafür will ich dir danken
in alle Ewigkeit. (EG 157)

Lässt sich Ewigkeit erfahren? Oder ist Ewigkeit nicht vielmehr etwas, was sich am allerwenigsten menschlicher Erfahrung stellt? Ist Ewigkeit nicht der Inbegriff einer Wirklichkeit, die sich den Kategorien von Raum und Zeit, wie sie zur Erfahrung konstitutiv gehören, entzieht?

»Ewig« ist in der Bibel ein oft gebrauchtes Attribut. So ist beispielsweise vom »ewigen Reich« die Rede (Ps 145,13; 2Petr 1,11), vom »ewigen Bund« (Jer 50,5; Hebr 13,20), von »ewiger Gnade« (Jes 54,8) sowie vom »ewigen Leben« (Joh 3,16; 1Joh 2,25).

»In Ewigkeit« ist eine beliebte biblische Formulierung, zum Ausklang des »Vater unser« wie in einer Vielzahl von Psalmen (z.B. Ps 30,13; 103,17; 117,2 u.ö.). In der liturgischen Doxologie, dem gloria patri, wird dies aufgenommen: »Ehre sei dem Vater und dem Sohn und dem Heiligen Geist, wie es war im Anfang, so auch jetzt und allezeit und in Ewigkeit. Amen.«

»Ewiger Gott« ist eine gebräuchliche Anrede Gottes im gottesdienstlichen Gebet, im Tagesgebet wie in der Fürbitte und der Präfation. Mit der Anrede Gottes als des Ewigen kommt die Raum und Zeit übergreifende Dimension Gottes in den Blick.

Darum nochmals die Frage: Schließen sich »Ewigkeit« und »Erfahrung« nicht gegenseitig aus?

Das Thema »Ewigkeitserfahrung« wurde an mich herangetragen, weil ich mich mit dem Zusammenhang zwischen Glaube und Erfahrung intensiv befasst habe.[1]

Das Fazit meiner Studie zum Thema »Glaube und Erfahrung« ist eine begründete Skepsis gegenüber jeglicher allzu vollmundigen Rede von Glaubenserfahrung. Denn Glaube ist ein Erfahrungs- und Erkenntnisprozess, in dem sich Gott der Erfahrbarkeit wie der Erkennbarkeit auch immer wieder entzieht. Im Glauben wird den Menschen eine bestimmte Sicht auf die Wirklichkeit und damit auch eine bestimmte Erfahrungsperspektive erschlossen. Angeleitet von der ihnen erschlossenen Erfahrungsperspektive machen Menschen ihre Erfahrungen. Die Erfahrungsperspektive, wie sie im Glauben durch Gott selbst eröffnet wird, knüpft an allgemein-menschliche Erfahrungen an, tritt zu diesen aber auch in Widerspruch. Die Erfahrungsperspektive, wie sie sich im Glauben erschließt, will den Menschen befreien aus einer von Sünde bestimmten Erfahrungswirklichkeit und hat zugleich an ihr teil. So ist der Mensch bleibend darauf angewiesen, dass Gott ihm immer wieder neu eine veränderte, befreite Erfahrungsperspektive erschließt.

Alle Glaubens- und Gotteserfahrung hat an dieser Situation teil, somit auch die im christlichen Glauben erschlossene Ewigkeitserfahrung. Gottes Ewigkeit verschließt sich der Erfahrungswirklichkeit des Menschen, und zugleich gibt Gott dem Menschen schon im Hier und Jetzt an ewigem Leben teil.

In dieser Perspektive gehe ich im Folgenden dem Thema »Ewigkeitserfahrung« nach. Ich nähere mich der Rede von einer im christlichen Glauben erschlossenen Ewigkeitserfahrung, indem ich zunächst bedenke, was in unserer allgemein-menschlichen Erfahrungswirklichkeit die dunkle Folie für Ewigkeit darstellt: der Tod. In Anknüpfung daran und in Widerspruch dazu entfalte ich die im christlichen Glauben erschlossene Erfahrung von Ewigkeit: Die christliche Erfahrungsperspektive eröffnet ein verändertes Verhältnis zum Tod im Angesicht des Glaubens an Ewigkeit. Dieser Glaube hat seinen Grund in der Auferweckung des gekreuzigten Christus durch Gott. Im Hier und Jetzt gibt uns Gott in der Taufe teil an ewigem Leben, indem er uns

1 Vgl. Gelder, Katrin: Glaube und Erfahrung. Eine kritische Auseinandersetzung mit Gerhard Ebelings »Dogmatik des christlichen Glaubens im Kontext der gegenwärtigen evangelisch-theologischen Diskussion«, 1992.

mit Christus kreuzigt und auferweckt. Doch unsere Erfahrungswirklichkeit ist bleibend von dem Widerspruch zwischen so eröffnetem neuem Leben und der Wirkmächtigkeit der Sünde geprägt. Zur im christlichen Glauben erschlossenen Erfahrungsperspektive gehört unabdingbar die Hoffnung auf partielle Teilhabe an ewigem Leben im Hier und Jetzt und auf vollendete Teilhabe an ewigem Leben in Gottes Ewigkeit. Diese Hoffnung findet Ausdruck in Bildern von der Ewigkeit sowie im Lobpreis des ewigen Gottes.

1. Tod und Ewigkeit

In unserer allgemein-menschlichen Erfahrungswirklichkeit ist der Tod die dunkle Folie für die Ewigkeit. Er macht in letzter Konsequenz die Endlichkeit und Begrenztheit des Lebens deutlich. Ewigkeit hingegen steht für die Zeit und Raum übergreifende Dimension.

Zu der Erfahrungsperspektive, wie der christliche Glaube sie erschließt, gehört, sich der Endlichkeit des eigenen Lebens und allen Lebens in dieser Welt bewusst zu werden. Wer glaubt, dass der dreieinige Gott diese Welt geschaffen hat, ist herausgefordert, sie als Kreatur, als Schöpfung Gottes anzusehen und damit als endlich und begrenzt. Im christlichen Glauben zu wachsen und sich in diesem Glauben zu üben, heißt immer auch: memento mori – sich des Sterbens, des Sterben-Müssens zu erinnern.

Zu der Erfahrungsperspektive, wie der christliche Glaube sie erschließt gehört ebenso sich bewusst zu machen, dass das eigene Leben und alles Leben in dieser Welt – in Kategorien von Raum und Zeit gesprochen – vorläufig ist, in traditioneller theologischer Sprache gesagt: das Vorletzte. Der Tod hat nicht das letzte Wort. Denn die letzte Wirklichkeit allen Lebens liegt aus der Sicht des christlichen Glaubens bei Gott allein beschlossen. Wer glaubt, dass der dreieinige Gott diese Welt in Christus erlöst hat und dereinst neu erschaffen wird, ist herausgefordert sich in ein Gottvertrauen einzuüben, wie Paulus es auf unüberbietbare Weise im 8. Kapitel des Römerbriefes zum Ausdruck gebracht hat: »Ich bin gewiss, dass weder Tod noch Leben, weder Engel noch Mächte noch Gewalten, weder Gegenwärtiges noch Zukünftiges, weder Hohes noch Tiefes noch irgendein anderes Geschöpf uns scheiden kann von der Liebe Gottes, die in Christus Jesus ist, unserm Herrn« (Röm 8,38f).

Unsere aktuelle gesellschaftliche Situation ist in besonderem Ausmaß gekennzeichnet von Todesvergessenheit und Todesverdrängung. Sterbende werden vielfach abgeschoben in Pflegeheime und Krankenhäuser; in der vermeintlich normalen Umgebung will man sie nicht haben. Denn sie erinnern an die Unwiederbringlichkeit des Todes und daran, dass wir das Ende unseres Lebens nicht in der Hand haben. Der Tod gehört zum Leben – doch viele wollen leben ohne den Tod, genauer: ohne sich des Todes bewusst zu sein. Sie schieben ihn aus ihrer Erfahrungswirklichkeit hinaus: » ... seine (scil.: des Todes) *Verbannung* aus der Sphäre des Lebens nimmt man sich vor. Da der Tod einstweilen unausweichlich bleibt, soll wenigstens das Leben, solange es dauert, von ihm gereinigt und die schmähliche Erinnerung an ihn getilgt werden.«[2]

Die Herausforderung zum memento mori, wie sie sich aus dem christlichen Glauben und der in ihm erschlossenen Erfahrungsperspektive ergibt, spitzt sich zu in einer Gesellschaft wie der unsrigen, die atmosphärisch von Todesvergessenheit und Todesverdrängung geprägt ist. Es ist schwer und darum eine besondere Herausforderung des Glaubens, sich dieser Atmosphäre zu entziehen und die Endlichkeit und Vorläufigkeit allen Lebens nicht allein im Lippenbekenntnis, sondern auch in Gestalt der eigenen Lebenshaltung anzuerkennen. Dies beinhaltet, sich in ein verändertes Verhältnis zur Zeit einzuüben – was in unserer gesellschaftlichen Situation ebenso eine besondere Herausforderung darstellt. Denn eine der häufigsten Redewendungen heißt heutzutage: »Ich habe keine Zeit«, und es verbindet sich mit ihr vielfach das Gefühl zu kurz zu kommen und Objekt des eigenen Terminkalenders zu sein.

Doch während im Zuge der Todesverdrängung Zeit wie ein Fass ohne Boden erscheint, die sich überall hin verströmt und zerfließt, gehört zum christlichen Glauben im Zuge des Wissens um Ewigkeit eine Lebenshaltung, nach der mir wie jedem Menschen in dieser Welt eine begrenzte Spanne Zeit anvertraut wird. Diese Zeitspanne gilt es verantwortlich zu füllen und dabei zu vertrauen, dass die zur Verfügung gestellte Zeit nicht zu kurz ist – selbst wenn es nach menschlichem Ermessen immer wieder so erscheinen mag.

2 Gronemeyer, Marianne: Das Leben als letzte Gelegenheit. Sicherheitsbedürfnisse und Zeitknappheit, 1993, 25.

2. *Ewigkeit und Auferstehung*

In meinen Überlegungen zum Verhältnis von Tod und Ewigkeit ging es um die Lebenshaltung in dieser Zeit und in dieser Welt, zu der die im christlichen Glauben erschlossene Erfahrungsperspektive befreit – fachtheologisch gesprochen: um präsentische Eschatologie.

Unter der Überschrift »Ewigkeit und Auferstehung« wende ich mich nun der so genannten futurischen Eschatologie zu, das heißt der Thematik ewigen Lebens jenseits der Grenzen des Todes, jenseits der Grenzen von Raum und Zeit. Ewigkeit im Sinne futurischer Eschatologie entzieht sich der Erfahrungswirklichkeit des Menschen. Doch von der Sache des christlichen Glaubens her wäre es unzulässig, von Ewigkeit allein in präsentisch-eschatologischer Perspektive zu reden. Und außerdem, auch wenn Ewigkeit als der Neuschöpfung durch Gott vorbehaltene Wirklichkeit sich allen konkreten Erfahrungen der Menschen entzieht, gehört doch zur im christlichen Glauben erschlossenen Erfahrungswirklichkeit die Hoffnung auf solches ewiges Leben. Der christliche Glaube ist nicht zu denken ohne die Hoffnung auf die Auferstehung der Toten, genauer: ohne die Hoffnung auf Auferweckung der Toten durch Gott – und zwar an Leib, Seele und Geist.

Der theologisch bedeutsamste Text der Bibel dazu findet sich meines Erachtens im 1. Korintherbrief im 15. Kapitel, wo Paulus einen unmittelbaren, unverbrüchlichen Zusammenhang zwischen der Auferstehung Jesu Christi und der Auferstehung der Toten herstellt: »Wenn aber von Christus verkündigt wird, dass er von den Toten auferstanden ist, wie sagen dann einige unter euch: Es gibt keine Auferstehung der Toten? Gibt es keine Auferstehung der Toten, so ist auch Christus nicht auferstanden.« (V. 12f) Des Weiteren finden sich hier eine Adam-Christus-Typologie in Blick auf Schöpfung und Neuschöpfung sowie die Bilder vom Sterben als Entschlafen, vom neuen Leib und vom Schall der Posaune. G.W.F. Händel hat nicht zuletzt diese Bilder in seinem Oratorium »Der Messias« auf äußerst eindrucksvolle Weise in ein musikalisches Klangbild umgesetzt. Die Inszenierung dieses Oratoriums als Ballett an der Hamburgischen Staatsoper durch John Neumeier (Uraufführung am 28.11.1999; in Verbindung mit Auszügen aus der »Berliner Messe« von Arvo Pärt) stellt eine provokative, doch meines Erachtens gelungene Gratwanderung in Blick auf die Darstellung der Auferstehungshoffnung im Medium des Tanzes dar.

Von Beginn des christlichen Auferstehungsglaubens an dienen Bilder dazu, die Hoffnung auf Auferweckung der Toten zu ewigem Leben in der Erfahrungswirklichkeit der Christinnen und Christen zu verwurzeln – Sprachbilder, Bilder der darstellenden Kunst und Klangbilder.

Das Bild vom Tod als Schlaf auf dem Weg zur Auferweckung beispielsweise ist aus Martin Luthers Theologie von Tod und Auferstehung nicht wegzudenken. Es findet sich zum Beispiel in dem von Luther in Melodie und Text gestalteten Lied, das dem Lobgesang des Simeon aus Lk 2,29–32 Ausdruck gibt: »Mit Fried und Freud ich fahr dahin in Gottes Wille; getrost ist mir mein Herz und Sinn, sanft und stille, wie Gott mir verheißen hat: der Tod ist mein Schlaf worden« (EG 519, 1).

3. Taufe und ewiges Leben

Nach Jesu Kreuzigung und Auferstehung bildete sich christliche Gemeinde als Gemeinschaft derer, die an ihn als den Christus Gottes glaubten. Die Gemeinschaft der Christenmenschen vergrößerte sich, indem viele zum Glauben fanden und sich taufen ließen (vgl. Apg 2,41).

Der zentrale biblische Text, in dem die Bedeutung der Taufe für das Christsein reflektiert wird, findet sich im Römerbrief im 6. Kapitel. Dort heißt es im letzten Vers: »Denn der Sünde Sold ist der Tod; die Gabe Gottes aber ist das ewige Leben in Christus Jesus, unserm Herrn.« An diesem ewigen Leben erhalten Menschen Anteil durch die Taufe. Dabei beschreibt Paulus das ewige Leben näher als »neues Leben«: »Oder wisst ihr nicht, dass alle, die wir auf Christus Jesus getauft sind, die sind in seinen Tod getauft? So sind wir ja mit ihm begraben durch die Taufe in den Tod, damit, wie Christus auferweckt ist von den Toten durch die Herrlichkeit des Vaters, auch wir in einem neuen Leben wandeln« (Röm 6,3f).Das Mitsterben mit Christus findet in dieser Welt seine Gestalt darin, dass der alte, der Sünde verhaftete Mensch in der Taufe in den Tod gegeben wird und so der Sünde abstirbt. Die Teilhabe an der Auferweckung Jesu wirkt sich dahin gehend aus, dass »wir in einem neuen Leben wandeln«: »Darum soll nun die Sünde in eurem sterblichen Leib nicht herrschen, so dass ihr seinen Begierden keinen Gehorsam mehr leistet. Stellt nicht eure Glieder der

Sünde zur Verfügung als Waffen der Ungerechtigkeit, sondern stellt euch Gott zur Verfügung als Menschen, die tot waren, aber nun lebendig sind, und eure Glieder Gott als Waffen der Gerechtigkeit« (Röm 6,12f).

Paulus geht in Röm 6 nicht darauf ein, dass das Absterben der Sünde und Auferstehen zu neuem Leben, wie es in der Taufe geschieht, eine geistliche Wirklichkeit ist, die im tatsächlichen Lebensvollzug des Menschen nur bedingt abgebildet wird. Die Erfahrungswirklichkeit zeigt: Menschen fallen in ihrem Denken und Fühlen, in ihrem Tun und Lassen immer wieder der Sünde anheim.

Die besondere Wirkungskraft von Martin Luthers Tauftheologie, wie er sie im Kleinen Katechismus entfaltet, liegt darin begründet, dass Luther in seinen Aussagen zur Taufe auf die Erfahrungswirklichkeit der Menschen Bezug nimmt: Auch wenn der Mensch Röm 6 zufolge mit der Taufe der Sünde ein für allemal gestorben ist, bedarf es im Lebensvollzug dieses Absterbens immer wieder neu. Dies geschehe »durch tägliche Reue und Buße«. Luther schreibt in seinem Kleinen Katechismus zu der Frage: »Was bedeutet denn solch Wassertaufen?«: »Es bedeutet, dass der alte Adam in uns durch tägliche Reue und Buße soll ersäuft werden und sterben mit allen Sünden und bösen Lüsten; und wiederum täglich herauskommen und auferstehen ein neuer Mensch, der in Gerechtigkeit und Reinheit vor Gott ewiglich lebe.«

Die Taufe ist inmitten der bewegten Lebens- und Glaubensgeschichte jedes und jeder einzelnen mit ihren »Hochs« und »Tiefs« gewissermaßen der Anker. Martin Luther soll in schwierigen Situationen vor sich hingeschrieben haben: »baptizatus sum« = »ich bin getauft«. In der Taufe bekommen Menschen teil an Jesu Sterben und Auferstehen, teil am ewigen Leben. Das »Taufkapitel« des Römerbriefs mündet ein in die Aussage: »... die Gabe Gottes aber ist das ewige Leben«.

Der Erfahrung ist diese göttliche Gabe nur begrenzt zugänglich. »Ewiges Leben« als Leben mit neuer Qualität, befreit von der Macht der Sünde, lässt sich nur unter der Erfahrungsperspektive erfahren, wie sie im Glauben erschlossen wird. Diese Erfahrungsperspektive wird Menschen von Gott in Widerspruch zu ihrer natürlichen, allgemein-menschlichen Erfahrungswirklichkeit eröffnet. Dass im Hier und Jetzt ewiges Leben geschenkt wird, ist Inhalt des Glaubens auch wider die Erfahrung, wider die Erfahrung nämlich des Verhaftetseins in alten Gewohnheiten, wider die Erfahrung des Verstricktseins in Sünde und die mit ihr verbundene Beschädigung von Leben.

4. Lobpreis des ewigen Gottes

Zur allgemein-menschlichen Erfahrungswirklichkeit gehört, dass es vielfach erst die Not ist, die beten – und das heißt dann immer: bitten – lehrt. Demgegenüber hat Martin Luther nachdrücklich zur Sprache gebracht, dass es für das Verständnis des christlichen Glaubens zum Sinn des Menschseins wesentlich gehört, Gott im Gebet zu danken und zu loben. Christenmenschen machen die Erfahrung, dass sich Herz und Sinn im Gebet weiten und so auch empfänglicher werden für die beglückende Erfahrung von Dankbarkeit.

Zur im christlichen Glauben erschlossenen Erfahrungsperspektive gehört eine Wirklichkeitssicht, für die sich alles Leben dem dreieinigen Gott verdankt, in Schöpfung und Neuschöpfung. Er ist es, der dieser Welt als ganzer wie jedem und jeder einzelnen ruft, dass sie seien und ihnen neues Leben in Erlösung von der Tod bringenden Wirklichkeit der Sünde zuspricht und verheißt. Aus der Perspektive solcher Dankbarkeit ist – um es mit einem Bild allgemein-menschlicher Erfahrung zu sagen – das Glas des eigenen Lebens und des Lebens dieser Welt nicht halb leer, sondern halb voll.

So verbindet sich die allgemein-menschliche Erfahrung der Gebrochenheit des Lebens in dieser Welt mit all seinen Höhen und Tiefen für Christinnen und Christen mit der Erfahrung, dem Gott zu danken, der nicht anders zu denken ist als der Ewige: Bei ihm liegen Anfang und Ende der Welt sowie aller Neuanfang beschlossen.

Die Bitte, die der Hoffnung auf ewige Beheimatung bei Gott entspricht, findet sich auf poetische Weise in der 1572 von Nikolaus Selnecker gedichteten Liedstrophe ausgedrückt und mündet ihrerseits in Dank Gott gegenüber ein:

> Lass mich dein sein und bleiben,
> du treuer Gott und Herr,
> von dir lass mich nichts treiben,
> halt mich bei deiner Lehr.
> Herr, lass mich nur nicht wanken,
> gib mir Beständigkeit;
> dafür will ich dir danken
> in alle Ewigkeit. (EG 157)

»Deine Gnade ist besser als Leben« (Ps 63,4)

Dorothee Sölle

Im apostolischen Glaubensbekenntnis versichern Christen, dass sie an das Ewige Leben glauben. Ich kann das mit-bekennen, aber muss das auch mein Leben sein? Gibt es ein ewiges Weiterleben nach dem Tod? Ist meine Seele dann noch da? Ist mit Ewigkeit die Unsterblichkeit der Seele gemeint? Oder will der Glaube an das Ewige Leben uns etwas anderes sagen?

Ich weiß nicht genau, was »meine Seele« bedeuten soll. Hat sie eine Visitenkarte, einen Pass, sind die Enkelkinder eingetragen und die Heimatsprache? Wie nah ist »meine Seele« zu meinem realen Leben? Ein Gedicht, das ich nicht nur wegen der Vertonung Robert Schumanns liebe, beginnt mit den Versen »Es war, als hätt der Himmel/ die Erde still geküsst« und endet wunderbar mit den Worten:

»Und meine Seele spannte/ weit ihre Flügel aus,/ flog durch die stillen Lande/ als flöge sie nach Haus.« Die Flügel und das Hier-nicht-zu-Hause-sein waren die Bilder, die mich Eichendorffs Gedicht nie vergessen ließen. Von diesem »hier nicht«, »das kann doch nicht alles gewesen sein!«, konnte ich mich nicht einfach verabschieden. Die Sehnsucht nach einem anderen, erfüllteren, weniger vom Tod beherrschten Leben konnte ich nicht aufgeben. Aber ist das Ewigkeit/ ewiges Leben?

Eine meiner Grundschwierigkeiten mit dem christlichen Glauben war immer wieder die seltsame Aufteilung in Diesseits und Jenseits. Die Behauptung, dass das, was hier bei uns an Leiden und Gewalt und an Nicht-Leben- können real existiert, werde später, im Himmel, wieder gut und schön sein. Zumindest für die Braven! Der Himmel, die »ewige und über alle Maßen gewichtige Herrlichkeit«, von der Paulus (2Kor 4,17) redet, sollte eine Art himmlischer Versicherungsanstalt sein, die Schadenersatz leistet? Damit konnte ich nicht leben, ich suchte ein »diesseitiges« Christentum, es sollte Farbe, Geschmack, Töne haben. Die Ewigkeit ist nicht identisch mit der Unsterblichkeit der Seelen. Wir können zwar Anteil an ihr haben, für Augenblicke, zu denen wir sagen dürfen »Verweile doch, du bist so schön!«, aber diese aufleuchtenden Funken sind nie und nimmer unser Besitz.

Ich gehe davon aus, dass Auferstehung und Unsterblichkeit der Seele zwei verschiedene Dinge sind, wiewohl sie in der abendländischen Tradition immer wieder vermischt und verwechselt wurden. An der Auferstehung haben sterbliche Wesen wie Jesus und seine Freundinnen und Freunde Anteil, sie lassen sich nicht von der Macht der Zerstörung, die die Bibel »Sünde« nennt, knebeln. Es hat Juden gegeben, die mit dem Lied »Wir lebn ewig« ins Gas gegangen sind. Als ich das hörte, hielt ich den Atem an. Auch sterbliche Menschen hätten dann Anteil an dem Leben dessen, der ewig ist. Dieser Anteil, dieses Vertrauen ist in vielen Berichten von Sterbenden als ein Heimkommen, ein zur Ruhe kommen, ein Nach-Hause-kommen erfahren worden. Die spirituelle Erfahrung des Fortgehens muss nicht ein Fallen ins Bodenlose sein.

Unser Verhältnis zur Ewigkeit kann nur offen, lebendig, frei sein, wenn unser Verhältnis zum Tod sich ändert und seine Nicht-Beachtung, Verdrängung und Verleugnung aufhört. In der Tradition war der Tod nie nur Feind, nur Sensenmann, er war nicht ein Nebenereignis, sondern er stand »mitten im Leben«, wie Luther singen konnte. Er war »Schlafes Bruder« oder gar mit einem Liebeswort der mystischen Tradition »süßer Tod« bei J.S. Bach. Die religiöse Tradition hat den verrückten Versuch unternommen, Annahme der Endlichkeit und Ewiges Leben zusammen zu denken. Sie ist nicht notwendig jenseitssüchtig und fixiert auf die Unsterblichkeit der Seele, aber sie denkt die Ewigkeit als eine Eigenschaft Gottes.

Vergangenheit und Zukunft spielen für Gottes Leben keine Rolle, er ist, der er ist. Und er lässt sich erfahren, das ist eines der großen Wunder Gottes, wir können die Gottheit manchmal spüren. In solchen Augenblicken der überwältigenden Schönheit, des Glücks aber auch des Schreckens oder des Schmerzes ist unsere Endlichkeit, die von Vergangenheit und Zukunft bestimmt ist, mit einmal verschwunden. Wir sind in einem »Nu«, wie die Mystiker das nennen, eingetaucht in das, was wir Ewigkeit nennen. Gotteserfahrung, angesichts eines Sonnenuntergangs im Meer oder einer Pfütze am Wegrand, zieht uns aus der Zeit mit ihrem »Und was dann?« heraus, macht uns frei für das reine Nun der Ewigkeit, das in unsere Zeit einbricht. »Dürft ich zum Augenblicke sagen; Verweile doch, du bist so schön«, das ist ein Heraustreten aus der Zeit und eine Erfahrung von Ewigkeit.

Die Zeit bleibt stehen, Gott hat uns berührt. Für einen Augenblick habe ich Teil an Gottes Ewigkeit. Ich bin frei geworden von den Banden und Ansprüchen der Zeit, ich brauche mir nicht sagen zu lassen: »Das ist doch passé« oder »das kriegen wir später«. Ich bin im Jetzt Gottes.

Im Johannesevangelium spricht sich dieses Jetzt Gottes als Ewigkeit am klarsten aus. »Wer mein Wort hört und glaubt und glaubt dem, der mich gesandt hat, der hat das ewige Leben und kommt nicht in das Gericht, sondern er ist vom Tode zum Leben hindurchgedrungen.« (Joh 5,24) Die Ewigkeit ist hier nicht ein Leben nach dem Tode, sondern Leben in seiner Fülle schon jetzt. Das ewige Leben besteht in der Beziehung zu Gott, die Glaubenden sind nicht mehr getrennt von der Quelle des ewigen Wassers, die Ewigkeit ist hier und heute da. Der Himmel Gottes ist auf Erden präsent, wie in lateinamerikanischen Liedern immer wieder neu gesungen wird. Dieses »Presente« ist ein klarer Ausdruck befreiender Theologie.

Gott ist gegenwärtig, hier und jetzt. Die Zeit mit ihrem Kommen und Gehen, mit ihrem Einst und Jetzt und Dann-vielleicht, tritt zurück. Augustinus, der wie kaum jemand an der ständigen Veränderung der Zeit gelitten hat, sagt: »Du bist mir Trost, Herr, du mein Vater, ewig bist du. Ich aber stecke in der Zeit und weiß nicht, wie sie laufen wird, und wirren Wechsels zersplittert sich mein Denken und all das tiefste Leben meiner Seele, bis ich in dich zerfließe, gereinigt und geläutert in den Gluten deiner Liebe.«

Das Einswerden mit Gott – ich als Tropfen, Gott das Meer, ich der Funke, er das Feuer – als zentrale spirituelle Erfahrung dessen, was Ewigkeit ist, ist für mich nicht ein Weiterleben nach dem Tode, in dem ich die Geliebten meines Lebens wiedertreffe. Es ist nicht eine Fortführung meines persönlichen Lebens, sogar wenn Gott mich in sein Buch des Lebens schreibt. Ich glaube an das ewige Leben, heißt für mich, ich glaube an das Weiterbestehen dieser Schöpfung, mit Tag und Nacht, Sommer und Winter, Land und Meer, Geburt und Tod. Gott bleibt, Gott lebt noch, vielleicht erinnert er sich, er ist Liebe und hört nicht auf. »O Ewigkeit, du schöne, mein Herz an dich gewöhne.« (Tersteegen, EG 481,5) Ich besitze die Ewigkeit nicht, sie gehört nicht mir.

Ein Satz wie »Es kann die Spur von meinen Erdentagen / nicht in Äonen untergehn« scheint mir arrogant. Die Vergänglichkeit ist nicht das größte Unglück der Menschheit und der Tod ist nicht nur Feind.

Es gibt einen Rhythmus des von Gott geschaffenen und geliebten Lebens, der von Endlichkeit der verschiedenen Phasen wie die Jahreszeiten und die Lebensalter bestimmt ist. Ich habe Angst vor der Sucht, diesen Lebensrhythmus zu zerstören und im »Jederzeit – alles« zu leben.

Wir sollten lernen, Endlichkeit und Ewigkeit zusammen zu denken. Beide gehören zusammen. Die Liebe zu dem, der nicht vergeht, macht es möglich, dass wir unsere Endlichkeit, sozusagen im Licht des Ewigen annehmen.

Dazu möchte ich einen schönen, vielleicht mystischen Witz erzählen. Ein sehr alter Bauer im Hochgebirge wird von einem Seelsorger besucht, der leutselig fragt: »Und wie geht es uns denn?« Der humpelnde Bauer antwortet: »Ach, wissens Herr Pfarr', Hauptsach', dass uns' Hergott gsund bleibt.« Ich kann die Sorge des alten Bauern teilen. Vielleicht habe ich heute mehr Angst davor, dass Gott erkrankt, wenn ihn kein Mensch mehr liebt. Der Glaube an den Ewigen ist wichtiger als unser Sorgen und Grämen, vielleicht ist die Ichlosigkeit des alten Bauern die größte Nähe zur Ewigkeit, die wir erreichen können.

»Per omnia saecula saeculorum«

Angelus A. Häußling OSB

Was meint »Ewigkeit«? »Ewigkeit« klingt schnell nach Kirchensprache, und dorthin gehört das Wort auch. Aber heißt Kirchensprache nicht: Das Wort, und damit irgendwie auch die Sache, ist überholt, passt gerade noch in Lexika zum gelegentlichen Nachschlagen, aber gehört nicht mehr in das wirkliche Leben? So ungefähr lautet doch ein schnelles Urteil.

Aber Vorsicht: Es kann auch anders sein. Nehmen wir ein Beispiel von »Kirchensprache«. Im Vaterunser sagen wir immer noch, genauer: seit der Überarbeitung des Textes zugunsten einer einheitlichen Form für alle Christen deutscher Sprache (das war 1970), da sagen wir noch und wieder: »Vergib uns unsere Schuld, wie auch wir vergeben unsern Schuldigern«, und gebrauchen da ein Wort, »Schuldiger«, mit dem sonst kein Mensch mehr umgeht – also reine Kirchensprache. Deswegen auch schon überholt? Die Kommission gelehrter Leute, die damals beisammen saß, hat sich natürlich gefragt, ob man nicht einfach »Schuldner« setzen könne und so dem bedeutenden Gebet das Odium des Wirklichkeitsfernen nähme. Aber es ging nicht. Denn »Schulden« machen, »Schuldner« sein, ist, in Maßen geübt, in unserer Umwelt ein normales Geschäftsgebaren, fern jeder moralischen Anrüchigkeit. Aber das Gebet des Herrn, im Evangelium den Christen und Kirchen tradiert, meint etwas anderes. Es meint die große und tiefgreifende Anomalie: Wenn einer an dir schuldig geworden ist, dann vergib ihm, denn nur dann und im gleichen Maß vergibt dir auch Gott, vor dem du selbst in Schuld stehst. Es ist eine Kernaussagen des Evangeliums, von einer unerhörten und gleich doppelten Brisanz: Frieden mit Gott gibt es nur, wenn ihr untereinander Frieden macht, und zwar nicht durch Durchsetzung von Recht je für sich selbst, sondern durch Verzeihen, und: Gott bindet gleichsam sein Verzeihen an euer entsprechendes Handeln. Diese Botschaft Jesu war offenbar neu. Viele Theologen meinen, hier läge eine für Jesus typische, der Aussage nach neue

Verkündigung vor. Umso mehr dann die Frage: Wie also diese Botschaft formulieren, welches Wort wählen für Menschen des 20. und 21. Jahrhunderts, um das Besondere im Wort des Evangeliums zu wahren? Es blieb tatsächlich nur das veraltete »Schuldiger«. »Etwas Besseres scheint nicht zur Verfügung zu stehen« resümiert Joseph Pascher, der in der Kommission dabei war. Der Preis ist aber das Odium kirchensprachlicher Wirklichkeitsferne. Das bedeutet aber anderseits auch: Kirchensprache vermittelt in ihren gelegentlich archäologisch anmutenden Vokabeln Inhalte, genauer: Wahrheiten, welchen die aktuelle Umgangssprache nicht (mehr) eine Wortgestalt zu geben vermag. Nachteil: Der schnell Urteilende hält mit dem gestrig klingenden Wort die Sache selbst für überholt; der wache Zeitgenosse aber – und ein solcher soll doch jeder Bürger einer demokratischen Gesellschaft des freien Wortes sein – der wache Mensch wird angerührt und fragt: Warum hier dieses rare Wort? Was soll es Besonderes sagen?

Ist es mit »Ewigkeit« ähnlich? Gewiss ist es nicht ganz so profiliert gestrig. Wir gebrauchen es häufig, wenn einem Sachverhalt unberechenbar lange Dauer zugesprochen werden soll oder erstaunlich lange Dauer bescheinigt wird. Allerdings bekommt die mit »ewig« qualifizierte Sache dann schnell einen negativen Touch. Denn das in diesem Sinn »Ewige« rückt nahe an »alt«, gar an »sehr alt«; und »alt« ist – anders als in den früheren Zeiten – in der technisch bestimmten Welt negativ besetzt. Da sagt einer: Dein Personalcomputer ist schon fünf Jahre alt – das heißt im Klartext: Den kannst du vergessen, der ist überholt, du brauchst einen neuen, denn dieses Gerät ist schon für die aktuelle Software unbrauchbar. Ist auch »ewig« negativ besetzt? Fast möchte man es meinen. Ein aktuelles Beispiel: Das System der Altersvorsorge war doch auf eine unberechenbare Frist angelegt; sie sollte doch »ewig« Geltung haben, über Generationen hin. Jeder weiß heute: Das war eine Täuschung. Diese Ewigkeit war leider kurz; demographische Veränderungen der Gesellschaft haben sie ausgehöhlt. Deshalb erregt »Ewigkeit« schon bald das Misstrauen propagandistischen Dummenfangs. Gingen denn nicht auch Hitler und Goebbels mit der verheißenen »Ewigkeit« eines »tausendjährigen Reiches« um? Wie fatal kurz war doch diese »Ewigkeit«. Was ist es mit der »Ewigkeit«, die nach wie vor in der Kirche eine gängige Vokabel ist?

Da müssen wir zunächst genauer zuschauen. Das Wort »Ewigkeit« trägt in der Sprache der Christenheit Reichtum und Last einer langen

Geschichte. Im Hebräischen, der Sprache der hebräischen Bibel – die Christen sprechen gewöhnlich vom »Alten Testament« – ist »olam« die fernste Zeit, nicht im Sinne einer einfach langen Dauer, sondern der Endgültigkeit; es ist eher ein Begriff von Qualität, von dauerhaftem, unverbrüchlichem Zustand, als von nicht berechenbarer Frist. Wird das Wort in der Mehrzahl gebraucht oder in Redeformen wie »von Ewigkeit zu Ewigkeit« und ähnlichen, so ist die Qualitätszusage und -aussage des endgültigen Zustandes gesteigert.

Aber die Bibel der alten Christenheit war nicht die hebräische, sondern die griechische Übersetzung der hebräischen Bibel, die Übersetzung in die damalige Weltsprache. Und dort bekommt das übersetzte Wort, »aion«, einen konkreteren Sinn. Es bedeutet »Welt«, es steht oft gleichsinnig mit »kosmos«, und dies bald mit einem Negativsinn: Es ist dann oft weniger oder gar nicht die »Welt« und »Weltzeit«, die Schöpfung Gottes ist und als solche vom Schöpfer als »gut« gesehen und anerkannt und vom Menschen entsprechend zu gebrauchen ist, sondern es ist die gottvergessene, an Gott desinteressierte, gar vom Teufel besessene »Welt« oder »Gesellschaft«, um es in unserem Jargon zu sagen. Es sind vor allem die dem Apostel und Evangelisten Johannes zugeschriebenen Schriften, welche diesen Sinn von »aion«, von »saeculum«, von »Ewigkeit«, der Christenheit vermittelt haben. Man sieht: Da ist näher zuzuschauen, wenn von »Ewigkeit« die Rede ist, was das Wort eigentlich bedeutet.

Greifen wir als Beispiel die Formel heraus, in welcher der Besucher des Gottesdienstes »Ewigkeit« am auffallendsten vernimmt. Nach einem Brauch, der bis in die ersten Jahrhunderte der Kirche zurückgeht und schon in den ältesten überlieferten Dokumenten bezeugt ist, schließen die gewissermaßen amtlichen Gebete mit einer bestimmten Sprechsequenz, welche die Anwesenden jeweils mit dem sprichwörtlich kirchentypischen Zuruf »Amen« beschließen und bestätigen. Die Formel enthält, vom festen Brauch im Judentum übernommen, ein Bekenntnis zur Größe des Gottes unseres Glaubens. Dieses sagt, Christus Jesus lebe und herrsche mit Gott dem Vater und Gott dem Heiligen Geist »von allen Ewigkeiten zu Ewigkeiten«, »per omnia saecula saeculorum«; so das lateinische Original. Die Formel setzt mit der Nennung Jesu Christi ein, von dem konstatiert wird, das im vorausgehenden Gebet An- und Ausgesagte werde von den Christen gesprochen und erbeten »durch« Jesus Christus. Er ist als Mittler gesehen. So wird das lateinische »per« meist übersetzt, was nicht falsch ist, aber das

Gemeinte nicht ausschöpft. Wir müssten eher sagen »bei« in dem Sinn, in dem wir etwa »wir schwören bei« sagen. Und das alles: dieses »bei Jesus Christus«, dieses Bekenntnis der Herrschaft des nicht toten und fernen, sondern des lebendigen Gottes, das gilt also »per omnia saecula saeculorum«, »durch alle Weltzeiten der Weltzeiten«, oder, wie es gewöhnlich formelhaft heißt: »von Ewigkeit zu Ewigkeit«. Und die Mithörenden und Mitbetenden bestätigen das Gesagte mit ihrem »Amen«: »es ist so – so ist unser Glaube«.

Was heißt da »von Ewigkeit zu Ewigkeit«? Ist das überholte Sprache von gestern, oder ist das wie bei den »Schuldigern« im Vaterunser, dass da etwas angesagt wird, was der Jargon unserer Umgangssprache nicht so sagen kann, dass die gemeinte Sache auch herüberkommt? Und dazu noch: Der Jargon von wessen Umgangssprache? Etwa der Slang der Jugend, welchem der Erwachsene kaum folgen kann, die Wörter der Zeitung und »öffentlichen Meinung«, die kaum ein Jahrzehnt durchhalten? Kann es dann gar so sein, dass eine lebensferne Kirchensprache mit »Schuldigern« und »Ewigkeiten der Ewigkeiten« einen Kontrapunkt der Klarheit des Begriffes und der Wahrheit der Aussage setzt, heilsam angesichts der Wirrnis und Wahrheitsschwäche der Sprache unserer Gesellschaft?

»Ewigkeiten der Ewigkeiten«: so hört man es in der Kirche oft. Wir haben es oben schon gesagt: Die festen Formeln, mit denen die Gebete schließen, welche in der Liturgie der Vorsteher spricht, hören so auf: Sie nennen Jesus Christus, durch den, oder »bei« dem Gott dem Vater in der Einheit des heiligen Geistes die göttliche Herrlichkeit bekannt wird – »über alle Ewigkeiten der Ewigkeiten hin«. Als wäre »Ewigkeit« nicht schon für sich das Ganze an Zeit, das, worüber hinaus nichts mehr an »Zeit«, an »Dauer«, an »Welt«, an »Gesellschaft«, kurz: an Wirklichkeit, denkbar ist. Das wird gleich zweifach verstärkt: Es geht um »alle Ewigkeiten«, und dazu kommt noch einmal, wider vernünftige Logik, weitere »Ewigkeiten«, hier im Genitiv, im Wessen-Fall, beigefügt. Gewiss, man sieht, das ist dichterische Sprache, nicht Redestil der abstrakten Information. Dichter und Kinder sprechen so, und finden so die Emotion einer Erkenntnis fassenden Worte. Aber man kann es hier noch genauer sagen: Es ist eine für die Sprache der Bibel typische Stilform, die hier zu konstatieren ist. Die Bibelgelehrten haben dafür einen Fachausdruck geprägt: Der Genitivus biblicus. Die Wahrheit der Aussage eines Wortes wird verstärkt, von jedem Zweifel und jeder Unklarheit befreit, indem das Wort, im Genitiv gesteigert, wiederholt wird. Ein Beispiel, wie diese Eigenheit der Bibelsprache aussageverstärkend aufgenommen ist: Seit Papst Gregor dem Großen (590–604) führen die Päpste, bis heute, in ihren Urkunden den einzigen Titel: »Servus servorum Dei«, und das wird gewöhnlich betulich-wörtlich übersetzt: »Knecht der Knechte Gottes«. Da müsste unsere deutsche Sprache, wörtlich verstanden, es aber anders sagen: Er ist doch nicht der Oberknecht derer, die Gottes Knechte sind. So verstanden, wäre die Aussage zwar nicht einmal falsch, denn in der Hierarchie steht nun mal der Papst an der Spitze der Dienerschaft Gottes. Aber so hat es der bibelkundige Papst Gregor nicht gemeint. Er hat Bibelsprache gesprochen und wollte mit dieser Formel sagen: »Ich bin Knecht, ja wirklich: Knecht Gottes.« Und er sagte das, um vor den Angesprochenen kundzutun, dass er weiß, unter welchem Gericht er steht, und wie man ihn sehen soll: Nicht als einen, der ganz oben mitmischt und so, gar heimlich, aber dann umso wirksamer, unbestreitbare Macht ausübt, sondern der schlechthin der Diener seines Gottes ist, und nur dieses.

So gesehen, heißt dann unsere Formel: Was immer es mit der nicht mehr messbaren Zeit auf sich hat – hier ist Zeit schlechthin, eben: Ewigkeit. Aber wie verhält sich diese »Ewigkeit« zu »Zeit«, zu »Welt«, zu »Gesellschaft«, zu »Sein und Zeit« des Menschen?

Zu dieser Frage befragen wir einen anderen Text aus der Epoche der alten Kirche. Er stammt von Ambrosius (339–397), in Trier geboren, in Rom groß geworden, in Mailand Polizeipräsident und dort überraschend zum Bischof gewählt, theologisch nicht sonderlich originell, aber klug und sicher aufnehmend, was die besten Theologen ihm bieten und darum mit Recht als »Kirchenvater« geschätzt. Originell ist er in einer bestimmten Sache: Er ist »der Vater des lateinischen Kirchengesangs«, denn er dichtet Hymnen, die mit Begeisterung gesungen werden und den Christen seiner großen Gemeinde Theologie vermitteln und sie im Glauben heimisch werden lassen. Einer der besten seiner Hymnen, übrigens zweifelsfrei von ihm selbst verfasst (Augustinus ist dafür Zeuge), sagt etwas zu unserer Frage: Wie steht es mit Zeit und Ewigkeit? Es ist der Hymnus des Ambrosius »ad gallicantum«, zum »Hahnenschrei«, zum Gottesdienst am frühen Morgen also, ein Summarium dessen, was der Christ glaubt und was sein Leben führt. Uns kommt es hier auf die erste Strophe an. Aber man muss sie zuerst lateinisch vernehmen:

Aeterne rerum conditor,
noctem diemque qui regis
et temporum das tempora,
ut alleves fastidium.

Eine Übersetzung, weniger wörtlich, eher dichterisch, kann so lauten:

Du Ew'ger, der die Dinge schafft,
du lenkst die Nacht, du lenkst den Tag,
du setzt den Zeiten ihre Zeit
und wehrst dem öden Einerlei.

Wie meist bei Gebeten Brauch, beginnt das Lied mit der bekennenden Anrede an Gott: Der Beter sagt zu Gott »du« und sagt zugleich, wer Gott ist, als wer er sich zeigt: Der Ewige, in einem Jenseits der Zeit, und doch in der Zeit wirkend, denn er ist der Schöpfer von allem, was ist, und er bestimmt die Fristen dessen, dem er Dasein gab: Nacht und Tag bestimmt er. Und dies erklärt die Zeile, auf die es uns ankommt: Indem der »Ewige«, der Schöpfer, die vorgemessenen Fristen der Nacht und des Tages bestimmt, gibt er »die Zeiten der Zeiten« und wehrt so dem Menschen die Öde der langen Weile des immer Gleichen. Geht man die Übersetzungen des lateinischen Liedes in die deutsche Sprache durch – es sind über mehr als tausend Jahre hin sehr viele –, dann sieht man: Die Übersetzer haben meist Mühe gehabt, die Wiederholung des Hauptwortes in einem Genitiv herüberzubringen. Auch das hier ausgewählte Muster bildet zwar einen korrekten deutschen Satz: »du setzt den Zeiten ihre Zeit«, aber – wir haben es vorhin schon ausgeführt – hier ist Bibelsprache, wie bei den »saecula saeculorum«, und man muss es anders, lapidarer, verstehen: »du gibst die Zeiten, ja, die Zeiten gibst du« – nicht nur Nacht und Tag im regelmäßigen Wechsel, sondern was immer »Zeit« sein mag – es ist Gabe des Ewigen, es ist der Raum des göttlichen Handelns, und deshalb keine Frist der Langeweile.

Man weiß: Einer der ersten Denker, die über »Zeit« nachgedacht haben, ist der eben schon genannte Augustinus (354–430), einer der vielen auch, welche den Hymnus des Ambrosius mit Begeisterung sangen, »ex corde«, auswendig, weil fester Besitz des Gedächtnisses. Dieser Augustinus traktiert in den letzten Büchern seiner autobiographischen Lobreden an Gott, »Confessiones« genannt, über »Zeit« – und gesteht gleich ein: So lange er nicht darüber zu reden hatte, über die Zeit also, da wusste er, was »Zeit« ist; aber jetzt, wo er über »Zeit«

zu sprechen sich vornimmt, da weiß er nicht mehr, was er zu sagen hat. »Zeit« scheint ihm, dem nach ihr Fragenden, entzogen. Warum? Sie ist schlechthin herrscherliche Gabe Gottes, und somit wie Gott selbst zwar nicht unserem Ahnen, aber unserem Verstehen dann doch fremd. Denn, Ambrosius sagt es: »qui temporum das tempora« – »Zeit: was immer sie sein mag – sie ist Gabe von dir, dem Ewigen.« Aber damit auch: In der dem Menschen gegebenen Zeit berührt dieser die Ewigkeit des je und je die Zeit gebenden Gottes.

Das klingt nun fromm, und man mag es vielleicht schnell abtun wollen. Aber dahinter zeigt sich ein großes Problem unserer alltäglichen Existenz an. Denn »Zeit« ist für uns nicht mehr wie für Ambrosius und Augustinus und die Vorderen bis in die Neuzeit eine unverfügbare, aber uns vorgestiftete Gabe. In der Neuzeit hat der Mensch gelernt: Zeit ist messbar und somit bestimmbar. Gewiss, es scheint, dass die Sonne ohne uns, aber uns zugunsten »aufgeht« (wie wir immer noch sagen, obwohl wir doch wissen: Das ist eine optische Täuschung); aber in Wahrheit gehorcht auch die Sonne dem Gesetz der im Kosmos wirkenden Schwerkraft, und wer diese Gesetze kennt, vermag Zeit im voraus zu messen und somit Zeit zu beherrschen. »Es ist zwölf Uhr«, sagt der Familienvater, und das heißt im Klartext: Wenn ich zum Mittagessen heimkomme, hat das Essen auf dem Tisch zu stehen, denn ich bestimme, wann die Mitte des Tages ist. Durch Messung wird das, was im Grunde »Nichts« ist, die sich verflüchtende Zeit also, durch Messung wird sie »etwas«, nämlich verrechenbare Nutzfrist für produzierendes Handeln des herrscherlichen Menschen oder »der Gesellschaft«. Im Schlagwort gesagt: »Zeit ist Geld«, und sei es nur verfügbare »Freizeit« zur Erfahrung seiner selbst. In so erfahrener und verstandener und von denen, welche das Sagen haben, derart beherrschter Zeit berührt der Mensch nicht mehr die Ewigkeit, in der Gott lebt. Er setzt sich selbst, oder vermeint es wenigstens.

Was bedeutet es dann, wenn in der Kirchensprache, seit alters, noch aus den Zeiten, bevor die Menschen es verstanden, Zeit als Nutzfrist zu berechnen, wenn da also die Kirchensprache die großen Gebete mit einem Lobpreis Gottes beschließt und von diesem feststellt, er gelte »per omnia saecula saeculorum«, »durch alle saecula, durch alle Weltzeiträume, ja wirklich: durch die Zeiten schlechtin – was immer Zeit sein mag«? Es bedeutet, wenn heute noch so gesprochen: Lasst euch nicht täuschen – Zeit ist mehr als verrechenbare Nutzfrist. Der Zeit gibt, ist über aller Zeit, und seine Gabe, die Zeit, ist ein Angeld seiner selbst. In »Ewigkeit« hat unsere Sprache ein Wort, das dazu anhält, nach dem zu fragen, wie und wo Gott und Mensch sich zu begegnen vermögen. Die altertümliche Sprache der Kirche und der Bibel befreit aus den Zwängen der vorverrechneten Zeit und öffnet für Freiheit – für Ewigkeit.

Zum weiteren Studium der Thematik empfohlen:

Zu der Schlussformel der Kirchengebete, von der wir ausgingen, sei verwiesen auf den vom Verfasser gelieferten Beitrag: Akklamationen und Formeln, in: Gestalt des Gottesdienstes. Sprachliche und nichtsprachliche Ausdrucksformen, innerhalb von: Gottesdienst der Kirche. Handbuch der Liturgiewissenschaft. Teil 3, ^{2}1990, 220–239, bes. 229ff ebd. 235f auch über: Vaterunser.

Zum Hymnus des Ambrosius »Aeterne rerum conditor« Häußling, Angelus: Heute die Hymnen von gestern singen? Das Fallbeispiel des Laudeshymnus »Aeterne rerum conditor« des Ambrosius, in: Häußling, Christliche Identität aus der Liturgie. Theologische und historische Studien zum Gottesdienst der Kirche, 1997 (Liturgiewissenschaftliche Quellen und Forschungen 79) 89–109 (erstmals 1989).

Vgl. auch Franz, Ansgar: Tageslauf und Heilsgeschichte. Untersuchungen zum literarischen Text und liturgischen Kontext der Tagzeitenhymnen des Ambrosius von Mailand, 1994 (Pietas liturgica. Studien 9) besonders 147–276. Die Übersetzung übernahmen wir aus: Löhr, Aemiliana: Abend und Morgen Ein Tag. Die Hymnen der Herrentage und Wochentage im Stundengebet, 1955, 676f.

Autorinnen und Autoren

Signe Cohen (geb.1968): Ph.D. Sanskrit, University of Pennsylvania; Assistant Professor, Religious Studies Dept., University of Missouri.
Forschungsschwerpunkte: Hinduismus, Buddhismus, Sanskrit;
Veröffentlichungen: The Svetasvatara Upanishad Reconsidered, 1998; Vediske Skrifter, 2003.

Edgar Forschbach (geb.1938, gest. 5. September 2003): Dipl. Mathematiker, Wissenschaftsjournalist; langjähriger Redaktionsleiter Deutschlandfunk, Ressort Forschung.
Veröffentlichungen: Pythagoras oder die Welt als Zahl, (Deutschlandfunk 25.12.1994); Gute Modelle sind besser als tiefliegende Beweise, (aus Anlass des Berliner Weltkongresses für Mathematik, Radio Bremen 2, 24.9.1998); Quantenlogik – Wie das Absurde ein neues Denken erzwang, (Deutschlandfunk 31.12.2000).

Katrin Gelder (geb.1956): Dr. phil. Dr. theol. Pastorin, Pröpstin a.D., z.Zt. kommissarische Leitung des Theologischen Ausbildungs- und Prüfungsamtes im Personaldezernat der Nordelbischen Ev. Luth. Kirche.
Forschungsschwerpunkte: Hermeneutik; lutherische Identität heute; allgemeines Priestertum und ordinationsgebundenes Amt.
Veröffentlichungen: Zur Wissenschaftlichkeit der Literaturwissenschaft. Rekonstruktion und kritische Evaluation der Interpretationstheorie von Eric Donald Hirsch, 1985; Glaube und Erfahrung. Eine kritische Auseinandersetzung mit Gerhard Ebelings »Dogmatik des christlichen Glaubens« im Kontext der gegenwärtigen evangelisch-theologischen Diskussion, 1992; Diverse Beiträge in Aufsatzsammlungen und Predigthilfen.

Colin McGinn (geb. 1950): B. Phil. Oxford, Professor für Philosophie an der Rutgers University (New Brunswik, NJ/USA).
Forschungsgebiete: Philosophie des Bewusstseins, Ethik, philosophische Logik.
Veröffentlichungen: Wittgenstein on Meaning, 1984; Problems in Philosophy. The Limits of Inquiry, 1993 (deutsch 1996); The Mysterious Flame. Conscious Minds in a Material World, 1999 (deutsch 2001).

Thomas Görnitz (geb.1943): Dr. rer. nat., Professor für Didaktik der Physik an der Universität Frankfurt/Main.
Forschungsschwerpunkte: Grundlagenfragen der modernen Physik, insbesondere der Quantentheorie und Kosmologie und deren philosophische und didaktische Aspekte.
Veröffentlichungen: Carl Friedrich v. Weizsäcker – Ein Denker an der Schwelle zum dritten Jahrtausend, 1992; Quanten sind anders, 1999; Zusammen mit Brigitte Görnitz: Der kreative Kosmos – Geist und Materie aus Information, 2002.

Angelus Albert Häußling OSB (geb.1932): Dr. theol. Dr. theol h.c. istProfessor emeritus für Liturgiewissenschaft und Sakramententheologie an der Philosophisch-Theologischen Hochschule der Salesianer Don Boscos Benediktbeuern. Er ist Bibliothekar der Abtei Maria Laach und Herausgeber des »Archiv für Liturgiewissenschaft«.
Veröffentlichungen: Zahlreiche Aufsätze und Literaturberichte in »Archiv für Liturgiewissenschaft«; Mönchskonvent und Eucharistiefeier. Eine Studie über die Messe in der abendländischen Klosterliturgie und zur Geschichte der Meßhäufigkeit, 1973; Christliche Identität aus der Liturgie. Theologische und historische Studien zum Gottesdienst der Kirche, 1997.

Albert Höfer (geb.1932): Prof. Dr. theol an der Universität Graz. Derzeitige Tätigkeiten: Erwachsenenbildung und Seelsorge.
Forschungsschwerpunkte: Religionspädagogik und Gestalttherapie.
Veröffentlichungen: Gottes Wege mit den Menschen. Ein gestaltpädagogisches Bibelwerk, 1994; Ins Leben kommen. Ein gestaltpädagogisches Bibelwerk, 1995; Spuren Gottes in meinem Leben, 2003.

Rolf Kramer (geb.1930): Prof. Dr. theol. und Dipl.Volkswirt, Leiter des Institutes für Personalförderung, Sozialethik, Wirtschaftsethik in Berlin.
Veröffentlichungen: Umwelt, Wirtschaft, Technik, 1998; Phänomen Zeit, 2000; Das Unternehmen zwischen Globalisierung und Nachhaltigkeit, 2002.

Georg W. Kreutzberg (geb.1932): Prof. Dr. med. Dr. med. h.c., Direktor i.R. Max Planck Institut für Neurobiologie.
Forschungsschwerpunkte: Experimentelle Neuropathologie, Regeneration im Nervensystem, Gliaforschung.
Veröffentlichungen: mit Graeber, M.B./ Blakemore, W.F.: Cellular Pathology of the Central Nervous System, in: Greenfield's Neuropathology, D.I. Graham/ P.L. Lantos (Hg.) ^{7}2002, 123–191; Kurze Geschichte der Regeneration im Nervensystem, in: Neuroforum 10, 2004, 163–168; Zusammen mit Mit-

arbeitern über 380 wissenschaftliche Abhandlungen in internationalen Journalen von 1962–2004.
Mehrere Preise und Präsidentschaften in nationalen und internationalen Gesellschaften.

Wolfhart Pannenberg (geb.1928): Dr. Dr. h.c. D.D. (mult.), F.B.A. ist Professor emeritus für Fundamentaltheologie und Ökumene in München.
Forschungsschwerpunkte: Systematische Theologie in ihrer Beziehung zu Naturwissenschaften und Philosophie, Ökumene.
Veröffentlichungen: Anthropologie in theologischer Perspektive, 1983; Systematische Theologie, 3 Bände, 1988–1993; Theologie und Philosophie. Ihr Verhältnis im Lichte ihrer gemeinsamen Geschichte, 1996.

Otfried Reinke (geb.1928): Pastor em., Seelsorger in der »Residenz am Wiesenkamp« in Hamburg-Volksdorf.
Tätigkeitsgebiete: Ökumene, Seelsorge, Tiersymbolik, besonders in Antike und Mittelalter, Tierschutz, Bedeutung der Hirnforschung und der Kognitionswissenschaft für die Theologie.
Veröffentlichungen: Tiere, Begleiter des Menschen in Tradition und Gegenwart, 1995; Zahlreiche Artikel in verschiedenen Zeitschriften.

Joachim Ringleben (geb.1945): Dr. theol., Professor für Systematische Theologie an der Universität Göttingen.
Forschungsgebiete: Dogmatik, theologische Anthropologie, Sprachtheologie, theologische Ästhetik, Religionsphilosophie.
Veröffentlichungen: Wahrhaft auferstanden. Zur Begründung einer Theologie des lebendigen Gottes, 1998; Die logische Bewegung der Zeit, in: E. Angehrn/C. Iber (Hg.), Der Sinn der Zeit, 2002, 294–312; Metapher und Eschatologie, in: Zeitschrift für Theologie und Kirche, 100 (2003), 223–240.

Hans Christian Schmidbaur (geb.1964): Dr. theol.habil., Privatdozent für Dogmatik an der Universität München, Gemeindepfarrer, Diözesanrichter am Metropolitangericht der Erzdiözese München und Freising.
Forschungschwerpunkte: Gottes- und Trinitätslehre, Kosmologie, Interkonfessioneller und interreligiöser Dialog.
Veröffentlichungen: Personarum Trinitas. Die trinitarische Gotteslehre des heiligen Thomas von Aquin, in: Münchener Theologische Studien, Systematische Abteilung, Bd. 52, 1993; Augustinus begegnen, 2003; Gottes Handeln in Welt und Geschichte. Eine trinitarische Theologie der Vorsehung, in: Münchener Theologische Studien, Systematische Abteilung, Bd. 63, 2003.

Dorothee Sölle (geb. 30. September 1929, gest. 27. April 2003): Dr. phil., war von 1975–1987 Professorin für Systematische Theologie am Union Theological Seminary in New York. 1994 erhielt sie eine Ehrenprofessur an der Universität Hamburg. Sie arbeitete als Lehrerin im höheren Schuldienst und war seit 1960 Schriftstellerin und freie Mitarbeiterin beim Rundfunk.
Veröffentlichungen: Gegenwind, [3]1998; Mystik und Widerstand, [4]1998; Gott denken, 2002.

Katharina Wiefel-Jenner (geb.1958): Dr. theol., Pastorin, Rektorin des Diakonissen-Mutterhauses Hamburg-Volksdorf und des Kirchlichen Vereins für Diakonie in Hamburg-Volksdorf.
Forschungsschwerpunkte: Liturgik und Diakonie.
Veröffentlichungen: Rudolf Ottos Liturgik, in: Veröffentlichungen zur Liturgik, Hymnologie und theologischer Kirchenmusikforschung, Bd.31, 1997; An den Rändern des Todes. Beobachtungen und Überlegungen zur liturgischen Gestaltung von Trauerfeiern, in: PTh Jg. 86, 1997, 411–428; Globalisierung und die Folgen für die Diakonie in Europa, in: Diakonie in einer neuen Zeit. Impulse aus brasilianischem Kontext, 2003, 54–61.